Harvard Business School Press

ドロシー・レオナルド著
Dorothy Leonard
阿部孝太郎／田畑暁生訳

Wellsprings of Knowledge
Building and Sustaining the Source of Innovation

# 知識の源泉

## イノベーションの構築と持続

ダイヤモンド社

WELLSPRINGS OF KNOWLEDGE

by

Dorothy Leonard-Barton


Original English language edition published
by Harvard Business School Press in Boston, MA.

Japanese translation rights arranged
with Harvard Business School Press in Boston, MA
through The Asano Agency, Inc. in Tokyo.

# 訳者まえがき

本書は一九九五年にアメリカで出版された*Wellsprings of Knowledge*の翻訳である。同書は、野中郁次郎・竹内弘高『知識創造活動』と並ぶナレッジ・マネジメントの古典であり、学界のみならず産業界にも大きな影響力を与えた本である。研究者やコンサルタントたちに広く言及され、その後の多くの経営書で参考文献として取り上げられていることが、この本の価値を如実に物語っている。特に、中核能力（コア・ケイパビリティ）が硬直化（コア・リジディティ）したものになるという本書の第2章の論旨は、研究者たちの間では以前からよく引かれており、クリステンセンの名著『イノベーションのジレンマ』にも、大きな影響を与えた。本書は、まだ日本のビジネスマンにはあまり紹介されていないようだが、ナレッジ・マネジメントや組織の情報化に携わる方には必携の書と言ってよいだろう。

さて、ナレッジ・マネジメント（知識資産経営）という言葉が新聞や雑誌に流布しているわりには、その実態はよく知られていないのではないだろうか。理論的には、先の『知識創造活動』と本書を併読されると、その基本的な骨格はほとんどつかめる。両者の特徴としては、野中らの著作が知識に関する哲学的議論に関してかなりの記述を割いているのに対して、本書は、具体的事例を交えた実践的な処方箋に力点を置いている。

ちなみに著者のレオナルドは、マネジャーが行うべき知識構築活動として、問題解決の共有、ツールの導入と活用、実験、外部知識の導入の四つを挙げている。これらは、主に「組織学習」というジャンルの研究蓄積をふまえたものであり、たんなる思いつきのアイデアでないことを指摘したい。そして、これらの知識構築活動は、最後の章で著者が言うように、決してトップ・マネジメントのものだけではない。あらゆる階層のマネジャーないしはリーダーがかかわるべきことであり、訳者としては多くのビジネス・パーソンに学んでもらいたい。

本書は、全七章で構成されている。前半二章は、理論的な部分で、コア・ケイパビリティやコア・リジディティの基本概念を説明している。後半五章は、知識構築に必要な四つの活動が具体的に論じられている（原著は三部構成。翻訳にあたり、原著の第三部・第八章「発展途上国への技術移転」はやや次元が異なるため、原著者の了解のもとに割愛させていただいた）。

第1章では、まずコア・ケイパビリティの定義を試みている。コア・ケイパビリティとは、要するに形式知も暗黙知も含めて、その企業独自の知識体系のことである。

著者によれば、企業におけるこうした知識の創造・流通・蓄積は、四つの知識構築活動（それぞれは第3章以下で詳細に論じられる）が必要となる。そのうえで物理的システム、スキルと知識、マネジメント・システム、価値の四つの局面で、それぞれの知識構築活動が必要だと主張する。

第1章でコア・ケイパビリティが論じられたが、実は、この強みが「硬直性」へと変わってしまうことが多い。企業の核心部にあるこうした硬直性を、本書は、コア・リジディティと呼んでいる。第2章は、このコア・リジディティに焦点を当てている。コア・リジディティは、コア・

ケイパビリティとコインの裏表のような関係で、第1章で論じた裏返しのことが、これに当てはまる。

第3章では、集団で問題解決を行うことや、創造的アウトプットを生み出すことに焦点が当てられている。著者によれば、それぞれの専門家は「署名スキル」という自分のサインと同じように、その人のアイデンティティを表すようなスキルによって支えられている。グループで創造的な活動を行うには、この署名スキルをうまく束ねていかなくてはならない。このように、異なる専門性を持つさまざまな人々が集まり、ぶつかり合いながらイノベーションを行うことを「創造的摩擦」と呼んでいる。

第4章では、新しいツールを導入し、うまく活用することでイノベーションを生み出していくことが論じられている。ツールとは、グループウエアでも、エキスパート・システムでも、何でもよいが、たんなる計画の実行ではなく、イノベーションとしてマネジメントされることが重要だと本書は主張する。

第5章は、公式のもの、非公式なものも含めたさまざまな実験を行っていく重要性について、論じられている。詳細な戦略計画を立てることは、現代では役に立たないどころか危険ですらあり、むしろ実験を行っていくことを勧めている。また、ペニシリンなど、自然科学における有名な発明がそうであるように、なかには失敗から画期的なイノベーションが生まれることすらある。マネジャーは、前向きで知的な失敗とそうでない失敗を区別し、実験に相応しい環境を従業員に与えなくてはならないとする。

第6章は、外部から、いかに重要な（技術）知識を導入・吸収するかについて論じられている。どこから知識を導入するかに関しては、他社、大学、ベンダー、国立研究所、コンサルタント、顧客（これは次章で論じられている）などがある。さらに、コミットメントの度合いと、新しい技術ケイパビリティの潜在能力によって、R&D契約、共同開発、ライセンス化、ジョイント・ベンチャー、M&Aなどがある。昨今、アウトソーシングやアライアンスが経営戦略上の重要な概念として取り上げられることが多い。この章は、何をいかにアウトソーシングすべきか、またどのような組織とアライアンスを組むべきか知見を与えてくれる。

第7章は、市場ないしユーザーの知識を、どのように製品開発に活かしていくかが論じられている。たとえば、技術の成熟度と現行ユーザーとの連携度から、製品開発のモデルを提示している。このモデルが示しているのは、ユーザーの積極的な関与が常にベストではないということである。技術の成熟度が低い場合、現行のユーザーのかかわりが高くても、開発者指導の開発が望ましいとしている。これらの考察は、これからのインターネットのユーザー・コミュニティが製品開発にどうかかわるか等を考察するかにあたって大いに役立つだろう。

八〇年代にアメリカ企業は日本企業から多くのことを学び、分野によってはお手本とした日本企業以上のパフォーマンスを示すアメリカ企業も出てきた。同様に第3章で、たとえば、日本企業が部署間を超えて協力し合い、製品開発に成功した例が肯定的に取り上げられているが、もはや欧米企業のなかには情報技術を活用して、それ以上に知識統合に成功している例が生まれつつある。

日本企業が、特にアメリカ企業に学ぶべき点は、第3章で扱われている「創造的摩擦」のマネジメントではないだろうか。日本企業も世間一般に言われているほど創造性がないわけではない。しかし、ダイナミックな「創造的摩擦」に関しては、まだまだ日本企業も不得手のようである。部分的な改良（プロセス・イノベーション）のみならず、抜本的な製品イノベーションを生み出していくためには、本書で指摘している異なる知識の融合を我々も学んでいかなければならない。ますます不確実性が増す時代にあって、思いきったイノベーションが求められるなか、本書は、組織の知識とその活力の源泉を問う格好の本と言えるだろう。

本書を翻訳しようと思ったのは、平成十一年度・小樽商科大学大学院札幌サテライト（我が大学では社会人院生向けに札幌に教室がある）における「組織情報特論」での輪読と討論がきっかけである。難解な英文と私の拙い解説に最後までつき合ってくれた、社会人院生諸氏にまず感謝したい。

本書は、古典文学の比喩から最先端の技術まで網羅するという異例のビジネス書である。この内容の幅の広さから、大学院の先輩であり、翻訳経験の豊富な田畑暁生先生にご協力いただいた。田畑氏には第4章から第6章まで担当していただき、互いの訳を相互チェックするかたちをとった。原著の英文は、ギリシャ文学などを引用するエレガントな文体であったが、翻訳はできるだけわかりやすさを心がけた。内容に関する詳しい解説・コメントは私のホームページ上でも近々発表してく予定である（http://www.res.otaru-uc.ac.jp/~kotaro/）。そちらもぜひ参照されたい。

出版にあたっては、ダイヤモンド社ハーバード・ビジネス・レビュー編集部の岩崎卓也氏、岩佐文夫氏、出口知史氏の各諸氏にさまざまな面でお世話になった。改めてここに感謝する。

最後に、原著者のドロシー・レオナルド教授は、お忙しいなかで私の瑣末な質問にも本当に丁寧に答えてくださった。おかげで何と助かったことか。Thank you！

二〇〇一年六月

訳者を代表して　阿部孝太郎

知識の源泉◉［目次］

## 第3章　問題解決の共有



## 第4章　新しいツールの導入と活用

# 知識の源泉◉イノベーションの構築と持続

# 第1章

# コア・ケイパビリティ

知識は、ギリシャ神話に出てくる知恵の神・アテナ（彼女はゼウスの額から一気に生まれ出た）のエピソードとは違って、突然現れてくるものではない。むしろそれは、ゆっくり時間をかけて蓄積し、形をなし、日々、何度もマネジャーが意思決定を下すことによってその方向性が決まるものである。それは、また一度に生起するものでもない。少しずつ絶えず生じてくるのである。マネジメントにおける知識の蓄積は静かな水たまりではなく川の流れのように常に新しいアイデアによって補充され、また企業革新の絶え間ない源を構成する泉（wellsprings）のようなものである。したがって、コア・ケイパビリティの開発は学習と密接に結びついている。今日の企業にとって知識は、原材料であり、製品なのである。

# 1——定義

組織でのナレッジ・マネジメントは、コア・ケイパビリティ（技術に立脚した企業にとっては「コア技術ケイパビリティ」）を理解することが出発点となる。初めに、我々はそれらの詳細を分析するために、慎重にこの用語を定義する必要がある。

〝コア〟・ケイパビリティは企業にとっての競争優位をつくり出す。それは、時間をかけて築き上げられるものであって、たやすく模倣できるものではない。[1] すなわち「補完的ケイパビリティ」や「促進的（enabling）ケイパビリティ」とは区別される。それらだけでは、競合他社に対する持続的な優位性を得るには十分ではない（**図1－1参照**）。「補完的」ケイパビリティは、コア・ケイパビリティに価値を付加するが、他企業が模倣できるものである。たとえば、特別な流通チャネルや、一見強烈だが独自性のないパッケージ・デザイン技術などがそういった例である。「促進的」ケイパビリティは、企業の差別化に必要ではあるがそれだけでは十分ではないものである。たとえば製造業において世界クラスの品質を持つだけでは確実に優位性を持てるわけではなく、むしろ最近では競争のゲームに参加するための資格でしかない。技術に立脚した企業は、少なくとも競争企業と同等のケイパビリティなしには競争できない。しかし、それらのケイパビリティは、固有の知識を包含している場合にのみコアとなり、競合他社に対する優位性を持つのである[2]。たとえ優れた組み立て作業を行っても、それらを最高のパフォーマンスで稼働させる知識内容をすべての競争者が入手できるのであれば、コア技術ケイパビリティにはなりづらい。

コア技術ケイパビリティを創造し維持するために、マネジャーには少なくとも二つの能力が必要となる。すなわち、①どのようにして知識創造の「活動（activities）」をマネジメントするかを

**図1－1◉技術ケイパビリティの戦略的重要性**

知ること、②コア・ケイパビリティをつくり出すものが何か——どのような「局面（dimension）」なのか、ということに対する正確な理解が要求される。

マネジャーが促す活動と企業のコア・ケイパビリティの間には継続的な相互作用がある。すなわちコア・ケイパビリティの創造は、知識創造の活動を通じて行われるが、それらの活動もまたコア・ケイパビリティに依存するし、またそれによって可能になるものである。本書は、新しい製品やプロセスの開発を追求する活動と組織のコア技術ケイパビリティとの間の相互作用にねらいを定めている。

では最初に、長きにわたり知識創造に取り組んできた企業、チャパラル・スチール（以下チャパラル）の例を通じて、コア・ケイパビリティを構成するシステムと、それと相互作用している四つの知識構築の活動について探求しよう。チャパラルのマネジャーたちは、以下にあげる四つの活動と、あらゆる技術関連の意思決定を知識構築のために導入することを真剣に考えている。我々はまず、いかにチャパラルの従業員が、①操業上の問題を解決するために職能横断的な専門知識を身につけ、②新しいツールや方法論を統合し、③実験を行い、④企業の外部から知識を導入するかについて学んでいこう。その後に、これらの知識創造活動と相互作用するコア・ケイパビリティを綿密に検討する。チャパラルのマネジャーは、同社のコア・ケイパビリティを「技術を新しい製品やプロセスに迅速に転化させる能力」と定義している。我々は、そのケイパビリティの四つの局面——物理的システム、スキル、管理システム、価値——について検証する。チャパラルの知識創造活動と、その結果生じるコア・ケイパビリティについて例証した後は、再び

「あらゆる」企業に当てはまる一般的な枠組としてのコア・ケイパビリティの四局面について深く見ていくことにする。

## 2――チャパラル・スチール：知識ベースの組織

知識の成長によって（また、それを求めて）マネジメントが行われる組織とはどのようなものだろうか。学習する組織においてマネジャーはどのように考え、行動しているのか。どのような活動が知識資産を創造するのか。これらの問いに答える完全なモデルは、おそらく存在しないだろう。実際に、ナレッジ・マネジメントや組織学習を行っている組織はいくらでもあるのだ[3)]。そこで、この「ナレッジ・マネジメント」という言葉に関する曖昧模糊とした霧を晴らすため、現実の組織をつぶさに見ていこう。全米で第一〇位の生産を誇るミニミルのチャパラル[4)]は、ナレッジ・マネジメントとは何かという問いに興味深い示唆を提供している。競争力やケイパビリティといった知識資産に関する包括的な議論のための基礎として、チャパラルの作業を特徴づける職場の「活動」と、その風変わりな文化を見てみよう。というのも、マネジメントの研究者が指摘するように「（学会で流布している）いわゆる理論」は現実の経営行動についてあまり役に立たない。我々には「実践のための理論」が必要なのだ[5)]。

チャパラルの最高経営責任者（ＣＥＯ）ゴードン・フォワードは次のように主張する。「我々のコア・コンピタンスの一つは、新しい技術を迅速に製品化することです。私たちは学習する組織なのです」。この主張は根拠のないものではない。たった一つの会社では完璧なモデルにはならないかもしれないが、チャパラルの経営方針は、組織学習の理論家たちが提供する処方箋と非常に近いものになっている[6)]。さらに重要なことに、チャパラルの高い品質水準は市場から利益を得ており、アメリカやアジアの同業種の企業と比べて高い生産性を誇っている。過去二〇年近く、時間当たりの生産性で世界記録を持っていた（訳注：八〇年代、日本の代表的な製鉄所の半分のコストで鉄鋼を生産している）。チャパラルは、一般的な構造の鉄製品で、日本のＪＩＳ規格をクリアした最初のアメリカ企業である（日本以外の企業では世界で二番目）。そして個々のマネジャーも同様に、さまざまな賞を受賞している。

この企業は、他の競合企業と違って急激な成長や地理的な拡大を追求してこなかった。それは、迅速に製品開発を実行するケイパビリティを生み出す、その独自の文化を維持するように注意してきたからである。チャパラルは従業員二〇〇〇人に満たないコンパクトな企業である。その規模ゆえに分析しやすく、システムの動きを詳細に観察しやすい。

このように現実の組織をつぶさに見て研究していくことにはある種のリスクが伴う。企業の業績にはさまざまな測り方があるし、たとえばもっと大きな組織に所属する読者は、自分とは関係のない特殊な例だと思うかもしれない。しかし、規模が小さくお互いの顔がわかるという事実だけでは、チャパラルの特異性を説明できない。というのも、同規模の企業でもチャパラルのような企業はほとんどないのだ。

## (1) 製鉄

ここでは製鋼工場の様子について見てみよう。巨大な中空の鋳造工場の建物は飛行機格納庫と同じくらい大きい。空気は熱い鉄の悪臭で重く、鉄や炭素の味が舌で感じられるほどである。電極が古い車の車体を摂氏一六五〇度の炉底（液槽、電解槽）へ向けて液化するのに伴い、屋内の電光が閃いている。床に落ちたら爆発しそうなくらいに熱い溶融鉄の入った、二階ほどの高さのある鋳型槽の傍では、屈強な労働者も小さく弱々しく見える。鋳型に注ぎ込まれて激しく泡立った液体のとてつもない荒々しさに人々は衝撃を受ける。鋳型の平らな面のちょっとした出っ張りや水素の泡でさえも、鉄の周りにできた壊れやすい表面をずたずたにしてしまう。そしてまだ白熱した液状の鉄は、制御できない、恐ろしい勢いで流れ出してしまう。まだ固まっていない鉄が流れていくのをコントロールする工員は、床よりずっと高い台にいるが一瞬たりとも気が抜けない。鋳型から外されると、鉄はミルを通じて長くて可塑性を持つ細片になる。赤く熱している間に、まだ柔らかい鉄がローラーを何度もかけられ、正方形や長方形にこね伸ばされていく。建物などの建築に使われる強化用の棒鉄材や長金属材に望ましい結晶構造をつくるために、ローラーはうまくデザインされている。

製鉄のプロセスは、荒々しい物理的な力と、高度に熟達した手腕との奇妙な組み合わせである。「組織学習」のような難解な学術的な概念を、生々しい力が支配し数秒ごとの生産性が問題となっているような生産現場に、どのようにして適用し得るのだろうか。本当にこれらの従業員は

「ナレッジ・マネジメント」について考えているのだろうか。ところが、彼らは実際にそれを行っている。上はCEOから下はストップウォッチを手にして立っている生産ラインの工員まで、彼らはひたすら可能性を信じ、懸命にミルのスピードを改善しようと努めているのだ。

## (2) 有機的な学習システム

チャパラルをつぶさに見ることで、有機的な学習システムがよくわかる。CEOのフォワードは、競争企業にプラントの「すべてを見せたところで何も盗めないだろう」と言う。彼の自信は、ナレッジ・マネジメント組織というものが有機的な全体としてのみ解釈可能であるという事実に基づいている。[7)] さらに、そうしたシステムは絶えず流動的で、常に自らを再生産している。競合企業がシステムの重要な要素を見つけたとしても、模倣するには時間がかかり、その時にはチャパラルは次のイノベーションへ向かって動き出しているだろう。このシステムは、激しい競争環境を通して進化したものである。[8)] フォワードは次のように述べる。「私たちはいつも必死に進まなくてはなりません。もし私たちの売っているものが高くなりすぎたら、すぐさま多くの人が私たちを避難するでしょう。……私たちは、まるで自分の立っている地面を掘っているようなものです。私たちは、いつも最先端にい続けなくてはならないのです。……[9)]」

フォワードにとって最先端にいるということは、安価で、しかも安全に高品質な鉄製品をつくり出すことで世界をリードするということである。このように明示的に述べられた戦略ビジョンは、それがどれだけ組織全体に浸透し、さまざまな意思決定を導いているかで試される。そうしたビジョンが実践可能な原理に直接的に解釈されていなければ（つまり、工場のラインを動かすガイドラインとならなければ）、実際の製品の売上げにはあまり結びつかないだろう。世界をリードするという目標を達成するには、現状の生産技術を越えるイノベーションが要求される。またコスト優位を保つには、生産性の絶え間ない改善が要求される。しかし先のビジョンは、品質や従業員の安全性を犠牲にしてしまっては、改善の意味がないことも表現している。だから、日頃の目標やすべての従業員の行動基準は、水晶のように透明で明らかなものになる。もっと鉄をつくれ——もっとだれよりもよいものを。[10]

## (3) 知識構築活動

目標を明確にすることで、マネジャーも作業者も、明白な価値を付加するような活動に着目するようになる。目標や金銭的な報酬さえも、それらが作動するまではスキルとは言えず、「活動」が企業のケイパビリティを生み出す。チャパラルのような企業は、特徴ある活動を通じて知識を育て、創造する。これらの活動は、無味乾燥なＴｏ—Ｄｏチェックリストのようなものではない。また活動は、それを指揮する人々から乖離しては意味がない。というのも、その各々が活動に固有の能力や歴史やパーソナリティをもたらすからだ。それぞれの個人ないしチームは、違ったやり方で活動を指揮する。このように組織の知識構築は、各々の個性を特定の活動群へと組み合わせることによって生じる。イノベーションを可能にしているのは、まさにこの組み合わせである。また、それこそがマネジャーがマネジメントすべきものなのである。後に見ていくが、メンバーがもたらすイノベーションの潜在力を考慮せずに、活動をマネジメントすることは危険である。

チャパラルでは四つの主な学習活動が、現在や将来の作業に必要な知識を創造しコントロールしている。そのうち三つは内部に焦点を当てたものである。つまり、①（現在の製品を生産するための）創造的な問題解決の共有、②（内部の作業を拡大するため）新しい技術やツールを用意して統合すること、③（未来のケイパビリティを築くための）公式・非公式の実験、の三つである。もう一つは外部に目を向けたもので、④外部から新しい専門知識を導入することである[11]（図1—2参照）。本書を通じて、我々は、知識を創造し、方向づけ、コントロールする諸々の活動を検証する。そしてそのために、チャパラル以外の多くの事例をも紹介する。まず地に足のついたマネジメントの考察を行うため、ひとまず現実の工場での活動を見てみよう。

**問題解決の共有**（第3章参照）

学習環境においては、進歩は皆に関連するものでなくてはならず、一部の専門家だけのものであってはならない[12]。こうした態度を、ある班長は次のように説明している。「私たちは全力を傾けてうまくいくようにしています。問題の九割ぐらいは、朝の会議までにもう済んでいます。問題が生じても、その場で解決されるのです」。

チャパラルのメンテナンス班長が指摘するように、こうした風土の大きな利点は、「皆からアイデアが出てくる」ことである[13]。たとえば新しいプロジェクトを立ちあげて、ほんの数週間も経たないうちに冷却ホースが破裂した。この時、グループの工員や溶接技術者や班長が集まって問題について話し合い、解決策を求めて散っていった。「その種の問題が起こった時、簡単な解決策はないように見えます」と、ある上級工員は説明する。「まず現場に行って何が問題かを見る。『自分の守備範囲ではない』とか『これについてはわからない』などと言ってはいけない。そんなことを言ったら恥をかくだけです」。このケースでは、「ベンダーや専門家、だれか解決してくれそうな人にみんなで電話してみました。そして三、四時間しないうちに、返事の電話を受け取りました。これがたった一人だったとしたら、解決に一〇倍ぐらいの時間がかかっていたでしょう」。

この種の問題解決の共有は、無秩序で偶然のことのように聞こえる。しかし、ここで興味深いのは、すべての従業員が問題を解決するまで積極的に自分の知性を提供するということである。また、「三人寄れば文殊の知恵」ということが当てはまる。けれども、以下で述べるように、発明やイノベーション

**図1－2◉知識創造と共有活動**

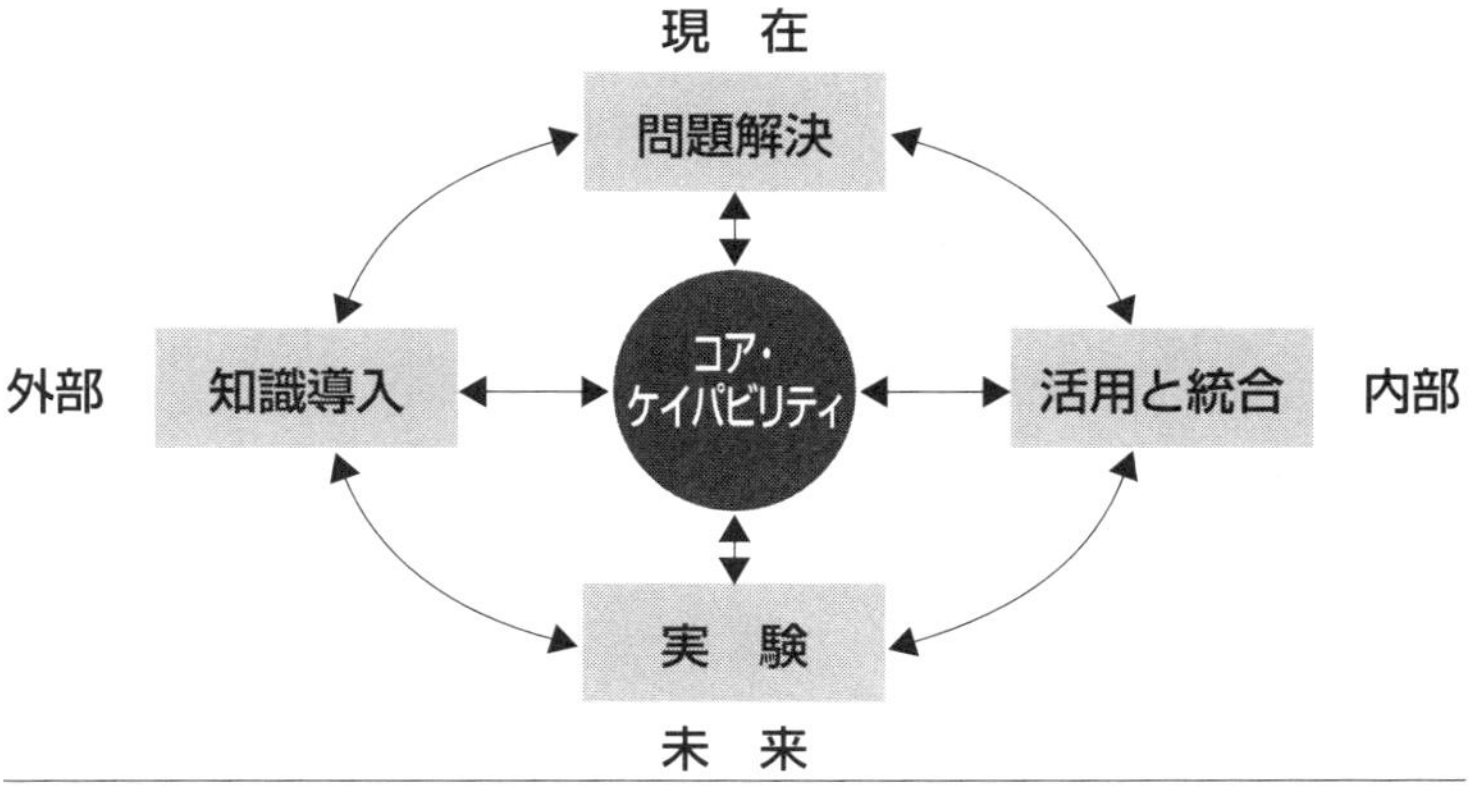

を要する問題の場合、たんに専門家を配置するのとはまったく違う、別の活動が必要である。ナレッジ・マネジメントは、知識を組織のあらゆる方向へ動かす力が要求される。チャパラルでは知識がスムーズに流れているが、それは企業の規模がさほど大きくないからではなく、水平・垂直いずれの障壁も最小化するような努力が至るところで払われているからである。水平・垂直の壁がないせいでCEOと現場の作業員はさほど分け隔てられていない。従業員は躊躇せずにだれにでもコンタクトをとる。「もし何かアイデアが浮かんだら、フォワードさんでもだれでもまさに自分が思った人にそれを言うことができます。ここでは、自分の意見を主張することは何の問題もないのです」と組立工は述べている。工場を訪れてみれば、こんなふうに情報が自由に流れている光景を他でも見れるだろう。たとえばある作業員が、新製品について議論するためにフォワードを引き留める。同様に、意図的に工員たちのロッカー室を副社長室の近くに設置し、副社長がやって来た時に従業員と速やかに連絡がとれるようにしてある。

同様に水平的な境界も最小限に押さえられている。メンテナンス班長は次のように言う。「チャパラルでは私たちはすべてのプロセスにかかわっているのです。ただ一つの領域と結びついているのではないのです」。作業員は品質の問題を規定し、それらを品質管理部に報告する。製品部門の従業員も、メンテナンスのうち四割のタスクをこなす。マーケティング部はないが、この企業の全員が営業マンと考えられている。CEOから受付嬢まで、すべての従業員が顧客向けの名刺を持っているのだ。夜勤の際には、ガードマンもデータの入力を行い、緊急の場合には準医療的な活動も行えるように訓練されている。

## 新しい技術やツールの統合（第4章参照）

チャパラルは、生産プロセスを常に改善することで競争を勝ち抜いている。マネジャーは、購入した装置の性能を向上させることができ、イノベーションは、そうした新しいツールの装備に伴って生起すると考えている。その中には特許申請するような改善もある。たとえば、八インチのスラブと考えられていた装置が、一四インチまで拡大可能なことがわかり、ベンダーが逆にその再設計を買おうとした。もともとスクラップされた鉄を、年二五〜五〇万トン溶かすように設計された二つの電子アーク炉は、いまや六〇〜一〇〇万トンの生産を誇っている。そして、次のようなステップの物理プロセスも知識集約的である。チャパラルが「ホットリンク」圧延（熱い鉄が直接圧延工場に送られる）を始めた時、このケイパビリティを得ている工場は他に世界でたった一つしかなかった。

チャパラルは自分のことは自分で処理しようとするＤＩＹカンパニーなので、スタッフ部門は人事などのほんの少数しかいない。五〇人ほどの大卒エンジニアや技術者もラインの業務を受け持っており、製鉄に直結している。製造方法に関する意思決定は、「知識がある場所」、つまり現場の監督レベルで行えるようになっている。プロセスの改善は、マネジャーの承認や「ベンチマーキング」を待たずにすぐさま実施される。もしそれがうまく機能すれば、それがデファクト・スタンダードとなるのだ。また、もしそのことで業績が改善されれば、皆が模倣をするだろう。「修理法に関して、組立工からトップまで、とにかくアイデアを思いついた人自身が、すぐにそれを実行するのです」と、ある班長は説明する。主任工員は、知識構築だけでなく、知識伝達の能力を考慮して選ばれる。これは、プロセスに関する知識が仲間たちの間で水平方向にスムーズに流れるようにするためである。

**継続的な公式・非公式の実験**（第5章参照）

チャパラルでは、研究開発施設を別個に設けていない[14)]。生産マネジャーのポール・ウィルソンは、だれかに任せるのではなく自分たちが製品を世に出すべきだというスタンスをとる。「他社では『あまり波風を立てるな』というのが口癖です。けれども、うちでは『波風を立ててしまえ』と言っています。私たちは工場の限界を知りません。工場が変化し進化してほしいと思っています」。

チャパラルの従業員は、しばしば製造イノベーションがどこから生まれたのか認識していないことがある。ウィルソンは説明する。「だれがアイデアを生み出したのかはわからないし、それは大した問題ではないのです。皆が達成した誇りを分かち、もし実験が失敗した時は失敗も分かち合うのです。他社では一握りの人が多くのイノベーションを行っていますが、うちでは多くの人間がほんの少しずつつけ足していくのです」。といって、ここでは日本企業のように一定の改善案を公式に要求しているわけではない。

業務担当副社長、デイブ・フォーニーはチャパラルについて次のように言う。「特定のアイデアがよいとこだわる必要はないのです。イノベーションは複数のアイデアから生まれることが多いのですから。アイデアは熟成の期間を経て、多くの人がそれがどういう意味を持つのか理解します。ポイントは、全体の中でよいものを見つけることなのです。そのため、提案箱のようなものをうちでは設けていません。そういうものがあると、アイデアを他の人が盗むのを隠してしまうからです」。

知識創造は絶えず見馴れたものを超えることを要求する。その点、チャパラルの従業員は熟練した実験者である。しかし実験の本質は、従業員のスキルとリスクをとる努力の両方によって形成される。ある者は重役室を訪問して、膨大なＯＨＰのスライドに驚いた。それは、タグチ・メソッドを用いて、水平鋳造工場を開発するというハイ・リスクのプロジェクトを説明するものだった。この極度に技術的なプレゼンテーションによって、経営陣たちは、知識創造のプロセスを理解し、何が重要な決定であるかを把握する。それによって、よりよいかたちでリスクに備えることができる。

一方で同時に、アドホックで、金のかからない非科学的な実験も行われている。チャパラルの従業員は、切ったり張ったりして模型をつくるエキスパートである。あるプロジェクトでは、最初、合板から金属のしぶき避け用ボードのプロトタイプをつくった。板をずっと水中に沈めておくことで、一団は、溶けた鉄でそれが駄目になってしまうのを防ぐ手だてを発見した。「私たちは、その期間、近所の金物屋でよく合板を買ったものでした」と、ある従業員は回顧する。別の実験では、銅で鋳造のプロトタイプをつくった。純銅は、非金属類よりも安く、観察や学習用にはそれで十分だからである。

## 外部からの知識の導入（第6・7章参照）

重要な知識の源泉は他の組織にある。チャパラルの従業員は常に技術的な専門知識をベンチマークし、精査している。マネジャーは決して発明を躊躇しているわけではない。しかし、それは綿密な調査をして現在必要としているシステムがないと確信した後に行われる。この企業は世界でも最良の供給者と取引しているが、それらサプライヤーにも、しばしば現在の設計や製品をはるかに超えるようなイノベーションを促しているのだ。

おそらくCEOであるフォワードの研究者としての前歴によるものだろうが、この会社は最新の工業知識を積極的に追い求めている。チャパラルが日本での製造認可を得ようとしたのは、日本で鉄を売ることを期待していたわけではなく、日本企業がチャパラルの製造プロセスをつぶさに検討することを確信していたからであった。そして、そうした中からも学習することがあると想定していたのである。

チャパラルの人事部もまた、インフォーマルな経路も通じて外部の専門家をかなり積極的に探っている。フォワードは研究者のような視点で、周りに何かないかを探っている。「技術が学会で論文として公表された頃には、すでに手遅れなのです」。

なぜチャパラルがオーソドックスでない情報収集メカニズムに投資するのかは、これで説明できるだろう。たとえば、新しい合金についてのコロラド鉱山学校との研究会議への協賛なども最新の知識を蓄積するためなのである。

以上の四つの特徴的なチャパラルの活動は、この企業のコア・ケイパビリティである知識資産を滋養し、またそこから導き出されるものでもある。そこで、いったいその知識資産とは何であろうか。次に我々はチャパラルのコア・ケイパビリティの諸局面を、①スキル、②ミニミルを差別化する物理的なシステム、といった知識の蓄積からじっくりと見ていこう。その後我々は③マネジメント・システム、④知識の成長をサポートする規範や価値について見ていく。

### (4) スキルと物理的・技術的システム

チャパラルの専門知識は、業界でよく知られた鋳型の専門家やマサチューセッツ工科大学（MIT）出身の卓越した冶金学者・ゴードン・フォワードから二〇年近く第一線で経験を積む班長まで、全員のエネルギーやスキルに埋め込まれている。多くの知識は、人々の頭の中では暗黙的ではあるが、物理的装置やシステムにも埋め込まれている。チャパラルは、世界で最も早く効率的な自動シュレッダー、独特の（垂直ではない）水平型鋳造工場、最も進んだデジタル炉制御システムなどを誇っている。

### (5) マネジメント・システム

物理的システムや人々の頭の中にある知識の蓄積は、学習を可能にし、それが報われるようにつくられたマネジメント・システムによって促進される。[15]

従業員たちは常に現状に挑戦するイノベーターでなければならないので、それぞれの潜在能力、学習への態度、自分の基礎であり強みとなる専門分野に対する熱意によって選ばれる。そして、現場にいる将来の同僚が採用にあたる。

このような報奨制度は、各個人の企業全体への貢献に敬意を示し、それを具体化したものである。チャパラルでは、タイムカードはない。勤務時間帯よりも仕事の内容を重視するのだ。フォワードは説明する。「私が病気の時には一日休みます。無理をした結果病気を悪化させてしまったら、他の誰も代わりをできませんから」。マネジメント・システムは、九七％の「一日中仕事をしたがるような誠実な」従業員のために設計されている、と彼は好んで口にする。そうしたシステムを駄目にしている残り三％の人は、時給換算になったら放逐されてしまう。すべての人（守衛や秘書を含む）にとって、ボーナスの体系は企業の利潤とリンクしている。「会社が儲ければ儲けるほど、私も多くを得るというわけです」と、ある工員はコメントしている。「利潤を分有するシステムはプライドを生みます」。

さらに、九三％の従業員が会社の株主で、約三％を分有している。従業員持株制度は一九八八年に始まったが、その時は働いた年数によって株が得られるような仕組みになっていた。現在では、六二％の者が、追加的に毎月株を購入している。金額的には小さいが、この施策は他の報奨制度と一貫しており、従業員にはこれがきわめて重要だと感じる者もいる。たとえば、ある炉の制御工員はコメントしている。「自分がこの会社を部分的に所有しているのだと感じるのです。だから、いろいろなことに注意します。自分がそれを払っているような気になっていますから、何でも無駄にはしないように注意します」。

チャパラルには、公式、非公式、両方の教育プログラムがある。学校へ再び送りこんでもっと上の学位を取らせるようにもするが、工場の従業員すべてのための、他ではあまりない公式の実習プログラムがある。これは労働省の中の実習・訓練局によって開発されたものである（たいていの実習は組合によって運営されている）。フォワードが指摘するように、「専門知識は、実際に製品をつくる人の手中になければならない」のだ。約三年半のプログラムの間に、七二八〇時間のOJTと座学を受けることで、うまくいけば実習生が上級工員（ないしはクラフツマン）のレベルに達する。各々の班長がそれらのOJTのスケジュールを組み、工場のさまざまな課題を通じて訓練生たちの体系的な進歩を評価する。たとえば、二二〇〇時間の鉄を流し込む作業は、冶金学の実習の一つである品質の単位を与えるものになっている。

またチャパラルは、インフォーマルな「サブリーダー」の研修を通して人々への投資もしている。他の企業では、班長が欠席すると、前の班長がしばしばその代わりを務める。ところがチャパラルでは、たいていは、上級工員が監督的な地位をカバーするために一時的に「サブ班長」として昇進する。こうした仕組みは、上級工員が将来の班長として訓練され、前の班長の経験もまた得られるという点で会社にとって有益である。

### (6) 根底にある価値観

こうしたインセンティブ・システムや教育システムは、明確で一貫性のある価値によって支えられている。学習環境を創る重要な価値観とは、個人の尊重、失敗への寛容性、外部からのアイデアへの開放性、といったものである。進んで学習するならば、すべての従業員が貢献できる潜在能力を持つと想定して、フォワードは「もし全員がエゴを捨てるなら、我々は山をも動かすことができるのだと悟ったのです」と述べた[16]。

チャパラルでは、至るところで平等主義を示すシンボルを目にする。たとえば、肩書や地位を反映するような駐車場の割当てや、ヘルメットおよびユニフォームなどといったものはない。また、近所の食堂が社員の食堂の代わりになっている。

最もユニークな価値観の一つは、製品を生み出すというプレッシャーのなか、リスクを負い失敗することに対しての寛容性である。実際にチャパラルのマネジャーはリスクのないプロジェクトを避ける。「確実なもの」は競争優位をつくり出す展望は何もないからである。フォワードは「我々は他の人々とリスクについて異なった見方をします。我々は『何もしない』ことのリスクは何だろうか、と常に問いかけているのです。別に会社を賭けに供しているわけではありませんが、計算できるリスクを負わなければ、そして成長を止めてしまえば、我々は死ぬかもしれませんよ」と言う。このリスクに対する積極的な姿勢は会社に浸透している。「だれだって失敗しますよ」とチャパラルの班長は言う。「でも、ここでは失敗を償う必要はないのです。解決をして、進み続ければいいのです」。

こうした姿勢はたんに言葉だけではない。活動の面でも浸透している。第5章で詳しく述べるが、一九八六年にデイブ・フォーニー（当時、ミディアム・セクション支配人）は、建材用のアーク・ソー設立にあたって、一五〇万ドルというとんでもない資金を使ってしまった。けれども彼は罰せられるどころか、昇進したのである。しかし、このリスクを負うことを報奨する傾向は、発明をすることが唯一価値を創造する道だと考えるような近視眼的な強迫観念によるものではない。「ここでは再発明しない」(Not reinvented here)というのが実践上のスローガンである。すでにある最良の知識に基づいて何かをつくり直すことに価値はない。したがって、外部のアイデアに対する開放性は、もう一つの重要な価値なのである。

## (7) 相互依存システム

チャパラルのスキル、物理的システム、学習活動、価値、そして経営哲学や経営慣行などは、明らかに高度に相互依存している。競争優位の装備は、労働力が高度に熟練している場合に限り設計でき、また定常的に改善できる。継続的な教育は、被雇用者が各自の学習意欲に応じて綿密に選択されている場合に限り、魅力的なものとなる。アイデアを蓄積するために従業者を世界中に送り出すことは、彼らが学んだものを生産上の諸問題に適用するようにエンパワーメント(権限委譲)されている場合に限り、費用対効果を上げうるのである。このように、継続的な学習や知識の蓄積は、特定の技術的熟達だけでなく、インセンティブ・システムから生まれる所有者意識だとか、特別な教育システムで培われたプライド、また信念や経営慣行に埋め込まれた諸価値、といったものに依存しているのである。

ゴードン・フォワードが素早い製品開発こそコア・コンピタンスだと主張する時、同時に知識生成や知識流通の活動のダイナミックなシステム全体にも言及している。このシステムは、すでに従業員のスキルや生産設備の中に取りこんだ、周到につくり出された報酬やインセンティブによってより効果的になった知識と相互作用している。そして、この「システム」こそがチャパラルに他の製鉄業者に対する優位を与える。

ここまでチャパラルという特定企業の観察してきた。この章の以下の部分では、より一般化しあらゆる組織におけるコア・ケイパビリティの性質について考えていく。つまり、この概念の歴史はどういうものか、ケイパビリティは会社の中のどこに位置づけられているのか、コア技術ケイパビリティに仕立てられる四局面の各々は何によって構成されるのか、そしてチャパラル以外の企業におけるコア・ケイパビリティの一部分として、それらがどのようなものであるのか、といったことについて考察する。

## 3――性質

コア・ケイパビリティが企業に競争優位を与えるという考え方は決して新しくはない。いろいろな論者がそれを差別的・企業特質的・組織的競争力であるとか、資源配置だとか、見えざる資産などと呼んできた。[17] 何十年もの間、研究者たちは、そうした他企業とは異なるケイパビリティに基づいた戦略は優れた業績をもたらすと述べてきた。

たとえば、ルメルト[18]は、九つのさまざまな戦略のうち、既存のスキルに基づくものと企業内の資源に基づいたものの、二つが最も高い企業業績を上げていることを発見した。最近の調査も、業界固有のケイパビリティによって新しい知識をうまく利用できる可能性が高くなることを示しており、この研究成果を支持している。

それらの研究の結果、経営学者たちはマネジャーに「ケイパビリティを構築し、それをうまく利用するための計画を発展させるように」助言するようになった[19]。こうしたアドバイスは、効果的な競争は通常劇的な戦略的飛躍というより漸進的なイノベーションによるという視点に基づいている[20]。しかし、この理論の主唱者たち（時として戦略の「学習学派」と呼ばれる[21]）は、静的な競争力の視点を提案したのではない。むしろ彼らは、人間と同様に、組織が知識構築に何年も投資し、特定のスキルを開発したにもかかわらず、それらのスキルを環境の変化に合わせて変え続けていかねばならないと認識していた。実際、ゲーリー・ハメルが指摘したように、「コア・コンピタンスあるいはケイパビリティ（彼はこの語に置き換えてもよいと考えている）とは、新しいチャンスへの道筋を与える」ものなのだ[22]。しかし、継続的なイノベーションは「創造的破壊」の活動でもある[23]。製品の設計を変える「一見マイナーな」イノベーションでさえ、深く埋め込まれていた知識の有用性をなくしてしまう可能性すらあるのだ[24]。もちろん、環境が根本的に変化してしまえば、組織は再構築を余儀なくされるだろう。しかし、ほとんどの組織は、それほど劇的でないが、たいていは（皮肉なことに）より困難な状況に直面している。というのも、組織は変化を動機づけるような生死のかかった明白な危機がないにもかかわらず、継続的にケイパビリティを高めねばならないからだ。

## 4——位置づけ

コア・ケイパビリティが企業レベルで存在するのか、それとも組織内の部署や職能内にもあり得るのかに関してはさまざまな議論がある。[25] もしコア・ケイパビリティが競争優位を与えるものと仮定すると、どんなビジネスレベルにもあると考えるのが論理的であるだろう。技術的なシナジーをあまり持たない部署から構成されている企業が成功する場合もある。

内視鏡を使った外科手術の装置を提供する、ジョンソン・エンド・ジョンソン（以下Ｊ＆Ｊ）のエシコン部門は、ベビー・シャンプーなどを生産している消費財部門とは、あまり技術的知識を共有していない。またヒューレット・パッカード（以下ＨＰ）の医療装置部門も、一般向け記憶装置部門とは、技術知識の点で似ていない。

しかし、そうした部署が、単独ではできなかった技術ケイパビリティを市場ないしは製品レベルで結びつけることはできないとは言えない。

たとえば、ＨＰの経営者は、シナジーをつくり出すために、計測・通信・計算機の三分野で競争優位性を得たいと言っている。ＨＰが、エンジンのパフォーマンスをモニターしてデータを中央コンピュータに報告・分析する診断システムで、フォードから六三〇〇万ドルの契約を得たが、これはＩＢＭに対して計測の分野で優位性があったからである。ＩＢＭは、通信と計算機の分野で劣っていたわけではないが、装置をモニターする計測の分野で優位ではなかった。[26]

さらに、まったく異なる市場に進出している企業ですら、自らの技術的な多様性をいくつかの構成要素に縮減できる。3Mでは「使える化学」を標語にしているが、この言葉は、コーティングからOHPに使われる素材の透明性まですべてをカバーしている。また、ゼロックスは「ドキュメント」カンパニーを標語にしている。しかし、そうした最小限に短くした標語は、知識を規定し、育て上げ、うまく使うガイドとなる時にだけ有効である。たとえば、マネジャーが日常的な活動を設計しコントロールする手助けにならなければ意味がない。それがコア・ケイパビリティにとって有効な記述かどうかは、それがどの程度意味がある操作に還元できるかによって試される。

そういうわけで、本書では、企業の技術的アイデンティティを表すフレーズが用いられるに至った過程ではなく、知識を創造し方向づける活動を強調している。

組織内部のケイパビリティを開発し、育成し、教化するプロセスを深く検証する前に、我々は議論のための枠組みと言葉をきちんと定義する必要がある。今日では多くの企業が自分たちのケイパビリティを規定しようともがいている。そうしたケイパビリティを、「ユニーク」とか「競争優位」とか、あるいは「資源配置」などというだけでは明らかに足りない。我々は、まったく特殊なやり方でそれらを議論する必要がある。そうして初めて、我々は正しい知識活動に着手することができる。

次の節では、チャパラルを例にして見たコア・ケイパビリティに関する四つの局面をふり返り、それらについてもっとじっくり議論しよう。

## 5――コア技術ケイパビリティの性質

本書では、技術ケイパビリティという言葉は、物理的システム、スキルと知識、教育と報酬というマネジメント・システム、企業に優位性を生み出す価値という活動のシステムを含んでいる[27]。先に述べたように、そうしたシステムは、補完的ケイパビリティにも、促進的ケイパビリティにも、そしてコア・ケイパビリティにもなり得る。補完的ケイパビリティは、その名が示すように、持つのは容易だが本質的なものではない。促進的ケイパビリティは、競争のための最小限の土台として重要だが、それ自体では特別な優位にはならない。それらと対照的に、コア技術ケイパビリティは、他の企業群から抜け出し、そして少なくとも潜在的には競争力をもたらすものである。

特定のケイパビリティに対して「技術」というラベルを貼ることによって、そうした競争優位性が単一の技術知識からなっていると誤解される恐れがある。しかし、強力な技術的要素を持ったケイパビリティでさえ、複数の局面を持つシステムであり、その局面の一つ（局面全体が、あるいはその原則が）が技術であるにすぎないのである[28]。そしてチャパラルに関する記述で示唆したように、コアないし戦略的ケイパビリティは、少なくとも四つの相互依存的な局面で構成されている。それらのうち二つは、ダイナミックな知識の蓄積として考えられるものであり、残りの二つは、知識の制御と方向づけのメカニズムを担っている（**図1―3**参照）。

①従業員のスキルと知識：この局面は最も明らかであろう。

②物理的・技術的システム：技術的な競争力は人々の頭の中にだけあるのではない。それは、データベースや装置やソフトウエアといった、長年かけてつくられた物理的システムにおいても蓄積されているのだ。

③マネジメント・システム：従業員の知識は教育や報酬やインセンティブのシステムによって導かれ、評価される。こうしたマネジメント・システム——とりわけインセンティブの構造——は、知識にアクセスしたり、それが流れるチャンネルをつくり出す。だから、彼らは、また望んでいない知識創造活動にはバリアーを張ってしてしまう。

④価値観と規範：どんな知識に種を蒔き育てるか、そしてまた、どんな知識構築活動を受け入れ奨励していくかは、価値観や規範によって決まっ

図1－3◉コア・ケイパビリティの局面

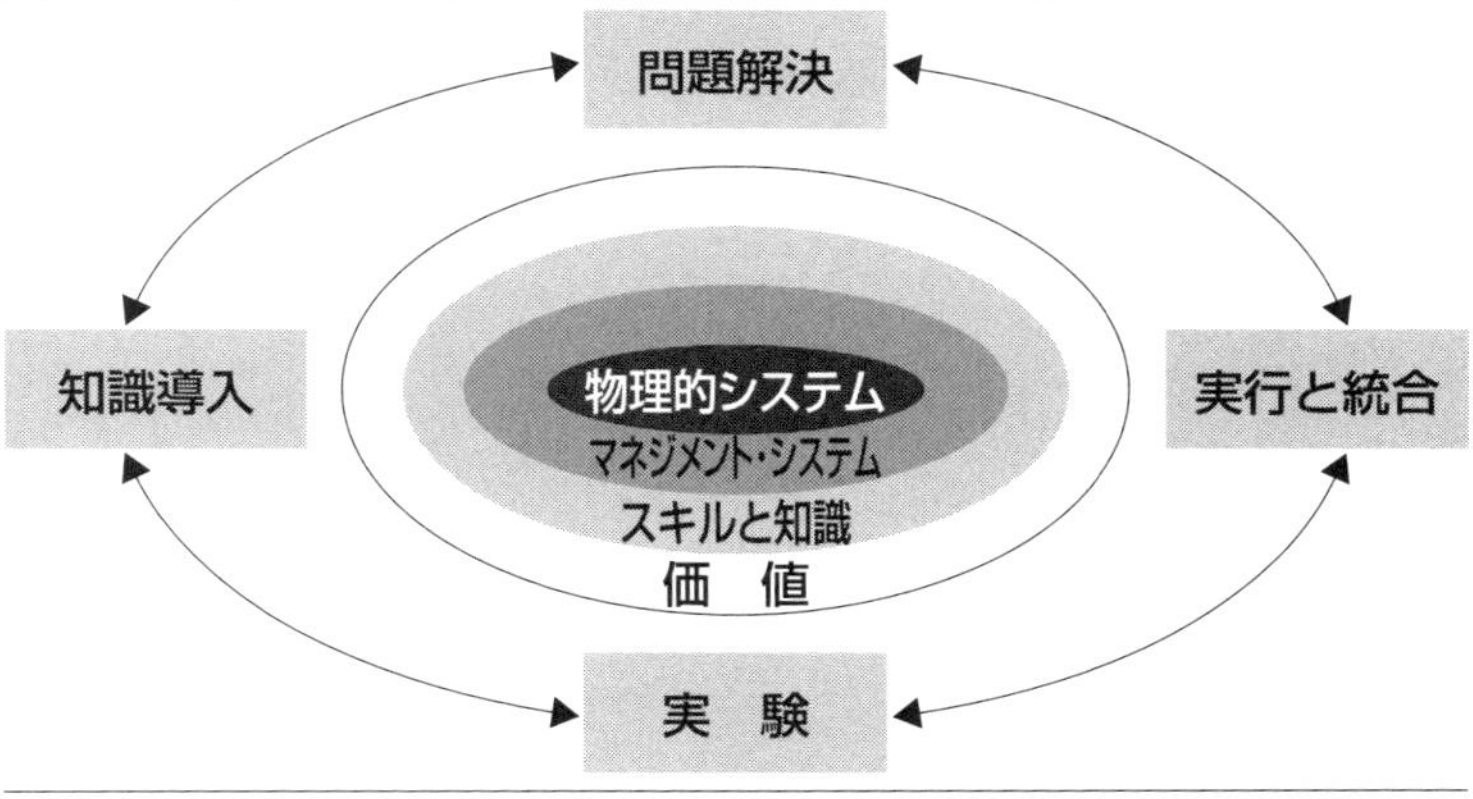

てくる。これらには、カーストやステータス、行動の儀礼、宗教的なまでの技術に対する熱情的信念等がある。だからこそ、価値観は知識を選択して、制御するメカニズムとして機能する。

仮に、この四つの局面が部外者にあっさり吸収されたとしても、そのシステムの兼ね合い、特にそれらの独自の組み合わせがもたらすシナジーは、決して容易に移転したり模倣したりできるものではない。そして、その組み合わせが企業に戦略的優位性を与えているのである。

### (1) スキルと知識

従業員に埋め込まれたスキルと知識が、頻度としては最もコア・ケイパビリティに結びつきやすい[29]。このスキルと知識の局面は、その企業に固有の技術と、科学的な理解の両面を含んでいる[30]。たとえば、チャパラルであるエンジニアは鋳型の設計（圧延工場途上の溶けた鉄から特殊な形をつくる）に関して業界のエキスパートと目されている。また、極小時間の基準設定に貢献した多くの人の一人がＨＰにいる。彼の科学的成果は世界中で得られる。しかし彼は、二〇〇〇年に一秒しか狂わない時計を含めて計測装置の設計をも手助けしたのである。ミリポール・コーポレーションは、ウォムター・ディビジョンがつくった、高圧力の液体クロマトグラフィー・システムを買い取った。このシステムで重要なのは、分離のプロセスで分析される化学混合物の流れを刺激するポンプの部分である。そうしたポンプを設計するには、液体の物理学と、その原理を分子のサイズに応じて液体を分離することに応用する知識が必要とされる。科学の原理は公共的知識で、だれにでも手に入る。しかし、ウォーターは、それらの原理をポンプに応用するという面では、世界でも一流の専門家を雇っていたのである。

そうしたスキルは、T型と呼ばれてきた[31]。これは、一つのことがらに関して非常に深く（Tの縦線）、特定の知識領域を特定の製品へとうまく応用できるほど広い知識（Tの横線）を兼ね備えていることを意味している。スキルがコア・ケイパビリティへつながるうえで重要なのは、そうした縦の線と横の線がどこでどう交わっていくかという理解である。私は、このことを第3章でもっと掘り下げる。

深いスキルは稀少だが、しかしそれはたいてい特定の組織が占有するのではなく、コンサルタントを通じて、あるいはエキスパートを雇うことによってアクセスできる。たとえば、チャパラルの冶金研究者たちは、CEO同窓、MIT出身のエキスパートたちとコンサルティングを通じて知識を交換している。同時に、チャパラル内部の鋳型のエキスパートが生む独自の優位性もある。それは、鉄を特定の形状にするために、特定鋳型の配合がいかに結晶構造と相互作用するかを理解していることである。こうした知識は、研究所や教科書からは得られない。これは現場での実験から生まれるものなのである。さらに、彼らはチャパラルの装置の独自性や、他の従業員のスキルについても知っている。

一九九一年、これまでミニミルが避けてきた市場——つまり建築用の構造ビーム——に進出することを決定した時に、そうした知識が重要性を持った。チャパラルは低コストの生産者であるという戦略に忠実であり続けるために、革新的な設計を行わなければならなかった。それは、コストのかかる圧延を削減して、最終的な形状に近い、溶けた鉄の細片を鋳造するのに挑戦することであった。この企業は、外部（鋳型のサプライヤー）からの専門家を雇うことでその目的を達成した。しかし、このプロジェクトを実現可能にしたまったく特殊な鋳型を設計したのは、内部の専門家だった。なぜ内部の人間が設計したのか。「知識を内部で保つためです」と工場のマネジャーは説明する。

　これらの例が示唆するように、コア・ケイパビリティの、この局面を構成するスキルと知識には少なくとも三種類ある。つまり、①科学的（公共的）なもの、②業界に固有のもの、③企業に固有のもの、の三つである。①から③に移動するにつれ、これらのスキルや知識はコード化や移転が難しい[32]（**図1―4**参照）。チャパラルの例で言えば、冶金の科学は公共的なものである（もちろん、絶え間なく科学的発

**図1－4◉スキルと知識の3タイプ**

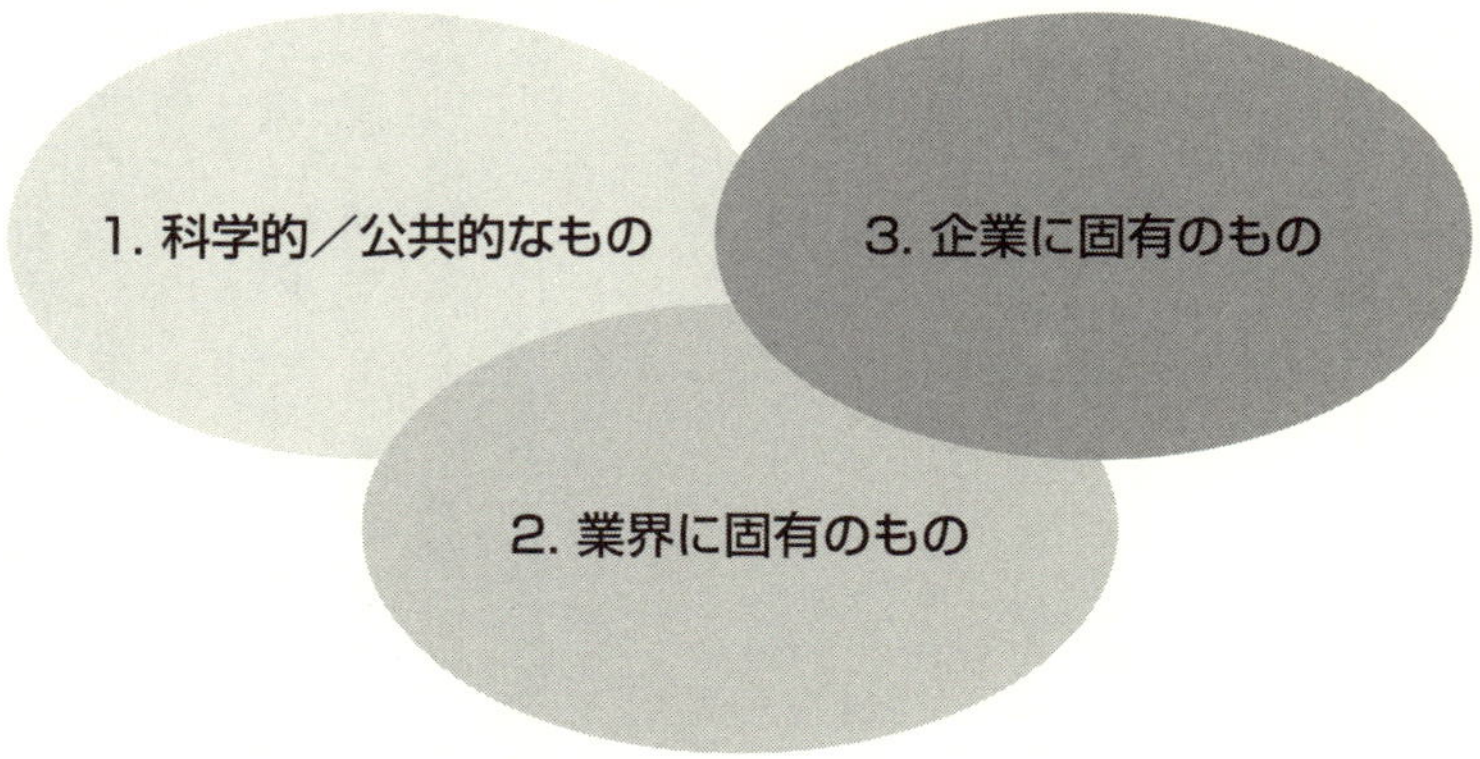

見はあるから、コード化され記述され専門誌に掲載されて伝達されるまでにタイムラグがある）。製鉄に関する業界固有の知識は、サプライヤーやコンサルタントなどの多くのエキスパートの間で広がるが、原則としてすべての参入企業はそれを入手できる。

しかし、内部の（企業固有の）知識は、そんなに容易には複製できない。チャパラルの先の製法を実行するには、ライバル企業は冶金学の科学的な知識にはアクセスしたり、同じＭＩＴのコンサルタントを雇ったり、同じヨーロッパのサプライヤーと共同作業することはできるが、内部の専門家まで雇わなくてはならない。たとえそうしたとしても、ライバルは、ドイツの革新的な鋳型をつくった企業で働いた経験を持つような、チャパラルの工員の補完的なスキルまで必要とする。ライバルが、それらの従業員全員を雇うと仮定しよう。その場合、先の製法を模倣できるだろう。しかし、それでもライバルはチャパラルがコア・ケイパビリティと考えているもの、すなわち技術を発展性のある製品へと転移することは複製できない。その理由を理解するために、我々は、コア・ケイパビリティに関する他の三つの局面を探求する必要がある。

## (2) 物理的システム

ライバルが真似はできるが複製できない理由の一つは、チャパラルの先の製法は、鋳型とそのプロセスが特許化されているからである。このように、知識やスキルの何割かは特許になって保護される形態となる。しかし、企業固有の知識を守るのに、特許が唯一の（そして最善の）方法というわけではない。長い時間をかけて企業内に蓄積され、構造化され、コード化された、さまざまなエキスパートの暗黙知は、徐々にソフトウエアやハードウエアや手続きなどに埋め込まれる。そうした知識は多様な個人によって集大成されており、全体としての技術的システムは、部分の総和以上のものになる。それは、多様なエキスパート（彼らはお互いにコミュニケーションをとる機会が普段はない）のスキルや知識が組合わさってできているのだ。そして、物理的システムは、まるで珊瑚礁のように、その人が他の職種や仕事や、あるいは別の組織に移ってしまった後でも、その人の知識を保持できる。

物理的システムの性質は、基本的にその業界の競争がいかなるものかによる。こうした物理的システムは、ソフトウエアやハードウエアや装置からなるが、それらが一時的な優位性を与える場合もあるし、あるいは長期にわたることもある。たとえば航空業界で、アメリカン・エアラインのコンピュータ化された予約システムは、他の主要な航空会社が独自のシステムを構築するまでは競争上の優位性を持っていた。同社のシステムは特許を取っていて、すぐには模倣できなかったが、その中身までが特許を取っていたわけではない。徐々にライバル企業は、同等のシステムを開発した。情報システムにおけるアメリカン・エアラインのケイパビリティの特質について、次のようなことが九〇年代には述べられている。「この新しい時代、情報技術は以前よりすぐに浸透するが、すぐに効力をなくすだろう。賭金を求めて多くの企業がゲームに参加するが、競争に勝つ特別なカードなどないのである[33]」。かつてコア・ケイパビリティだったものが、促進的ケイパビリティへ格下げされてしまったのである。

データベースに埋め込まれた知識が特許化され、そのソフトが長期的なコア・ケイパビリティの一つになる可能性もある。フォード・モーター（以下フォード）は、車の衝突テストのデータを長年蓄積してきた。これらのデータはフィードバックされ、コンピュータ・シミュレーションとして活かされた。新規参入企業は、こうしたシミュレーションの模倣が困難であることを確実に理解することになる。いまだに、実用性のあるきちんとしたデータを持つ企業は少ないのだ。結果的に、車の設計全体のコア・ケイパビリティにおいて、フォードはこのシミュレーションが大きく貢献したと考えている。[34] たとえば、これらのデータを用いて、フォードのエンジニアは床板から発生しているノイズは、実は屋根と床板の共鳴にもよることがわかった。ノイズの除去はこの業界では成功の重要な要因であるから、そうした発見は大きな意味を持つ。

### (3) マネジメント・システム

マネジメント・システム——資源の蓄積や展開を導く組織化されたルーティン——はコア・ケイパビリティの一局面だが、あまり明白ではない。しかし、インセンティブや教育システム、あるいは昇進の慣行が、企業に利益をもたらすような行動を誘発する。チャパラルの工員が鋳型の特許を取るほど技術的に熟練している理由の一つは、先に述べた独自の実習プログラムによるものである。このプログラムは、少なくとも二つの点でユニークである。第一に、（組合によるプログラムと違って）職能に固有というよりはもっと一般的なものである。第二に、工場の班長がローテーションで教えていることである。インストラクターに要求される能力が多様というだけでなく、この特殊性と一般性（対人コミュニケーション・スキルの強化といったあまり普通ではないものも含む）の組み合わせが、模倣を難しくしている。工場でいろいろな問題にぶつかった経験があるので、班長は何を教えるべきか知っている。そして、現場で生徒たちと働くことで、自分たちの判断が正しいかどうかを冷静に判断する機会を得るのである。

非常に重要なマネジメント・システムが、ほとんど公式的でない可能性もある。しかし、それでも、差別的なケイパビリティに貢献するのである。たとえば、コンサルティング会社や大学においてその組織の一員になるということは、非公式に経験あるコンサルタントや教授として実習を受け、その行動やサービスを提供する特定のスタイルを学ぶことである。ハーバード・ビジネススクールでは、一年生のカリキュラムを担当する教官たちには、教師と生徒が議論を重ねることが学習であることを教える重要な任務がある。新しく来た教授たちは、授業の視察や公式・非公式のフィード・バックや、教育法に関する日常的な議論を通じて、この大学院の特徴である対話型ケース・メソッドを学んでいく。新しく来た者は、教授たちが彼らに、議論を円滑に進めたり、ソクラテス的な問答スタイルを身につけさせるために多くの時間を費やしているのにいつも驚いている。そして、このことで、ケース・スタディをあまり重視しない他のビジネススクールと差別化されているのだ。

### （4）価値観と規範

マネジメント・システムと同様に、物理的システムや従業員に埋め込まれたスキルと知識は、その企業にとって何が価値を持つのかによって特徴が決まってくる。たいていの企業では、その企業が人間の性質を基本的にどうとらえているか、また創業者個人の価値観などが企業の価値観に結びつく。組織研究者たちは、かなり以前から長年、会社はその「パーソナリティ[35]」を保持すると述べてきた。

包括的な価値観を持つ企業もある。企業内の人間同士のやりとりや、あるいは人生観なども、一般論としてそうした価値観が当てはまる。強く維持された基本的な価値観は、エドガー・シャインが名づけた「文化的パラダイム[36]」の考えに一致する。それは「一貫したパターンをとる、相互に関連した考え方のセット」である。日立製作所の従業員は、創業者の「私たちは百年生きられないが、これから約千年の間関心を持たれるような人間になるべきである」という言葉を好んで引く。J&Jの「信条」(社是)は、日常的な意思決定にも影響を与えているが、それは創業者の息子、ロバート・ウッド・ジョンソンの時代にまでさかのぼる。一九三八年から六三年まで会長を務めた彼は、共に働く人々が分別があり、会社がどのような事業でも公的・社会的責任を持つことに対して強い確信を持っていた。その信条は、伝統としてすべてのマネジャーのオフィスの目立つ場所に飾られている。

一九八二年に、青酸カリが混入されたタイレノール・カプセルを飲んだ後、七人の人が死亡するという事件が起きたが、この危機に対して、この信条のおかげで原則的に公共精神を持った立派な対応ができたと、J&Jのシニア・マネジャーたちは信じている。この社是が優れているのは次のような記述である。「我々の第一の責任は、我々の製品およびサービスを使用してくれる医師、看護婦、患者、そして母親、父親をはじめとする、すべての消費者に対するものであると確信する」。このような価値観は、全米の店の棚からすべてのタイレノール・カプセルを素早く撤収するというコストのかかる決定を下す根拠となった。J&Jの信条は、従業員同士の関係やコミュニティとの関係を規定するような価値も含んでいる。「社員一人ひとりは個人として尊重され、その尊厳と価値が認められなければならない。……社員の提案、苦情が自由にできる環境でなければならない。……我々はよき市民として、有益な社会事業および福祉に貢献し、適切な租税を負担しなければならない。……我々は新しい考えを試みなければならない[37]」。会長兼CEOのジェームズ・バークは、この信条がたんなるお題目になってしまうのを恐れ、社長と一緒に全米一五〇の営業所を訪れた。そして従業員との議論の結果、彼らは会社の価値に再びコミットメントすることになったのだ。

HPには、「HPウェイ」という、同じような価値基準がある。それは創業者のビル・ヒューレットが言っていたことで、要するに「個人の誠実さを敬うこと」を意味する。公式のHPウェイは、個人に対する信頼と尊敬、妥協なき誠実さ、会社の価値に準じたチームワークなどを挙げている[38]。このような包括的な価値は、私が「大文字のバリュー」(Value)と考えるものに相当する。それは、従業員がお互いに、そして顧客に対してどのように振る舞うべきかを規定する。大文字のバリューは企業文化に大きく貢献する。そして企業文化、それ自体が競争優位になり得ると論じる者もいる[39]。

と同時に、価値はその範囲がもっと限られることもある。人間の本質や人間関係といった包括的な見方ではなく、「小文字のバリュー」(value)は、技術の選択や、知識のタイプや、包括的な価値が実際にどう使われるかなどに焦点が当てられている。要するに、小文字のバリューは行動規範である。ある特定の技術知識に対する価値は、他の企業から差別化される戦略的に重要な技術ケイパビリティとして貢献する。

たとえば、イーストマン・コダック（以下コダック）では、フィルム設計と結びついた化学の知識が長年高く評価されてきた。機械工学の知識よりも評価されてきたのは確かである。その理由は明白だ。銀ハロイドの微粒子をゼラチンのような状態でスムーズに広げる優れた技術は、機械工学より化学の知識によるところが大きいからだ。同社エンジニアの成功の頂点は、これまで五％の者にだけ与えられてきたフィルム設計者の称号を得ることである。そのため他の大企業と同様に、長い間コダックでは、ソフトウエアのエンジニアは高く評価されなかった。結果的に、コダックは最高の化学エンジニア専攻の卒業生たちを引きつけたが、機械工学やソフトウエ

**図1－5◉自己強化の好循環**

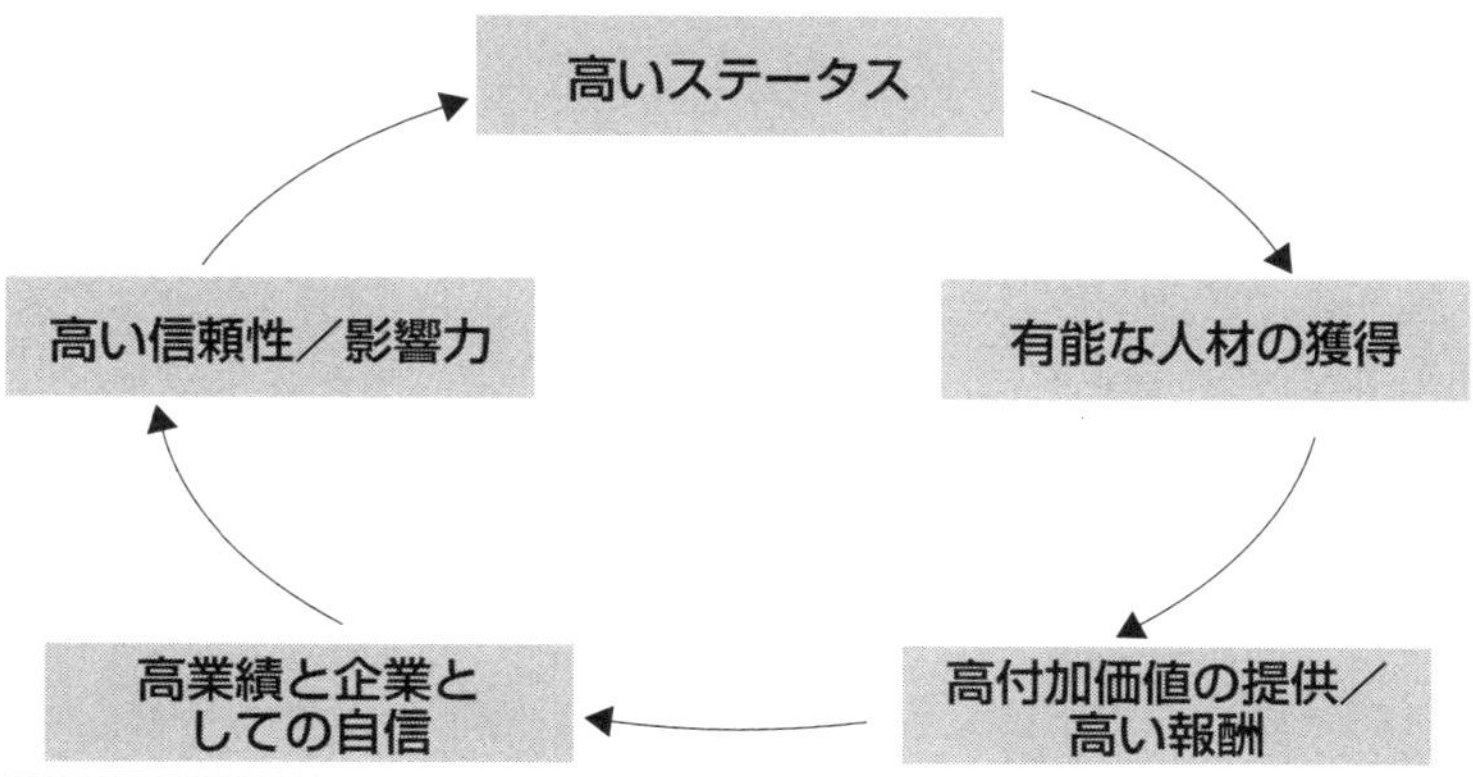

ア・エンジニアたちは二の次になりがちであった。どのようなエンジニアを雇い、どのような報酬を与えるかというマネジメント・システムは、装置の設計者よりもフィルム設計者を高く位置づける価値観に基づいていた。こうした価値観は、適切なスキルを身につけ、適切な知識が蓄積するのを助長する。

このように、**図1―5**で示すように、小文字のバリュー[40]は自己強化的な好循環を形成することで、他のコア・ケイパビリティの局面と相互作用する。すべての組織は、スキルを持った人たちに対して、どのような人材を引きつけ、どのように優遇していくかを決める価値観を有する。それらの人たちの道でトップ・ランクの人たちは、一般的に自信に満ち、高い業績をあげる。それらの人たちの知識は、(それが工学であれ、マーケティングであれ、金融であれ)新製品開発の決定をバックアップする。さらに、これらの専門家にはトップへの道が開かれている。

## 6――過去からの深い根

価値は驚くほど深く、コア・ケイパビリティの構築に影響を与えるものである。だから、進化してきたように見える多くの企業でも、その技術的出自に深い根を持っている。たとえばモトローラは、今日、家庭用ラジオ(ここからスタートした)やカー・ラジオ(企業名はここからきている)というよりも、携帯電話やCPUで有名である。

しかし、それでもモトローラはカー・ラジオを生産している。さらに、ワイヤレスの移動体通信事業は一九三四、三五年までさかのぼる。その頃モトローラは、世界で初めての双方向のラジオ通信システムをシカゴ警察署のために設計した。[41] 第二次大戦中の最も盛んなビジネスの一つは、移動体通信（ウォーキー・トーキーとラジオ）だったのだ。同様にレイチェムは、熱圧縮のポリマーの事業を一九五七年に開始しているが、今日では洗練された熱圧縮のコーティングで知られている。

一方ジェンラドは、ゼネラル・ラジオ（この頃の「ラジオ」は、今日で言う「電子」と同じような一般的な意味の言葉だった）として、一九一五年に事業を開始し、ラジオのトランスミッション用の、電流やボルテージや抵抗を計る装置を生産した。[42] 電子機器のための計測装置は、今日でも主要なビジネスである。そしてポール・コーポレーションは、一九四一年にデビッド・ポールがマンハッタン・プロジェクトで働いている時にまでさかのぼり、そこで彼はウランを二つに分けることに成功し、ビジネスを興したのだ。[43] 最近では、この会社はバクテリアや、直径〇・四ミクロン（髪の毛は直径約四〇〇〇ミクロン）の不純物を取り除く非常に精妙なフィルターをつくっている。

こうした深い根は、時間をかけて進化したケイパビリティをもたらす。しかしまた、それらを変えていくのは難しい。

次章で我々はコア・ケイパビリティの逆の面、つまりコア・リジディティ（硬直性）について検討する。続く章で、コア・リジディティを打破する諸活動に立ち返り、最終的に、差異化のための戦略と、コア・ケイパビリティの基礎を模索していく。

## 7――要約

本章では、迅速に製品化するコア・ケイパビリティを持つチャパラルの例から始めて、コア・ケイパビリティの性質について検討した。そして我々は、コア技術ケイパビリティは、①人々の持つスキル、②物理的システムに埋め込まれた知識などの形態からなるシステム、であることを見た。さらにこれらの重要な知識を蓄積することに加えて、ケイパビリティは、知識を方向づけ制御する、二つの高度に相互依存的な局面を持つ。つまり、③注意深く設計された教育やインセンティブを通じて知識の成長を助け強化するマネジメント・システム、④異なる種類の知識の蓄積を選別したり、奨励あるいは妨げたりする価値、の二つである。

中心となる問いは、これらのケイパビリティがいかにして時間をかけて成長していくかである。本書の以下の章では、この問いに答えていくことに重点を置く。チャパラルにおける圧延工場、航空産業におけるソフトウエア、電子機器メーカーにおけるシミュレーションやデザイン・システムなど、すでに物理的システムが増大していることが理解できる。しかし、従業員の頭や手に埋め込まれたスキルやマネジメント・システムや価値は、はるかに見えにくいものである。場合によっては語られもせず、あるいは認識すらされていないかもしれない。いかにして、これらの見えざる資産を活かしていくか。価値は創業者に固有のものかもしれないが、それは時間をかけて強化され、従業員たちにも浸透している。マネジメント・システムは、従業員がインセンティブや報酬に対してマネジャーが思いもかけないような反応を発見しながら進化している。スキルは、どのような態度や行動が奨励されるかによって蓄積していく。

簡潔に言えば、ケイパビリティは、企業メンバーの活動を通じて——あらゆる組織レベルにおける従業員の行動を通じて成長する。マネジャーの重要な仕事は、組織や従業員が吸収・保持すべき知識を生み出すような活動を規定し、植えつけ、育て、奨励することである。チャパラルでは、そうした重要な活動は、問題解決の共有、新しい方法とツールの統合、公式・非公式の実験、外部からの知識の導入、などである。これらの活動はチャパラルを特徴づけるものであるが、内部にも外部にも焦点を当てていく、こうした活動は製造業においてコア・ケイパビリティを構築する際には一般的である。第3章から7章では、こうした活動について深く探っていく。

しかし、そうする前に、以前の問いを検証する必要がある。他の多くの活動でなくて、なぜ特定の活動のマネジメントに焦点をあてるのか。こうした選択が合理的なのは、それらの活動が、(もし賢明なマネジメントが行われるなら)成功への希望を与えるはずのコア・ケイパビリティが重大なパラドクス——すべてのコア・ケイパビリティは、内在的にコア・リジディティ(硬直性)でもある——をもたらすからだ。次章では、何がコア・リジディティを構成するのかという問いに答えていく。

# 第2章

# コア・リジディティ（硬直性）

コア・ケイパビリティをマネジメントするうえで問題になるのは、それが逆説的にコア・リジディティ（硬直性）でもあるということである。[1] つまり、企業の強みは、同時にその弱みでもあるのだ。他を犠牲にして一つの知識に焦点を当てるさまざまな活動や意思決定が行われることで、企業は競争力をつけていく。しかし人間と同じように、企業はすべての領域で高度なスキルを身につけることはできない。したがって、コア・ケイパビリティは、優位性であり、またその逆でもありうる。

コア・リジディティは、コア・ケイパビリティとコインの裏表の関係であり、第1章で検討した概念モデルがそのまま使える。言い換えると、前章で述べたコア・ケイパビリティの四つの局面は、鏡のように逆写しになってしまうことがあるのだ。企業を取り巻く条件が同じであれば、コア・ケイパビリティを生み出す相互依存的なシステムによって優位性を維持できる。しかし、ビジネスの環境が変化したり、それらのシステムが意味のないルーティン・ワークに変質してしまうと、成功の土台そのものと格闘しなければならなくなるだろう。四つの局面の一つでも病に冒されると、知識の流れは妨げられてしまう。次節ではその病理について述べていく。

## 1 ―― コア・リジディティの病理学

コア・リジディティは、コア・ケイパビリティが変異したものであるが、後者を生み出したのと同じ活動によって蓄積される。問題解決、新しいプロセスの実施、実験、外部からの知識の導入といった諸々の活動それ自体は独立したものであり、新製品の開発では不可避のものである。しかし、これらの活動をいかにマネジメントしていくかによって、重要な知識が淀みなく流れるか妨げたりするかが決まる。

本章では、コア・リジディティを定義し、その増殖を描くことから、マネジャーにとって創造的なアプローチがいかに重要であるかを見ていく。これまで述べてきたような活動は、マネジメント次第で利益につながることもあれば、まったく逆に機能することもある。そのため、マネジャーはこの双方の潜在的な可能性について気づいておくべきだろう。コア・ケイパビリティとそれを生み出す諸活動に対して常に警戒することで、否応なしに急激にマネジメントや戦略を変えなくてはならなくなるといった事態を避けられるかもしれない。

まず、なぜコア・リジディティが問題かを見ていく。それから、なぜコア・ケイパビリティが確実にコア・リジディティへと変質してしまうか、またいかにしてコア・ケイパビリティによる知識を生み出す活動が、逆に知識の流れを妨げてしまうことになるのか、について検証していく。最後に、コア・リジディティの相互に絡み合った四つの局面をつぶさに見ていこう。

### (1) 偏狭さ

コア・ケイパビリティの裏に潜むダーク・サイドは、ある外的な要因によって姿を現す。たとえば、新しいライバルが新たな顧客サービスの方法を見つけた時、新しい技術が現れた時、新しい政策ないし社会的出来事がパラダイムをシフトさせた時などがそうだ。しかし、いずれ見ていくが、不吉な兆候がマネジャーを瀬戸際に追いやったとしても、彼らは内側にばかり目を向け、居心地のよい現状にあぐらをかいてしまうものだ。数マイル離れた大火事の臭いは、隣家のストーブのものだと思って見過ごしてしまう可能性がある。たとえ凄まじい大火が自分たちのほうに迫ってきていてもだ。最近、多くのマネジャーが、自分たちの会社は変化とは関係ないとか、今日成功しているスキルや市場は明日も丈夫だろうと高を括っているが、そうした態度はもはや限界にきているように思える。事実、一般誌の表紙には、デジタル・エクイップメント（以下DEC）、ワング、シアーズといった以前は業界をリードしていた企業がいまやアップアップの状態にある記事であふれている。

もちろん、自社ではコントロールできない、さまざまな出来事がそれらの企業にのしかかっていった。しかし、よい方向に流れていた諸活動が、まさにその要因であるように思える。それらは長い間、チャレンジを受けずにきた。シアーズは、その優れた店舗や数十年にわたる小売りでの支配力や、マーケットでのポジションを維持するために強大な購買力をあてにしていた。自分たちの販売領域にウォルマートが進入してきたことを、シアーズの経営陣が認めたがらなかったことを指摘する評論家もいる。確かに、シアーズの報告書では、八〇年代に入っても、ウォルマートを警戒すべき競合企業としてリスト・アップすらしていなかった。ウォルマートの創業者、サム・ウォルトンは、伝記で次のように述べている。「シアーズがあそこまで急にペースを落としてしまった理由の一つは、ウォルマートやKマートが本当のライバルであることを、最後の最後まで認めなかったことです。彼らは、私たち両方を無視したので、私たちは爆発的に成長できたのです」[2]。シアーズの前の幹部は、外部の出来事に注意を払わない姿勢は「社内報」にも表れていたことを覚えている。その姿勢こそが問題だったのだ[3]。

ＩＢＭ、ＡＴ&Ｔ、コダックといった、近年大きな変化を経験した企業は、自分たちの企業がもっと早く危険な兆候に気がつくべきだったと記録している。まるで吹雪の中にいる牛のように、マネジャーたちは自分の頭を内に向け、変化の嵐を無視した。「私たちは、自分たちに恋していたのですよ」と、ある元ＩＢＭ社員は認める[4]。成功した企業のトップ・マネジメントがかくも広範に破壊的な嵐を看過してしまう理由の一つは、その会社を優良企業へと導いた人々へ刃向かう覚悟がだれもないからである。一九九一年、ＤＥＣがダウンサイジングという業界の潮流に乗り遅れて業績を悪化させた時、一九五七年の創業以来のリーダー、ケン・オルセンは「一〇年間独り言を言っていただけだった」と前の幹部、ゴードン・ベルは見ていた[5]。

## (2) 的を撃ちすぎること

コア・ケイパビリティがリジディティになってしまう最も一般的な理由は、的を撃ちすぎることである。つまり、よいことはもっとたくさんすれば、もっとよいだろうという単純な考えに陥ってしまうのである。実は、これが一番気づきにくい。それまで利益をもたらしていた活動もいきすぎると、成功の妨げになってしまう。こうした傾向は、アメリカを本拠とする多国籍企業だけのことではまったくない。元マッキンゼーの大前研一は、競争戦略がいつもやっていることを、もっとよく、もっと一生懸命にやるだけといった場合、それは破壊的結果になるとし、次のように述べている。

「日本企業のマネジャーは、自らの成功の、そして成功が生んだ習慣の犠牲者である。……櫂を懸命に漕ぐことは、方向が誤っている時には役に立たない。……変化に抵抗したり、以前やってきたことに固執したり、自分がよく知っていることをもっとするというのは、人間の本質である。しかしその結果、マネジャーが自分たちのビジネス・システムや所与の顧客価値を否定することこそ本当に重要だったと事後的に理解するのである[6]」

八〇年代、世界の自動車業界が、日本の優れた業績に注目した。日米欧の自動車製造の丹念な研究によって、日本企業の平均的な設計・開発の時間は、欧米企業の平均より一年も短く、（エンジニアリングの時間で測って）開発に関して約二倍も生産性が高かった。大衆向けモデルを生産する日本の自動車メーカーは、モデル・チェンジの期間が短く、欧米の競合他社よりも速い製品ラインの拡充など、新しい製品を発表してきた。このような業績の優位性は、「八〇年代を通じて応用されてきた基本的なケイパビリティに基づいている。そして、このケイパビリティは、競争上意味のあるものになる[7]」。特にトヨタ自動車（以下トヨタ）は、製造業における模範的なケースとなった。ジャスト・イン・タイムによる在庫配送、多能工化による従業員割り当て、TQC、小ロット生産など、すべてが国際競争における優位性をもたらすものとして認識された。このような日本の自動車メーカーにおける活動は、一貫した戦略から生まれたものではない。しかし「それらは企業が長期的な視野に立ったものではなく、時代の変化に対して、その都度否応なしに変化させていったものだ。その時は、それほど競争優位性があるとは気づいていなかった。競争上の問題の前に、まず目先の問題解決があったのである。[8] しかしながら、こうした必然的な実験的プロセスは、徐々に競争優位性の観点からも合理的なシステムとなっていった」そうだ。[9]

それらのうち最も賞賛されており、また競争優位性をもたらすと認識されている特徴として、次のようなものがあげられる。それは、①モデル・チェンジのサイクルを短くするエンジニアと製造現場が一体となった問題解決、②高い生産性と短いリードタイムをもたらす多能工化とチーム制、③「ヘビー級の」製品マネジャーに権限一任――たんなる調整や管理義務を負うだけでなくプロジェクトに関して強い影響力を持つ個人を起用することによって、チームが自律的に製品設計の意思決定を一貫して行う、の三つである。[10] 九〇年代初頭までに、これらの特徴は、アメリカの自動車メーカーによって模倣され、場合によってはそれ以上のものになった。そして、アメリカと日本企業の開発リードタイムや生産性のギャップは、事実上消えた。[11]

しかし業界の専門家によれば、日本が競争力を失った別の理由は、「太い（fat）製品設計」にある。「太い」というのは、製品の種類が過剰にあり、頻繁にモデル・チェンジし、不必要なオプションがついていることを指している。これは別に、日本の自動車メーカーが、ケイパビリティを間違って組み合わせて構築したと言っているのではない。むしろ、「八〇年代に競争優位性を生み出したのと同じケイパビリティを利用しすぎていることが、九〇年代の新たな問題になっている」のだ。[12] トヨタのような、以前の「リーンな」（引き締まった）日本の企業は、顧客の膨大な注文リストに応え、円高が進んでコストが見合わないのに過剰な品質管理を行うなど、顧客満足や特定の製品に的を撃ちすぎている。「日本の一流企業のエンジニアは、顧客満足や設計における製品の統合を強調する。これ自体はよいのだが、コストが二の次になってしまい、それが今日の本当の問題になっている」。[13] さらに、ヘビー級のマネジャーを起用することで、部品が複雑になりすぎることにつながる。というのも、そうした力のある者たちは、他のクルマの部品を共有することを嫌うからだ。

業界のある専門家が言うように、「かつてアメリカ企業は、専門化による大量生産によって競争力を得た。しかし、『過剰な専門化』によって苦しむ結果になった。かつて日本企業は製品の多様性によって競争力を享受したが、彼らは過剰な多様性に苦しむことになるかもしれない」。[14] 専門家たちは、マツダの〈ミアータ〉（訳注：日本での車名は〈ロードスター〉）やトヨタの〈レクサスＬＳ４００〉といった「太めの製品」の例外を見て、これからは国と国との競争というより、企業間の競争になっていくだろうとも言う。そしてこの競争は、的を撃ちすぎるのではなく、市場ターゲットを射ぬくものでなくてはならない。[15]

コア・ケイパビリティをリジディティに変質させてしまうまで「撃ちすぎる」傾向は、多くの企業に影響を与えてきた。ダニー・ミラーは、四つの観点から成功した企業の特徴を述べている。そして、衰退する企業は「その勝利と強みによって、衰退をひき起こしてしまった。成功は、専門化と過剰、自信と自己満足、そしてドグマと儀式をもたらした」と述べる。[16] 従業員が技術上の細部にばかりこだわり、顧客満足を忘れた時、以前「クラフトマン・シップ」を持った会社が、たんなる「へぼ職人」の会社になると彼は論じる。攻撃的な成長戦略が無責任な拡大や買収になる時、「功労者」は「帝国主義者」になる。発明したものの焦点が自己満足的に技術を追求していく時、「パイオニア」は「エゴイスト」になってしまう。マーケティングが優れた設計や製造を無視する時、「セールスマン」で売った企業は「風来坊」になる。

## 2――なぜコア・ケイパビリティは簡単にコア・リジディティになるのか

ミラーの分析が示すように、いったん一つのシステムが特定のケイパビリティを生むようになると、そのシステムは慣性を持ち出し、たとえそれが時代遅れだったり、意味のないものになっても解体することが難しくなる。アメリカはイノベーションを賞賛する文化を持っているにもかかわらず、なぜ我々の諸々の制度は、内外からの強い非難をはねつけてしまうのだろうか。

こうした自分を駄目にしてしまうような行動に対して、多くの説明があり、かつ相互関連性もある。[17]

一つ目は経済学的なものである。コア・リジディティを攻撃することは、現行の経済基盤を壊しかねない。たとえば、現行の製品ラインを食い潰してしまうとか、現行の知識やスキルを不要にしてしまうとか、現行の資産価値を少なくしてしまうことなどへの懸念が、その原因というのである。ＩＢＭは、自らの研究所から生まれたＲＩＳＣアーキテクチャの将来性を無視してしまった。なぜだろうか。この簡素化された高速なコンピュータ技術は、特に七〇年代半ばに登場したミニ・コンによくマッチしていたが、それは既存のメイン・フレームの顧客を奪う脅威があったからである。[18]

二つ目の説明は政治力学によるものだ。現行のケイパビリティを変更することは、職能や市場分野などそれぞれの領域で上に立つ者たちから、組織への忠誠心を奪いかねない。[19]そうした革命は組織階層のトップにまで達するのだが、当然、経営幹部は政治的な権力を手放すのを渋る。

海上での保続照準砲が発明された際、英米で使用されていたそれまでのものより優れていることが証明された。そして、その性能が綿密にワシントンに伝えられ、緊急に採用するように報告された。しかし、この発明への対応は冷たく結局反対されることとなった。そのため、この優れた発明家は海軍では一介の大尉にすぎなかったのにもかかわらず、セオドア・ルーズベルト大統領に直接進言せざるをえなかった。上級将校たちがその発明に反対したのは、それが破壊的なまでに海軍の組織を再編してしまうと、正確に予見できていたからである。諸々の変更のなかで砲撃部隊の下級将校が力を得て、トップランクに準じてしまうこともあったからだ。[20]

リジディティを打破することが困難である三つ目の説明は、行動学的なものである。組織のルーティンは深く染み込み、さまざまな慣習が支配しているというものだ。[21]実際、これらの三つは相互に作用し、解体しにくい複雑なシステムを生み出している。現行ビジネスに対する経済的な脅威は、また個人のスキルや伝統的なルーティンを守ろうとする政治的な思惑に対しても脅威を与えていた。制度的な活動がコア・リジディティの核心であるので、ここでは最後の、行動学的な説明を強調しておこう。

次節で、我々はコア・ケイパビリティを強化するつもりの活動が、いかにしてリジディティも増殖させてしまうのかを探求する。

## 3——知識を抑制する活動

企業活動は、慣習的に現行の知識を拡大することに集中している（図2—1参照）。つまり、組織メンバーが焦点を当てている問題とは、現行の市場動向だったり、現行のオペレーションだったりする。知識を創造し統合することに責任を持つ、組織図上のグループや実質のグループでも、現行のシステム内で利益をもたらすことに特化している。そして、製品開発における彼らの影響力は、その開発プロセスの歴史に多く由来している。未来は、暗黙のうちに現在と同じようなものであると仮定されているのである。その結果、実験は現在行っていることをもっとよくすることに主眼が置かれ、これまでと違うことをやろうとはしない。外部からの情報は、現行のコア・ケイパビリティにとって不適当なものであれば、排除されてしまう。

こうした一連の活動が組織を弱点化し固めてしまう。以下では、図2—1にあるような活動について一つひとつ探求する。

## (1) 限定された問題解決：過去の影響

過去の決定や出来事は、現在に影響を与え、未来の姿さえ変えてしまう。経済学者たちは、こうした時間軸のつながりを「経路依存性」（path dependency）という概念で示し、脚光を浴びている。過去の足跡は消すことができない。言い換えれば、現在の行為は、過去にどのような経路をたどってきたかに影響されている。最初の戦略を含め、創業時の条件が、物事の進め方に関してのコンセンサスを生む。そして時間が経過し、組織のルーティンは確固としたものになる。[22)]

製品やサービスに関する重要な知識を生み出している理論と実務を踏まえた専門家たちでも、彼らの異なる知識を統合する難しさから逃れられない。他部門から適切にサポートを得ないと、誤った決定を下す結果につながる。RCAはビデオ・デッキの市場でリーダーシップを失い日本企業に道を譲ったが、

図2－1◉知識を抑制させる働き

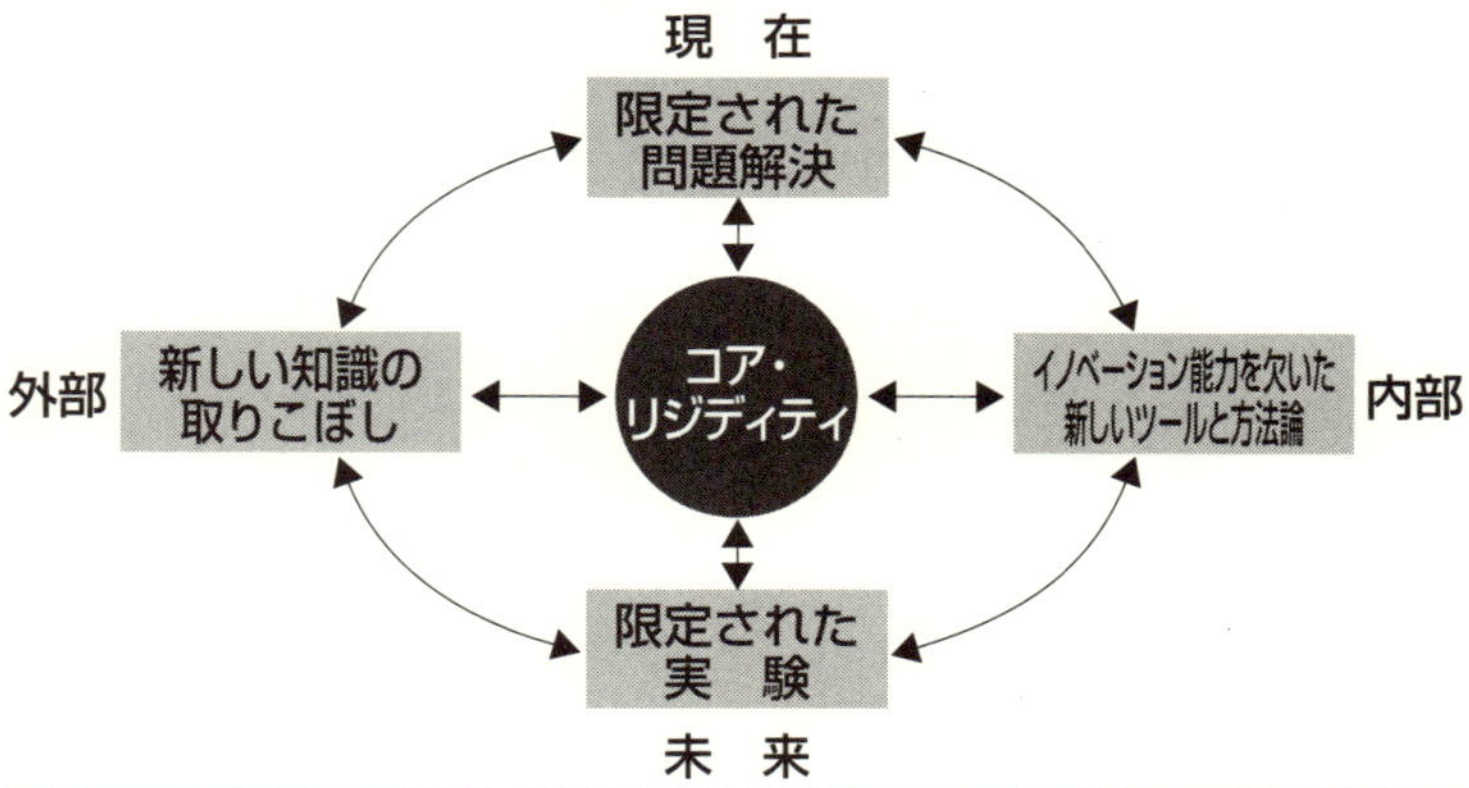

その理由の一つは、六〇年代と七〇年代におけるＲＣＡ中央研究所の技術的な選択にまでさかのぼることができる。同研究所の研究者たちは、台頭しつつあった一般消費者市場のビデオ・プレーヤーを開発する責務を負っていたが、高性能のビデオ・プレーヤーの替わりに、低コストのキャパシタンスに着目したアプローチを選んだ。同社の家電事業部は、高性能を要求してこの選択に反対したが、中央研究所は歴史的に事業部門から孤立しており、この二つの部門の協力は不可能であった。最終的に家電事業部は、事業部内で開発したビデオ・ディスクで、市場で日本のビデオ・カセット・レコーダーに対抗するようになった[23]。

問題解決に対して最初のアプローチに頑固にこだわった最大の理由の一つに、代替案が思い浮かばなかったということがある。人間には、新製品の開発において、慣れ親しんだものを自然に選択してしまう性向がある[24]。たとえば、ウォール・ストリート・ジャーナルを発行するダウ・ジョーンズと、フィラデルフィア・インクワイヤーなどを発行するナイト・リーダーの例を挙げよう。両社がコンピュータによるビジネス情報サービスに進出することを決定した時、この提携によって強いケイパビリティが構築されることが予想された。両社は長年人々に情報を提供してきた実績があった。システム設計の問題は、情報をたんに電子的に提供するという、一見簡単なものだった。しかし、そのコンピュータ・システムは、競争優位にならない決定的な問題を抱えていた。というのも、このシステムがあたかも新聞のように、ユーザーがまったく受身でデータを受け取るという前提で設計されていたのだ。コンピュータのユーザーは、主にチャートを自分で操作できるような機能を望んでいたのだ。結果的に、一方通行的にボンド価格を提供するこのサービスは、よりインタラクティブなサービスを提供する競合他社に敗れることとなった。[25)]

こういった的外れな問題解決のやり方を打破するために、マネジャーは、過去を積極的に絶ち切るように部下たちに奨励しなければならない。詳細は第5章で論じるが、そうしないと革新的な雰囲気を壊すことになり、まるで部下たちをサーカスの蚤のようにトレーニングしてしまう。ガラスのチューブ管に閉じ込められた蚤は、飛び跳ねるたびにガラスにぶち当たる。こうして訓練されることによって、彼らは這いつくばって歩くことを「学ぶ」。その結果、彼らは従順に小さな滑車につながれ、小さいロープの上をよちよち歩いていくのだ。従業員も同様に、何も考えずに過去に執着するように訓練されかねない。[26)]

## (2) 新しいツールと方法論を用いたイノベーション能力の欠如

たとえ社員がプロセス・イノベーションの必要性を理解し、それに向けて奮闘しても、組織の動脈硬化は起こり得る。USX(もとのUSスチール)の例を考えてみよう。[27)]この企業は、歴史的に芸術的なまでの製鉄プロセスの技術を誇ってきた。たとえば、五〇年代の後半の、溶けた鉄を直接最終製品に近い形に鋳造してしまう連続鋳造技術などが挙げられる。九〇年代、この会社は、連続鋳造技術に投資してモン・バレーの既存工場を近代化するか、新しい薄いスラブの鋳造技術、「コンパクト・ストリップ(棒状)・プロダクション」(CSP)に進出するかという問題に直面した。ミニミルのニューコアなど強力な競合企業は、アグレッシブにCSPのプロセスを追求した。ニューコアは、この技術によって鉄を薄くしたり棒状にしたりするのに、粗利益で一〇～一五％に相当するコスト削減をし、競争力を得ることができると主張した。

ＵＳＸはＣＳＰの開発に早い段階から投資していたし、薄いスラブ技術は会社の将来を担うと信じていた幹部もいた。しかし、この業界のチャンピオンである彼らは、多くのルールに拘束されていて、まるで小人たちに縛られたガリバーのような状態であった。ＵＳＸの多くの幹部たちは、さまざまな理由をつけて、もっと保守的な投資を選んだ。たとえば第一に、ＵＳＸの現行のプロセスは、財務的にも優位性を持っていた。モン・バレーでＣＳＰを操業するプロジェクトのコストは、ニューコアが考えているものよりずっと高いものだった。おそらくニューコアは、電子溶炉を用いて、フレキシブルな労働形態が可能な非組合員の労働者を働かせていたのだろう。また、労働組合との協定によってモン・バレーに縛られて、ＵＳＸは、物理的・人的資源両面において従来の体制の下で働かせなければならなかった。確かにトン当たりのＣＳＰのコストは本来低くなるが、イノベーションのためのキャッシュ・フローは相当な額になる。さらに、ＣＳＰでは、従来のＵＳＸの顧客が要求する表面の仕上げといった品質を達成できなかった。少なくとも最初はそうなる。ＵＳＸの上級幹部が言うように、「モン・バレーは、そこいらの安物ではなく、表面仕上げの美しさで売っている」のだった。

こうした理由で、ＵＳＸは薄いスラブ鋳造技術を非常に合理的に棄却したのだった。古い技術がパフォーマンスをあげている間は、イノベーション能力が麻痺していても短期間で傷を負うことはない。実際モン・バレーの工場は、一九九三年まで競争力を持ち、利益も上げていた。しかし、その間にニューコアは、容量を倍増し、ＣＳＰの工場を建設し続けた。そして、それは従来の製鉄工場より三倍以上の生産性を向上させるようになった。

さらに重要なことに、新しい技術が現れた時はたいていそうなのだが、ニューコアは表面の仕上げを改善し続けた。革新的なミニミルが古い工場に取って代わるという脅威が本当に存在したのだった。

USXの決定が「競争の罠」であるかどうかは、歴史が教えてくれるだろう。「競争の罠」は、「古いプロセスで良好な業績を上げていると、組織はそのプロセスに関する体験を積み重ねることになり、もっと優れたプロセスを不適切と見なしてしまう時に起こり得る」[28]。もしCSPを漸進的改良というイノベーションの通常のパターンで推し進めるのならば、USXは新しい技術におけるコア・ケイパビリティの開発を妨げるような投資ばかりしてしまうことになるだろう[29]。また、もしUSXが新しい技術に転換したとしても、それでもニューコアは先行した優位性を持っている。一九九二年にニューコアのCEO（最高経営責任者）、ケン・アイバーソンは次のように語った。「六年前に我々が構造ビームに進出した時市場から三五％輸入していました。ところがいまや、市場からは八％にすぎません。我々は、インランドやUSスチール（USX）といった会社からシェアを奪い、彼らを追い出したようです。薄いスラブの鋳造によって、フラット圧延市場でも同様のことになるでしょう」。USXがCSP技術を採用する可能性について尋ねられても、アイバーソンは無関心だった。「工場を建設するのに二年かかり、きちんと運営するのにまた二年かかるでしょう。そうなっても、我々はすでに少なくとも三年半ぐらい先駆けていることになります[30]」。

### (3) 限定された実験

新しい選択肢を生み出すのではなく、古いやり方で知識が流れる時、三番目の活動である実験も限定されてしまう。技術スタッフの関心や能力は、しばしばイノベーションを拘束してしまう。六〇年代、デュポンは繊維への依存を下げたかったので、六〇にもおよぶベンチャー事業を興した。しかしトップ・マネジメントが失望したことに、もっともコストがかかった一〇の事業のうち六つが依然繊維関係のものだった。それぞれの部署は独立して意思決定を行うので、経営トップにしか実験が限定されていることがわからなかった[31]。しかし、このように慣れ親しんだ技術や市場に集中してしまうことは驚くべきことでもない。というのも技術者は、専門領域内の実験は理解できるが、まったく異なる技術に基づいた実験などは想像できないのだ。

### (4) 外部知識の取りこぼし

本節で取り上げる四番目の活動は、外部からの知識の導入である。詳細は第6章と7章で論じるが、新製品開発にとって重要な知識は、外部の技術ソースや市場に由来する。同時に、そうした外部の知識は選別を通じて通行するが、その経路はすでにあるコア・ケイパビリティと結びついた知識によって強く、バイアスのかかったものかもしれない。実際そうしたケイパビリティは、ビジネスをサポートするために育成されてきた。しかし、既存のコア・ケイパビリティに対し検証をしない偏向は、思いがけないほど重要な資源を閉め出してしまう恐れがある。

### ①バイアスのかかった新技術の評価

新技術に対し投資を決定することは、新旧のゆがんだ戦いになることが多い。その理由の一つは、もちろん、その揺籃期には新しいものは優位性を持たないという背景がある。一九世紀の終わりに馬の背中に乗って旅をしていた人々は、埃を立ててガタガタ音を立てる車を走らせながら、「やっぱり馬がいいよ」と叫んでいたものだった。また蒸気船が発明された当初の数年程度は、帆船のほうが、風がある時は速かった。これらはわかりやすい例だが、新技術の評価には気づかないようなバイアスがかかる。たとえば、新技術が古いものに直接取って代わると考えたり、伝統的な基準を用いることは、人々を誤った方向へ導いてしまう可能性がある。ジェット飛行機が五〇年代に最初に紹介された時、カーティス・ライトのような飛行機メーカーは、操業コストが上がるために、この新しい技術の採用をためらった。しかし、ジェット機は速く飛ぶから、事実上コストを下げることができたのだ。カーティス・ライトがジェット飛行機で利益を上げられることに気づいた時には、ボーイングやロッキードは、はるか先に進んでいたのだ。[32)]

### ②顧客に耳を傾けすぎる

ユーザーのニーズを誤解してしまう例があまりに多く見られると、「顧客に耳を傾けすぎるということはない」と考える人もいるかもしれない。しかし、企業は日々変化する顧客の要求に攻め立てられているので、「撃ちすぎる」問題は頻繁に起きる。第7章で詳細を見ていくが、顧客は現在持っているものをそのままよくしたものを要求しがちである。そして、現在のユーザーのあれこれせがむ声によって、将来のユーザーからの微かなシグナルはかき消されてしまう。実際、ＩＢＭとＵＳＸにとって、ブーム時の顧客の要求に耳を傾けたことで、両社のコア・リジディティは肥大化してしまった。他方で、顧客は、新しいバージョンや代替品へのスイッチング・コストを非常に合理的に考えている。その製品が一定のシステムに埋め込まれている時は、特にそうである。[33] 顧客が新しいことを学ぶのをためらうので、企業に現在の顧客のニーズに焦点を当てるように別のプレッシャーを与えている。そして、企業は潜在的な新しい顧客から自然と目をそらしてしまうのである。

## 4――変化への抵抗：コア・リジディティの四つの局面

コア・リジディティは、企業が「技術的不連続性」の瀬戸際でどっちつかずの状態にある時、最も危険なものになる。不連続性とは、つまり、ベースにしている技術がまったく新しいパラダイムに移行するような状態を指す。業界全体の中で、こうした不連続性は、既存の競争力を強めたり、破壊したりする。[34] 一九七二年の株式時価総額上位二〇社のうち、二〇年後のリストにあがったのは、エクソン、ＡＴ＆Ｔ、ゼネラル・エレクトリック（以下ＧＥ）のたった三社のみである。ＩＢＭ、イーストマン・コダック（以下コダック）、ゼネラル・モータース（以下ＧＭ）、シアーズ・ローバックなどの一九七二年時点の巨人は、上位ランキングから姿を消してしまった。

九二年には、ＩＢＭが二六位、ＧＭが四〇位だった。シアーズにいたっては八一位という有様であった。[35]

インテルの会長、アンドリュー・グローブは「どんな企業でも、歴史上少なくとも一回は、劇的に業績を引き上げなければならないような転換点がある。その瞬間を逃してしまえば、衰退が始まる」と述べている。[36]ＮＣＲは、七二年、そうした瞬間に直面した。リジディティに脅かされて、コンピュータ時代へ転換したように見える。そのリジディティは、外部世界の変化に直面して、内部の過剰反応と硬直性の両方から生まれたものだ。そして、コア・ケイパビリティを新しく構築しようとする前に、これに打ち勝たなければならなかった。かつてこの企業を成功へ導いたコア・ケイパビリティは、もはやコア・リジディティに失墜した。

## ＮＣＲストーリー

一九一六年には全米のキャッシュ・レジスターの九五％を販売していたＮＣＲ[37]は、一九五九年に最初のコンピュータ（the 304）を出荷した。だが、このビジネスへの進出は行き詰まり、六〇年代の終わりには同社は深刻なトラブルに陥った。[38]六九年、従業員は世界で一〇万二〇〇〇人になっていたが、七一年には売上げは膠着状態だった。シェア当たりの利益は、前年の一・三七ドルから〇・四ドルに落ちていた。四半期の売上げは、大不況以来初めて落ち込んだ。ＮＣＲの従業員一人当たりの売上げは、一万六〇〇〇ドルであったが、バローズ社は二万三〇〇〇ドルであり、ＩＢＭは三万〇〇〇ドルであった。重役陣は、極東地区担当副社長、ウィリアム・アンダーソンを新しく社長に迎え入れることにした。

アンダーソンは、リジディティに満ちたこの会社を引き継いだ。経営陣は、キャッシュ・レジスターとその関連機器からコンピュータへの飛躍を過小評価していた。驚くべきことに、スキルと知識(これらも問題ではあったが)ではなく、他の三つの局面に、変化へのバリアーが存在していたのである。

## 価値観

キャッシュ・レジスターを製造してきた経験によって、この会社は、小さいスタンドアロンのマシンに目を向けていた。会長は、「キャデラックを一〇万台売るより、シボレーを一〇〇万台売るほうを好んだ」[39]。大きなコンピュータ・システムは「不安」で、マネジャーたちは、要求が増えても、より大きなシステムへアップグレードすることを躊躇していた。

さらに、新たに競争する技術に対する反感と、NCRが守ってきた技術に対する強い愛好心は、時として意図しない製品上の決定を強いた[40]。たとえば、コンピュータ・リサーチ社を吸収した時、その合併は、より効率的な内部制御と、(大敵のIBMに関連あるパンチカード技術を回避する)人気のある製品設計を変えることを強いた。NCRの伝統的な設計への忠誠心は、なかなか消滅しなかった。製品開発者は、それまで生産してきたフル・キーボードのほうが「優れている」と主張して、頑なにテンキーをつけることを拒否した。徐々に市場の圧力が、もっと効率的な操作デザインを強いた。しかし、その時でさえ、NCRのキャッシュ・レジスターは、テンキーとフル・キーボードの両方を販売していた。販売に失敗してやっと、フル・キーボードは生産中止になった。[41]

## 物理的システム

一九七二年の工場と操業ラインは、まだ一八八四年に同社が創業した時の哲学――十分統合された製造――を反映していた。たとえば、重役陣のオフィスが新しくなった時、ウォルナットの羽目板は、NCRの釜で乾燥され、NCRの木材部でカットされ整形されたものが用いられた。デイトン工場にある三〇の建物では、スクリューからプラスチック・キーまで全部つくっていた。そこには、八〇〇〇以上の製造用機器があり、三万九〇〇〇種類以上のツールがあった。一九六九年の在庫表によれば、三万種類の部品がストックされており、内訳は二七〇〇のスプリングと、サイズや型が異なる九五〇〇〇種類のウォッシャーなどとなっている。[42] 六〇年代、ライバルであるバローズの副社長がデイトンの施設をに訪れた時、本社に帰って彼は会長に次のように報告した。「NCRについては心配いりませんよ。彼らは機械技術にますます入れ込んでいます。彼らは深いトラブルに陥っており、しかもそれに気づいてすらいないのです」[43]。

## マネジメント・システム

マーケティングと製造両部門におけるインセンティブ・システムは、キャッシュ・レジスターを製造していた時にはよく機能したが、コンピュータ・ビジネスに参入してからは変化への大きな障壁となった。コンピュータ・ビジネスは、もっと大きな利益を上げる伝統的なマーケットからの転向と見なされた。多くのマーケティング部門のマネジャーたちは、キャッシュ・レジスターや会計用機器を販売することで成長してきたのだ。

「多くのマネジャーは大っぴらに言っていますよ。『自分には、あと二、三年しか残されていない。自分がもし最良の会計用機器のセールスマンからコンピュータのセールスマンに転向したら、もっと寿命が縮まる。けれど、もし会計用機器を売り続けていたら、まだここにいられるし、儲けも分け合える』と」[44]。

コンピュータ・ビジネスを熱心に推し進めすぎると伝統的なビジネスを崩壊させかねないとおそれて、NCRはコンピュータ販売を促進させるインセンティブを導入しなかった。実際、コンピュータ販売の歩合は、微々たるものだった。たとえば、NCR315が登場した時、二〇万ドルのマシンに対して一二〇〇ドルの歩合が可能だったのに、セールスマンたちには、〇・〇六％の歩合しか与えなかった。彼らは、たった一台の会計機器を売るだけでそれ以上稼ぐことができたのに[45]。

同様に製造部門のインセンティブ・システムもほとんど改善されておらず、その歩みはたどたどしい。他のアメリカ企業がそうした慣習は機能的でないと結論したずっと後でも、出来高払いにこだわった。一九三〇年代に組合と結んだ契約によって、NCRは、GMの給与幅に拘束された。そしてこのことは、まったく違う分野のNCRにとって破壊的な結果をもたらした。製造班長の報酬システムは、巨大な在庫の山を築き上げさせた。そして頻繁にそれを廃棄したのだ。

NCRは、エレクトロニクスの世界への進出に積極的だったが、経験はほとんどなかった。したがって、センチュリー・シリーズに関しては厳しい状況に追い込まれた。その製品群は多くの技術的イノベーションを伴っていた。

たとえば、プレート状ワイヤーのメイン・メモリ（磁気コアという業界の標準ではなく）、ニッケル・コバルト・プレートのメモリ、そして、一二のトラックを同時にスキャンできるディスク・ユニット用の非常に洗練した読み書きヘッド等だ。しかしNCRのマネジメントは、ここで二つの大きな困難に出くわした。

第一は、他の生産者が経験を積むにつれ、伝統的な磁気コア・メモリのコストが急速に低下するのを予測できなかったことである。その結果、プレート状のワイヤー・メモリのコスト優位は失われてしまった[46]。

第二は、同社が革新的なユニットを製造できなかったことである。ディスク・ヘッドは定期的に「クラッシュ」し、壊れやすいアルミニウム・ディスクにダメージを与え、データを破壊してしまった。短いロッドのメモリを高い信頼度で製造できなかったのである。同社は結局、伝統的な磁気コアを購入し、セラミック素材を用いたディスク・ヘッドをもう一度再設計せざるを得なかった。こういったハードウエアの困難な状況に加え、ソフトウエアのスキルを構築するという問題もあった。トゥルアクスとともにアンダーソンは回想している。「NCRの従業員は、コンピュータにかかわるのを怖がっていました[47]」。

### (1) コア・リジディティへの処置

NCRの抱えた困難な課題は、対処しなければならないコア・リジディティの一つのタイプを例示している。つまり組織が硬化し、ケイパビリティのほとんどが時代遅れになってしまったような場合である。これは転換点であり、新しいケイパビリティを構築するために、古いケイパビリティを創造的に破壊することが要求される[48]。

一九九二年と九三年、アメリカでは前例のない割合で、大手企業のトップが解任されたり、非自発的に退職する運命にあった。GMのロバート・ステンペル、DECのケネス・オルセン、IBMのジョン・エーカー、ウェスチングハウスのポール・レゴ、アメリカン・エキスプレスのジェームズ・ロビンソン、アップル・コンピュータ（以下アップル）のジョン・スカリーら、彼らすべてが解任されたり、退陣に追い込まれた。これらは、企業が抜本的な変化を必要としているが、リーダーはあまりにも過去にとらわれすぎて効果的に転換できないと企業が認識した結果であった。エイカーから代わったルイス・ガースナーによれば、「重役たちはテクノクラートは必要としていないようでした。彼らは、変化のためのトップを必要としていたのです[49]」。

新しいトップは、自分たちが引き継いだ企業の心臓部に横たわるリジディティに対処しなくてはならないことを理解していた。モトローラからコダックに移ったジョージ・フィッシャーは、「予算や人材を削減するというよりは、いかにこの企業を運営していくか、有意義な変化を志しているのです」とコメントする[50]。ケン・オルセンに取って代わったロバート・パーマーは、DE

Cについて次のように言っている。「この企業は変わろうとしています。時間はかかるでしょうが、もうすでに変わり始めています。デジタルは転換期に入るでしょう」[51]。

ガースナーは、以前のIBMの変化は表面的なものだったと強調する。

「もう長時間にわたる変革のための会議はやめて、通常のビジネスとして対応するようになりつつあります」[52]。

こうした変化は、とてもチャレンジングなものである。というのも、コア・ケイパビリティと同様に、コア・リジディティは、一つのシステムを構成しているからである。我々はコア・リジディティが相互に連動・作用していることを心に留めておかねばならないが、第1章と同じように、それぞれを個別に検討することも有効である。四つの局面は変化の容易さが異なり、マネジメント上の注意が必要だ（**図2—2**参照）。

**図2－2◉変化へのコア・リジディティの反応**

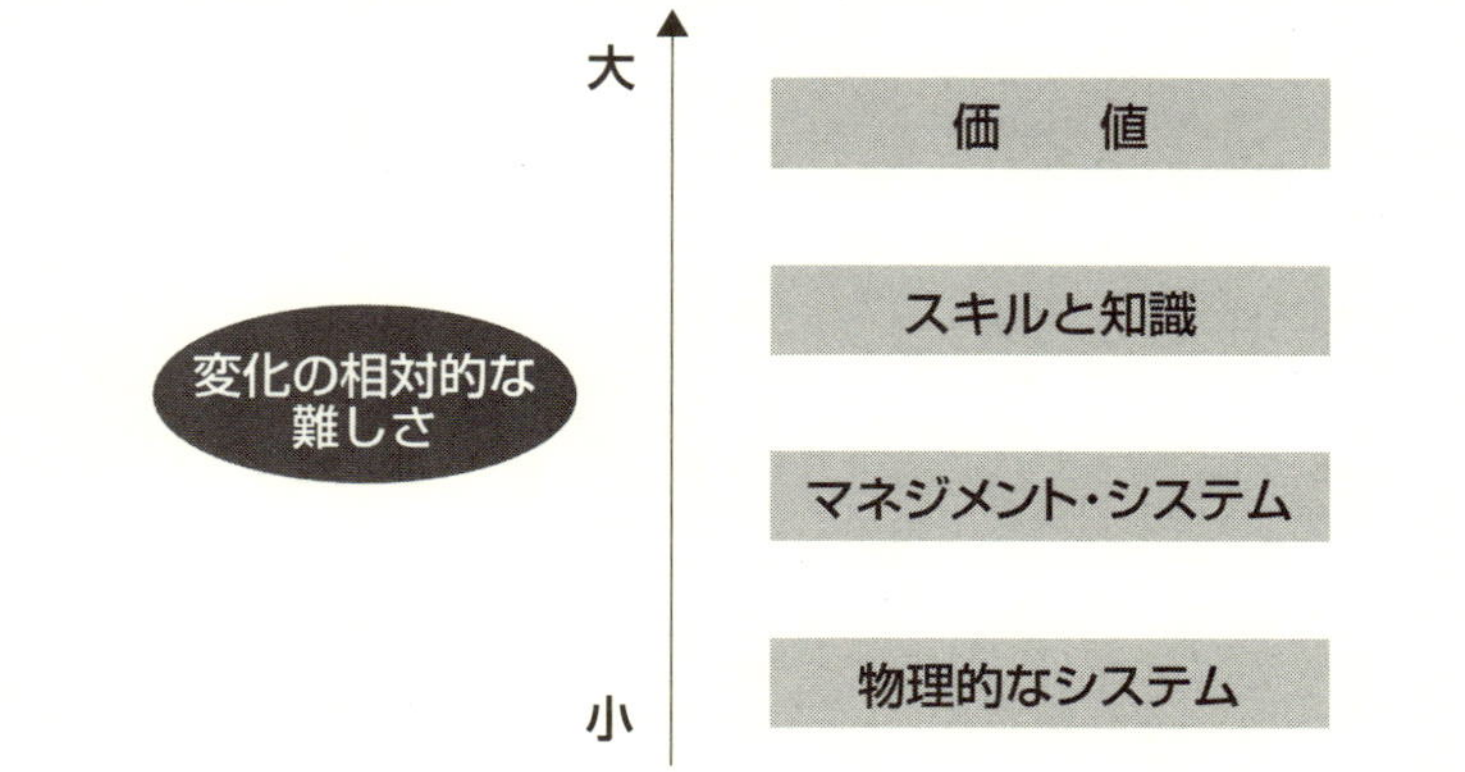

## (2) 物理的システム——ツールと方法論

最も変更しやすいのは、物理的なシステムである。新しい設備やソフトは簡単に手に入れられる。イノベーションが設備自体に組み込まれたり、ユーザーがそれを使いこなすトレーニングが必要なくなれば、より容易に採用しやすいものとなる。[53] といっても、以下に記すアルミニウム製錬所の苦労話に描かれているように、新しい技術を活用することは簡単だとは言えない。その精錬所での変化は本当に小さなものであった。それは、アルミニウムの鋳塊をかき回して溶融槽へ溶かし込むといった手動方式から、電気仕掛けのポンプを利用した方式への変更だ。しかしそれは、我々の想像以上に困難なことだ。ジャンピング・リング・サーキュラー（JRC）ポンプは、大きくて獰猛な蜂の群れが蜜箱に集まるように、数々の不幸な意思決定やデザイン特性に見舞われた。

JRCポンプは長大な製造プロセスの一工程に影響を与えるだけの、見かけ上は小さなイノベーションであり、求められるスキルの変更はそれほどなかった。それは大げさなものではなく、装置の決まりきった変化にすぎなかった。しかし、アルミ製造プロセスでの変化を対極的にとらえることが、成功には必要だったのだ。場違いな実験をやったところでは試行錯誤にもならなかったが、このことをさしおいてもJRCは失敗していたのだ。

そもそも、その設置はワールド・アルミニウム社（以下WORAL）のケイパビリティに直結しているものも含めた、他の諸々の設備の変更も必要だったからだ。最初の変化は工員に対するインセンティブに現れた。工員はできるだけ多く鉄を生産するほど、多くの報酬を受けとった。そのため、彼らは溶鉱炉に必要以上に負荷をかけすぎ、ＪＲＣはその仕様以上の極度の高圧と高温にさらされる結果になった。第二に、アルミ製造プロセスの次の段階で、溶鉱炉はさらに多くの生産を行える容量がなかったため、ＪＲＣを取りつけるには追加の投資が必要であった。第三に、需要の減少に直面している会社にとって、生産量を増やすことは、あまり重要ではないことがわかった。最後に、アルミ精錬所の下流工程の作業者は、リサイクル缶でつくられる「汚い」アルミを嫌っていた。

しかし、一九八〇年代にリサイクルアルミが時流に乗りだすと、ＷＯＲＡＬは実際に缶を受け取り、処理することが必要になった。だから、ＪＲＣは一見単純で目立たない技術の変更であったが、それはコア・ケイパビリティに変化を与える隠されたカギだったのである。もしこの技術の変更が不適切であるとわかったら（もっとよい実験を行えばそのことはわかっただろう）、アルミをスクラップするための他の方法を工夫するべきであった。

技術の変更は、マネジャーが実行できる仕事のなかでも、わかりやすく理解されやすい。しかし、第4章と5章で詳しく述べるが、そうした活用はあまり計画通りに進まない。生産性の一時的減少は避けることはできず、懸命に計画を立てても、たいていたんなる紙と時間の浪費に終わってしまう。[54] さらに、ＪＲＣの事例が示すように、最大の問題は、ケイパビリティにおけるこの局面が、決して他の三つの局面から独立しているものではなく、そして残りの三つの局面のほうが、もっと変更するのが難しいことである。

## ワールド・アルミニウム社（WORAL）のジャンピング・リング・サーキュレーター

一九八四年、WORALは、溶けたアルミを攪拌するために炉をあちこちジャンプする電子磁気ポンプの実験を行った。このジャンピング・リング・サーキュレーター(Jumping Ring Circulator：以下JRC)の発明者、チャールズ・ベンディキチャリアンは研究所で彼の発明の実用性を証明し、WORALは、ポンプを開発する外部ベンダー向けにその技術の特許を取り、製鉄業界の多くに販売した。

ベンディキチャリアンの参加と、ポンプの効果をモデル化するためのパイロット・プロジェクトはうまくいったにもかかわらず、そのプロジェクトは悪夢となった。鉄の炉では低温で耐えることができた素材は、アルミ滓ではひび割れた。炉を操作していた工員は、炉が鉄を溶かしている間、大きな鉄の塊を入れ続けることに慣れていた。JRCは、もっとずっと軽いアルミ・スクラップ（リサイクル缶）のバッチで攪拌するように設計されているので、絶え間なくフィードすることが必要だった。炉のスペースを占領するために、ポンプはその容量を縮小したが、一日に炉当たり四〇〇〇ポンドを生産することは変わりがなかった。新しいプロセスに絶えず注意を払うことに耐えられず、工員たちは炉に過剰な負荷を与え、「トラック攪拌」という以前の手法に逆戻りすることでJRCを増幅させた。鉄のレイクをフォーク・トラックに装着し、手動でトラックを前後に走らせるトラック攪拌は、溶けた滓を煽った。これによって起こった波は、今度は滓からJRCを引っぱり出して大きく揺り動かし、鉄の滓で適切な深さを探り出す自動巻き上げのモーターを焼き尽くしてしまった。

その間、ベンダーはリーダーシップの変化を被り、パーツの取り替えや最初の設置の手助けの要求にとても鈍感だった。さらにJRCのテストに着手することは、さまざまな面で制御が難しかった。JRCが絶えず故障することだけでなく、エンジニアたちもポンプが炉の中で一番よい位置をとることにかなり不安を抱いており、その結果、何回も位置を変えそのたびに計り直した。夜間、炉の外に置いている間に、ポンプは何度も説明できない「アクシデント」を被った。最後には、一連の出来事によって、このプロジェクトの命は絶えた。最初、リサイクルの監督が、下流工程の同僚がリサイクルされた鉄を汚いものと見なし、炉でできたものを受け取りたがらないことに気がついた。第二に、もしJRCが望みどおり稼動しても、次の製造ステップのトラック容量を超えていた。最後に、アルミの需要は、その時落ち込んでいた。驚くべきことではないが、このプロジェクトが中止になった。

---

## (3) マネジメント・システム

企業におけるマネジメント・システムは、特定の知識が増えることを奨励したり、報酬を与えたり、あるいは一定の職務や専門や役割に対してステータスを与えることで育成されていく。逆に言えば、そうしたシステムのもとで、それ以外の技術や知識は軽視されてしまうことになる。また、システムが物理的なハードウエアやソフトウエア・システムによって表面化したり、それらに埋めこまれたりする場合もある。

日立製作所の会計システム「リメンバーズ」は製品化されるたびに損失を出したのに対し、東芝は毎年新たな利潤を生み出していった。この差によって、東芝は市場のリーダーとして、日立はフォロワーとなって、その両社の立場の違いが現れた[55)]。

しかし、多くの場合マネジメント・システムがコア・リジディティを補強するうえで果たす役割は、明らかにされていない。それはもっと微妙で、定義しにくいものなのだ。第1章で述べた、コダックにおけるデザイン工学のステータスに関する循環サイクルの裏面について考えてみよう。そこではフィルム設計の知識は高く評価され、雇用や報酬や賞賛など、あらゆることがその方向に向いていた。多くの一流メーカーでは、このサイクルは別の職務（たとえばマーケティングや生産）の視点からは、ネガティブなサイクルとして見られていた（**図2―3参照**）。たとえば、エンジニアが支配的な企業では、伝統的にマーケティング部門は新製品の設計における役割は小さなものだった。そうした企業では、マーケティング部門は市場から情報を収集することより、コミュニケーションの発信に焦点を当てている。マーケティングの役割が製品開発とはあまり関係ないとされていたため、エンジニアに対してはトップクラスの人材を採用しそれに見合った報酬を与えていても、マーケティング担当者に、企業はそのような労力を注がない。この職務に対する報酬も相対的に少ないため、マネジャーは経験の乏しい人材（実際ほとんど経験がない場合が多い）を探すことになる。こういう人たちは報酬が少ないことや、自分たちがそのプロセス上重要視されていないことがわかっているので、製品開発会議では尻込みして、服従的な態度を取る。会議の間、壁の花と化しているのだ。その結果、実際に彼らが製品設計のプロセスに影響を与えることはほとんどなく、成功や失敗を自分の役割と結びつけて考えることはない。このような無関心な態度が、この職務の低いステータスをより低めてしまうのである。

もちろん、マーケティングが支配的な組織（つまり、消耗品製造企業）では、その逆も事実である。そこでは、おそらくエンジニアたちは社内の階層意識においては下方に位置づけられているだろう。ここでの着眼点は、強力な技術ケイパビリティを基盤に発達してきたあらゆる組織における、まさにそのシステムなのである。そのシステムが、ある特定の職務や原理や知識を引きつけ、育て、強化するが、他は引き下げる傾向を持っているのだ。

ＤＥＣやＩＢＭ、ゼロックスのようなハードウエアやＯＳの会社では、アプリケーション・ソフトのエンジニアは、長らく自分たちは二流社員だと感じていた。モトローラが工業デザイナーたちに驚くべき認知度と影響力をうえつけたのは異例のことだ。

**図2－3◉ネガティブなサイクル**

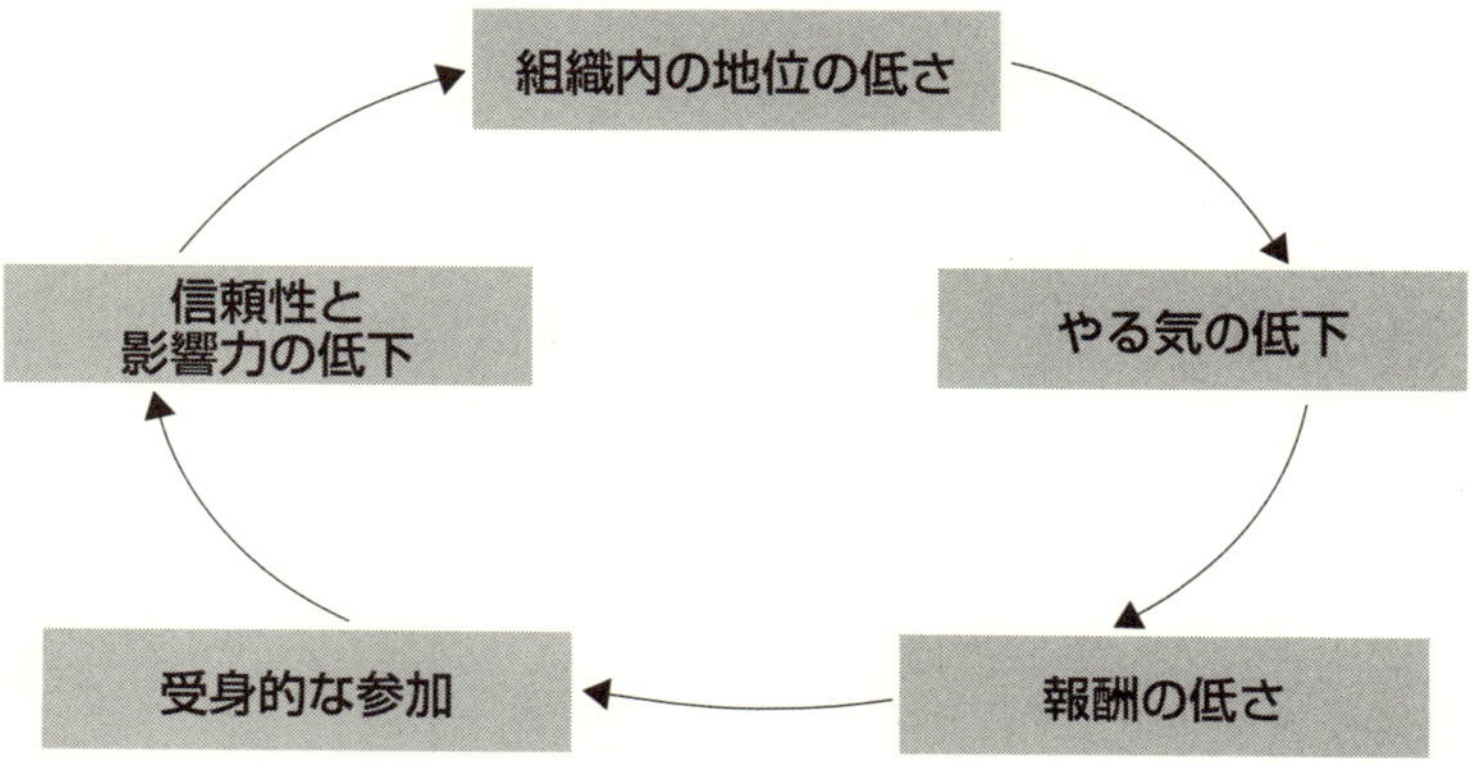

というのも、多くの会社では、工業デザイナーは、たとえ自分たちが重要な情報を持っていることがわかっていても、無視されていると感じている。しかしモトローラでさえ、工業デザイナーは、半導体のような企業向け製品よりも、携帯電話のような一般消費者向け製品の開発に対してのほうが、より影響力を持ってしまっている。

企業のコア・ケイパビリティの心臓部にある、このようなステータスの違いは無視できない。新製品開発などにおいて貴重な情報を持っているのに、職位のステータスが低いために無視されてしまうことは、機能障害を引き起こし、そのプロジェクトにとって害となるだろう。明文化されていないマネジメント・システムも、暗黙のルーティンへと成長し、ステータスの違いを組織的に強化したり、いくつかの専門性に対する信頼性を下げてしまう。こうなると、先に述べたように企業は専門性を超えた知識の統合ができない。

新製品開発について五社を調査した学者と実務家のチームは、設計エンジニアに比べて製造エンジニアが、一見些細なことだがいろいろと不平等に扱われていたと報告している[56)]。新製品開発チームにおける製造エンジニアの責任者は、常に設計エンジニアのところへ行っていた。しかし、設計エンジニアは、製品が生産される工場に行くことはほとんどなかった。この習慣は、製品開発プロセスにおいてはデザインが優先し、製造はそれに続くものであるという認識や伝統によって築かれた。同時にその習慣により、設計エンジニアはより価値の高い知識を持ち、たとえ製造エンジニアが影響力を持っていたとしても、それは副次的なものであるという認識が強まっていた。また製造エンジニアが一方的に設計エンジニアのところに行ったということで、製造の役割は、設計プロセスに何の付加価値も与えず、受身な貢献しかできないという確信を持たせてしまった。結果的に、製造現場に届く仕様は、製造工程において予期せぬ問題を引き起こしていた。しかしこれらの会社では、経営者は製造工程からの迅速な設計工程へのインプットが市場投入のスピードを速めるということを知っていたので、設計部門に対する製造部門の影響力を大きくしようと努力した。しかし、その努力はその経営者自身の理解不足によって崩れ去った。すでに慣習化された行動が従業員の認識や態度にどのように影響を与えているかという理解が足りなかったのである。日常のルーティンは、驚異的な復元力を有しているのだ。

これらの例から、マーケティング部門がエンジニアたちよりも洞察力があると結論するべきではない。我々は、逆のケースを第7章で見ていくだろう。ポイントは、企業の歴史によって、どのような職務であろうと支配的な職務にはより大きな信頼が与えられ、ステータスの低い職務からの声は無視されるということである。もちろん、低いステータスの職務が貴重な情報を持っていない場合は、製品設計に影響を持たない。しかし、最近ますます明らかになってきているのだが、製品設計プロセスでさまざまな意見を聞いていないと、多くの場合やり直しや再設計、あるいは障害が発生するのだ。

## (4) スキルと知識

コア・ケイパビリティの土台をなす技術と知識の変更は、人材採用の問題も含めて、単純でありながら非常に難しい。これは、第1章で述べた知識の三つのタイプ――社会的知識、業界固有の知識、企業固有の知識――のどれを必要とするかに大きく依存している。社会的知識を持った優秀な人材は、公的な教育プログラムを受けた人から獲得できる。業界の知識を有するスペシャリストは、競合他社からスカウトを受ける可能性がある。実際、トップレベルの「カリスマ」的エンジニアの引き抜きが新聞を賑わしているが、それは潜在的な競争優位が雇った側の会社に移転するからである。デビット・カトラーはRISCアルファチップの「プリズム」計画が取り止めになったため、DECを辞めてマイクロソフトに移った。この転職はマイクロソフトにとって大当たりと見みなされた。彼の元同僚ゴードン・ベルは、草創期のDECに成功を呼んだVAXマシーンの主任設計者の一人であり、自身がコンピュータ界の伝説の「カリスマ」だが、カトラーのことを「世界最高のシステム設計者の一人」と評していた[57]。DECの損失は、明らかにマイクロソフトの利益となった。ビル・ゲイツは、カトラーにウィンドウズNTの開発という重大なプロジェクトを担当させたのである[58]。数年後、もう一人のデジタルのアルファチップ設計者リチャード・ウィテクも、DECを辞めてアップルに移った[59]。

コンピュータ業界内でのこうした移動は、新聞などで書かれるだけでなく、業界の成長にとっても有益と見なされ、またそうなるよう期待されている。シリコンバレー近辺の魅力的な海水浴場やレストランはエンジニアの溜まり場として有名だが、そうした場所でのインフォーマルなネットワークを通して、暗黙知と形式知が広まった[60]。こうした労働力の流動化には、少なくとも二つの異なる結果を生む。一つは知識の集積が均質化し、特定の地域におけるデファクト・スタンダードが生まれやすくなるのを助長する（たとえば、一時期、二つのソフトウエア言語であるLIS

Pが東海岸と西海岸で広がっていた)。また一方で、新しい人材の流入がすでに定着したやり方にチャレンジを促し、リジディティに対する防御となる。さらにまた、業界特有の知識は「非公式な交換」を通じてエンジニアに広められる。アメリカの一一の製鉄ミニミルの研究において、フォン・ヒッペルは、一つの例外を除いてすべてのミニミルにおいて「プロセスに関する独自のノウハウを交換することがルーティン化しており、時として競争他社から直接得ている」ことを発見した。[61] インタビューに答えたマネジャーは、こうした知識の流れが互酬性を持たなければならないことを強調する。知識が交換されても、それが一方的であっては困るのだ。とは言うものの、こうした知識の交換は少なくとも業界内部では、企業固有のスキルよりも業界固有の知識を得ることを目的とする傾向がある。

結局のところ、企業個有の知識は、たんに人を採用することによって得ることはできない。それは時間をかけて成長させていかなければならないのだ。個別企業にとっての独占的な知識は形式知として把握することはできないが、従業員の暗黙知は、明らかにコア・ケイパビリティの一部である。また同時に、それがいったんコア・リジディティになってしまうと、多くの場合追い出すのが最も厄介なものでもある。第3章で詳しく議論するが、スキルは時として人々のアイデンティティと密接に絡み合うため、技術基盤を切り替えるという命令は、その人たちの存在そのものを脅かす。さらに、旧式の技術を攻撃することは、しばしば長期勤続者に不信感を募らせる。なぜなら知識基盤は、行動規範や内在する価値システムと連携しているからである。そして、次項で議論するが、価値は明らかに最も変えるのが難しい要素だ。

## (5) 価値観

第1章で説明したように、価値には二種類ある。包括的な価値（大文字のバリュー）と、特定の知識に基づいた価値（小文字のバリュー）である。前者は顧客を含めた他者との関係に関する態度や信念と関連し、後者は、特定の専門的アプローチや運用方法に対し、どのような活動を評価するかで規定される。

たとえ何世代も前に世を去ったとしても、企業の創業者や初期のリーダーは組織に対して絶対的な影響を与え続けている。特に価値は「刷り込み」されている[62]。第1章で見たように、一九三八年から六三年までジョンソン・エンド・ジョンソンの会長を務めたロバート・ウッド・ジョンソン（創立者の息子）の価値は、会社の「社是」としていまでも尊重され、一九四〇年代に制定されてから、今日世界中の工場や事務所の壁に掲げられている。同様に「HPウェイ」という会社の価値は、会社創設時の一九三九年に、ヒューレットとパッカードが車庫の中で、硬貨をはじいてどちらの名前を会社のロゴの先にするかを決めたことに、そのルーツがある。

会社の規範やルーティンを変えることの難しさの一つは、従業員が二つの異なる価値レベルを混同してしまい、そして、大文字のバリューを変えることを求められているのか、あるいは現在のやり方だけ変えればよいのかが区別できなくなるのことだ。つまり、会社の使命にかかわる基本的な価値の変更なのか、あるいはそのミッションを補助する活動方法のみの変更なのか。

上述したケイパビリティの局面の例が示すように、別の局面を変えることの必要性に向き合うことなく、リジディティの一局面を変えることは、たいていの場合不可能である。比較的小さなステップであれば、変化を取り入れることは可能であろう。しかし、〝小さな〟という定義は、物の見方に依存する。本書を通して我々が見るように、個々の従業員は、自分が世界を見るレンズを持っており、変化の程度はそのレンズの焦点範囲に限られるのである。

ＮＣＲの例のように、コア・ケイパビリティがほとんど全部コア・リジディティとなれば、それが劇的で非常に痛みを伴うものであれ、経営の選択はかなり明確だ。もちろん、マネジャーはリジディティが自分自身ではなく、各部署の中に存在していると思い込みやすいし、そう主張する。しかし実際は、アンダーソンが理解していたように、リジディティは組織中にみなぎっている。その理由はリジディティが会社が長らく打ち立ててきたコア・ケイパビリティから生まれたものだからである。アンダーソンは、四つの局面すべてにおける変化を考え、ＮＣＲをコンピュータ時代へ移行させることが必要だったのである。

### ＮＣＲの転換

さまざまな問題を引き継いで、アンダーソンが「成功は、会社とそのマネジャーたちを駄目にしてしまう」と考えたのは驚くべきことではない。[63] 一九七二年に社長を引き継いだ後、アンダーソンはただちにあらゆる古いシステムを解体し、従来の価値観に挑戦し始めた。彼は、倹約と規律に対する強い個人的信念を仕事に持ち込んだ。コンピュータ・システム企業になるという戦略を採択し、機械製造を中止し、いくつかのカギとなるマーケットに焦点を絞った。利益を上げることは可能だがコンピュータに関連していないビジネスは捨て去られ、それ以外は製品ラインを拡充するために残った。NCRは、データ端末のフルラインと、コンピュータ「エンジン」を広い範囲で開発した。

デイトンの、原則に従って製造するという古い規範は、コストに従って配分し、非常に集権化された製造のやり方を好むなかで変更された。製造とマーケティングのマネジメント・システムは、完全に修復された。工場はコスト・センターになり、マーケティング部門は、製品ラインに焦点を当てたものから、業界ないし市場に責任を置いたものに再編成された。セールスマンたちの給料に対する歩合の割合は増えた。企業の中で部署や職能間、あるいは世界中を動き回るマネジャーたちに、それまでリジディティを引き起こしてきたバリアーを打ち壊すように新しい価値が置かれた。製造、発注処理、製造コスト計算、財務レポートに対するコンピュータ制御システムなどの新しい技術システムが採用された。新製品は、複雑なシステム間でのやりとりを容易にするためにモジュール化された。

一九七五年から七九年の間に、NCRの売上げは、二〇億ドルから三〇億ドルに成長した。その期間の実質利益は、三倍以上になった（七二〇〇万ドルから二兆三五〇〇万ドルへ）。株主のエクイティに対する報酬は、六・七%から一六・九%に増加した。一九八二年に、NCRの売上げは、三五〇億ドルに達し、八三年にアンダーソンが引退する時、「フォーブス」は次のように報告している。

NCRは、カリフォルニアのシリコンバレーや、ボストンのルート一二八における、これまでの何社ものスターたちよりも、将来をずっと保証されている。CEOのチャールズ・エクスレイと、引退した会長のウィリアム・アンダーソンは、九九年に及ぶこの会社を根底から揺さぶりをかけた。その結果、同社は、ここ一八カ月の間、前例のないペースで、その多くが新しい市場に向けた新製品を発表した。大きな開発コストにもかかわらず、不況の間も利益を上げ続けた。今年の歳入は、二〇％増の三億ドルに達する見込みである。[64]

一九九〇年に、コンピュータ・ビジネスにおけるパートナーを求めて、AT&Tは、合併のためにNCRに接近した。NCRは一〇カ月間抵抗したが、九一年九月に両社は合併した。AT&Tは、未払いのNCR株全部のために、自社株を七四億ドル売却した。両社合わせた売上げは、四三六億ドルに達し、これはフォーチュン五〇〇の第八位に相当する。そして、この合併は、九二年、NCRの社長、ギルバート・ウィリアムソンによって、「まったく予想以上の成功」と宣言された。[65]

だが、変化の過程は決して終わったわけではない。一九九三年、NCR（当時完全にAT&Tの子会社化）の会長兼CEO、J・L・ステードは、ハーバード・ビジネススクールで組織変化の必要性は今後も続くであろうという講演を行った。

彼は、施策に関する三つのルールを好んでいるという。一つ目は、コアとなる価値にそぐわないルールは廃止せよ、信頼を引き出さないルールは廃止せよ、仕事との手助けにならないようなルールは廃止せよ、というものである。[66]

## 5——要約

本章の大きなポイントは、コア・ケイパビリティの裏面であり、それと共存するコア・リジディティの存在である。ケイパビリティと同様にかなり複雑なシステムであるコア・リジディティは、まったく同じ四つの局面（物理的システム、スキルと知識、マネジメント・システムそして価値）から構成されている。我々の成長とともに、我々を成功へと導くような知識を育むようなケイパビリティの反対側を知ることは、決定的に重要な経営課題である。企業が島国根性に陥り、ベスト・プラクティスの最適なレベルを超えるような「撃ちすぎ」に陥ると、コア・リジディティは活発化してしまう。こうした自らを駄目にする傾向に対しては、多くの説明がなされている。この章で我々は、リジディティを肥大化させてしまうマネジャーの逆機能的な行動に焦点をあてた。ピーター・ドラッカーがよく指摘しているように、すべての過ちはマネジメントの過ちである。多くの企業は、コア・リジディティが表面化し、顧客が離れ、会社の市場価値が落ち込んで初めて、その存在に気づく。そして役員会や株主会、あるいは非常に勇敢なリーダーが、変化が必要な組織に大鉈を振るうのである。

組織に大鉈を振るうことは一般的に避けたがるものだ。しかし大前研一が述べるように、「日常のビジネス・システムを再考し、それらを心から切り離し、バラバラにし、ゼロベースで再構築する」のはマネジャーの役割なのである。[67] 大企業が、古いコア・ケイパビリティを新しいコア・ケイパビリティへと転換し、リジディティを打破したことを見ていくと勇気づけられる。すでに見てきたように、NCRは電気機械からコンピュータ装置へと転換するようマネジメントした。印刷会社として設立されたハリス・コーポレーションはマルチメディア企業へと移行した。GEはCTとMRIの分野でイノベーションに成功した[68]。コア・リジディティは避けられるものであり、一方で新しいコア・ケイパビリティの誕生を助長するのである。本書を通じて我々は、より多くの事例を見ていく。そして、終章でこのテーマを振り返る。コア・リジディティを避け、新しいコア・ケイパビリティの創出を促すことは可能なのだ。

本書の残りで、我々は新しいケイパビリティを育て、組織に変化を起こすうえでのカギとなる活動について考える。新製品開発プロジェクト、新しい製造プロセス、あらゆる種類の実験、外部技術ソースや市場情報、新しい場所から知識に至る方法、それらすべては硬直した思考に挑戦するものである。これらの活動は会社をコア・リジディティから守るものであり、継続的に経路をきれいにすることである。その結果、知識の源泉がより自由に流れるようになるのである。

次章では、マネジャーがどのように組織の中で知的多様性を創造し、異なる知識タイプを統合するのかを探りながら、四つの活動の一つについて検討する。新製品開発における実際の問題に創造的に取り組むために、我々は、さまざまな問題解決のアプローチやマネジメントのための、心理学的、組織論的な基礎項目を理解する必要がある。

# 第3章

# 問題解決の共有

前章で組織のリジディティ（硬直性）に関する議論で明らかにしたように、企業は特定のスキルや価値や知識の基礎を、他を犠牲にして育成する傾向にある。組織は一つの知識領域で優れているという長所ゆえに、かえって外部からのアイデアを受け入れなくなってしまう。他を犠牲にして、特定の種類の知識に注目し収集する傾向は、企業のあらゆるレベル──個人、プロジェクトチーム、職務など──においてもそのままあてはまる。これらの知識の孤島（そしてそれらを保持するような、政治的な思惑が存在する「地盤」）は、この章で取り上げる「問題解決の共有」にとっての潜在的な障壁である（図3―1参照）。

企業が直面する問題は複雑化しており、正規の教育を受けた専門職も急増し、そしてグローバル化はますます進展している。そのため、新製品開発に伴う問題解決の活動には、専門的・認知的・地理的・文化的な境界を超えて協力することがますます必要

図3－1◉ケイパビリティと創造活動

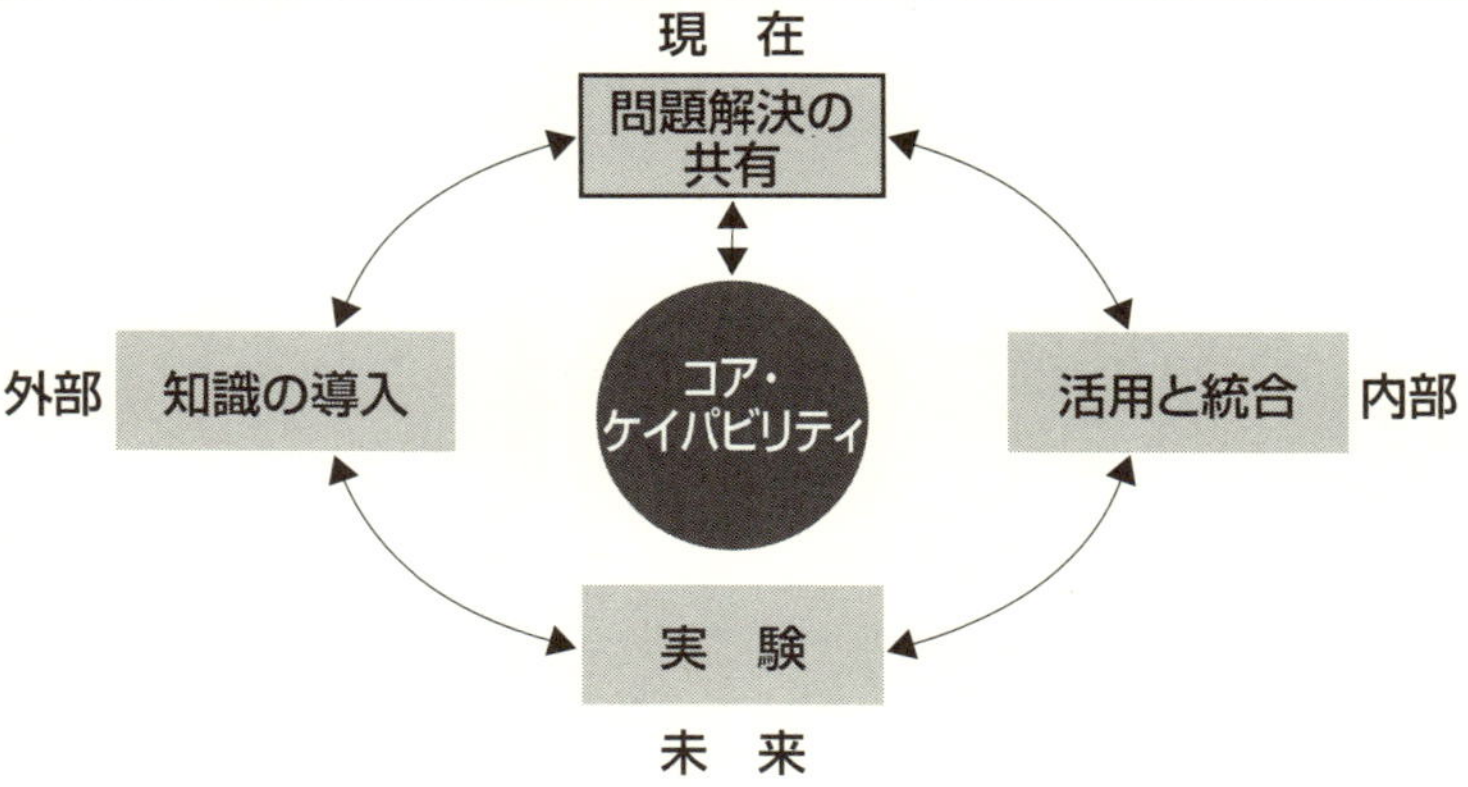

となっている。この章では、問題解決におけるパーソナルな違いを生み出す三つのソース、つまり専門性、認知スタイルの選好、ツールや方法論の選好について検証する。知的多様性のこれら三つのソースは軋轢を生じさせる可能性があるし、また新製品開発において決定的に重要な問題解決の共有に対してしばしば強固な障壁となる。しかし、同じこの三つが創造性への大きな機会を与える場合もある。以下、まず最初に、いかにしてそのような知的差異が問題解決アプローチを形成するのかについて簡潔に議論する。次に、革新的なマネジャーや企業は組織における知的異質性を、いかに注意して育むのかを考える。そして最後に、そのような多様性から生み出されるエネルギーをポジティブなアウトプットへと転化させるための、さまざまなマネジメント手段について見ていく。

## 1 ―― マインドセットの罠

問題解決においては、最も聡明な人の解決策の探索パターンでさえも、それ以前の成功体験によって縛られていることがある。実際に、人はほんのちょっとしたことで驚くほど安易に、そして速やかに、革新的な問題解決を妨げる習慣を身につけてしまうものなのだ[1)]。たとえば一世代前の実験において、心理学者たちは、「機能固定化」と呼ぶものを発見した。これは、いわば、人が以前に利用していたモノの利用法などを完全に固定してしまう傾向を指す。代表的な実験としては次のようなものがある。二つのグループの人々に、紙の束・ステープラー・クリップなど同じものを与え、紙を束ねて壁にしっかりと固定するという簡単な仕事をさせる。実験群（訳注：条件が通常と変えられているグループ）は紙をクリップで固定して渡され、コントロール群（訳注：条件が通常のままのグループ）にはクリップを封筒に入れて渡された。この一見すると小さな違いが、実験群のメンバーにある種のマインドセット（一定の考え方）をつくり出した。つまり、クリップを広げてホックとして利用することに気がつくのが、コントロール群の人たちよりも明らかに遅かったのだ。[2] 多くの心理学者たちが、さまざまなやり方でこの実験の追試を行い、以前の本当にちょっとした経験が創造的な発想に影響を与えていることを明らかにした。[3] 機能固定化を発見した心理学者の一人は、「機能固定化は問題解決を妨げる」と結論づけている。[4]

機能固定化のようなマインドセットが生まれる現象は、脳が関連した情報をひと固まりにして貯蔵し、処理し、引き出すという機能を持っていることによって起こる、ごく自然な傾向であるようだ。もし無駄なく情報を束ねる何らかの方法がなければ、我々は周囲の環境から絶えず流れてくる情報を整理できないだろう。これらの固まりがメンタル・モデル、つまり認知科学者が言うスキーマ（以前問題を解決したやり方、情報を調整する枠組み）を構成している。[5] そのため、マインドセットは、日常の決まりきった活動においてはとても有用だ。実際、以前の経験に基づくテクニックが、ある特定の問題に対して最良の解決を与えるならば、その解決策を適用することは効率的かつ効果的である。[6] そして組織において、そうしたテクニックが成功経験によって繰り返されて強固になった時、思考のパターンは陳腐な型にはまり、[7] ケイパビリティの一部分となる。

問題は、これまで見てきたように、限られた範囲での問題解決が逆機能となり、コア・リジディティに寄与してしまうことなのである[8)]。

## 2――署名スキル

組織における問題解決の限界は、それぞれの個人から生まれる。人は問題に対して一定の解決法を適用することで、高度なスキルを身につけていく。さらに、人はマインドセットあるいは問題解決のバイアスに感情的に執着する可能性がある。このような場合、彼らは、著者が「署名スキル」と名づけたものを大きくしていく。

署名スキルとは、人が自分自身をプロフェッショナルとして識別する能力のことである。プロフェッショナルは「署名」によって、そのスキルが独自のものであると実感できる。それは、個人がその人であるという特徴、たとえばサインのやり方のような自分のアイデンティティの一部なのだ。署名スキルは学校教育や経験を通じても獲得されるが、我々が自分で進んで身につけることでプロフェッショナルとしてのアイデンティティとなり得るのだ（さらに、我々は非署名スキルも有している――これも学校教育や必要によって獲得されるが、そのために投資してきたとは感じない）。さらに、以下で議論していくが、新しい手続きや技術やケイパビリティが「非スキル化」されるか否かは、イノベーションが署名スキルを旧式のものにするかどうかによる[9)]。したがって、組織における問題解決と技術の変化は、ある者には歓迎されるかもしれないが、別の者には抵抗を受けるかもしれない。それは、取って代わるスキルが署名のものかどうかによる[10]。

署名スキルは、三つの相互依存する選好の副産物であり、それらは相互作用しながら現れる（図3―2参照）。すなわち、タスクのタイプの選好、問題に対する認知的アプローチの選好（時として認知スタイルと考えられる）、仕事を遂行するための技術の選好である。今日の技術先進型社会では、スペシャリストは自分の署名スキルが古びたものにならないうちは深く追求すれば高い報奨を受ける。その結果、組織は、人々のエゴやアイデンティティと感情的に結びついた、特化したスキルを持つ小集団をつくり出し、しかもそれを積極的に認めてきた[11]。組織の健全さや知識基盤の統合にとって重要な仕事は、これらの才能や署名スキルの飛び地を越えて、それらにまたがってマネジメントすることである。

**図3―2◉署名スキルの構成**

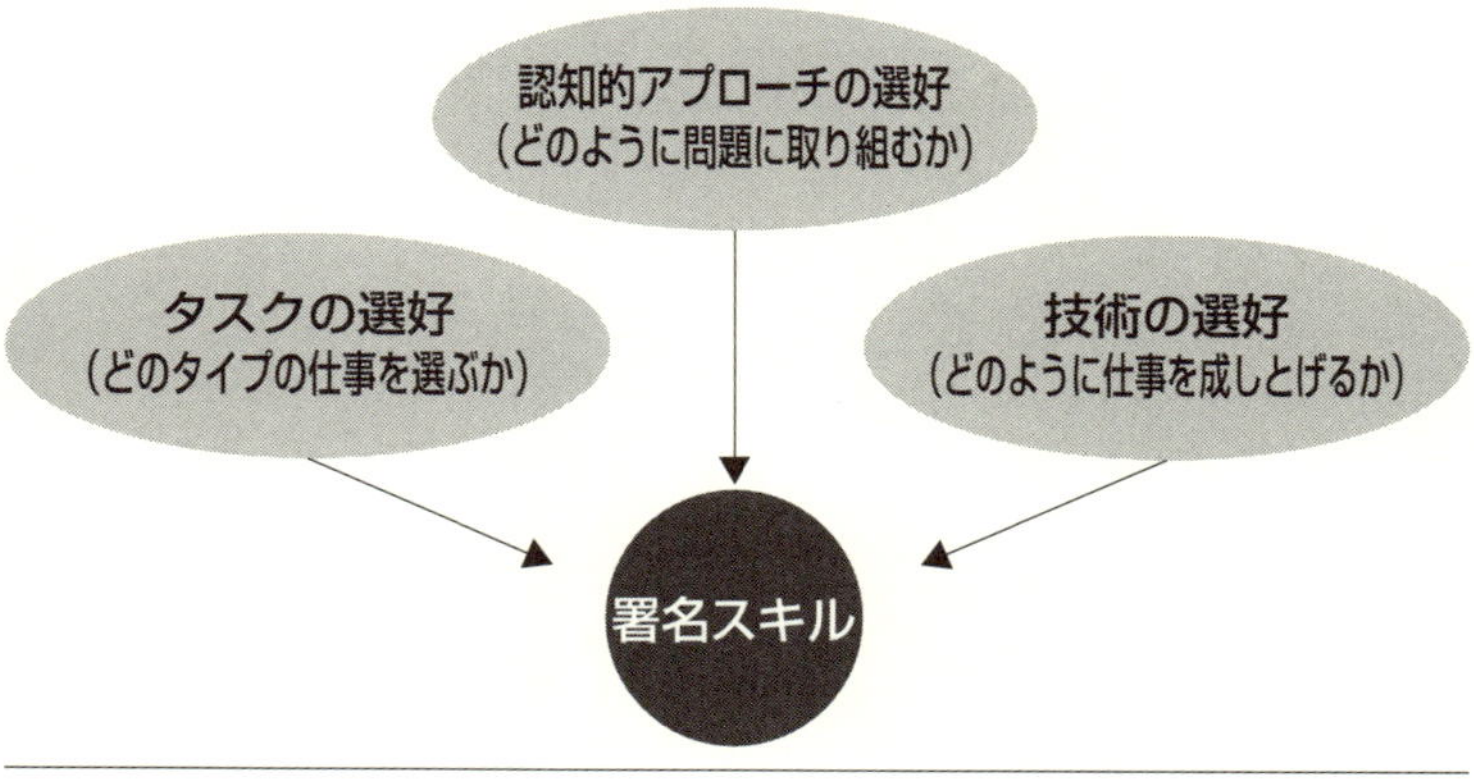

## 3―――創造的摩擦

このマネジメントの最初のステップは、（衝突を起こすことが多い）署名スキルのポートフォリオを作成し、隠された個性をきちんと認識することである。革新的な組織のマネジャーのなかには、それぞれのアイデア、バイアス、パーソナリティ、価値やスキルが衝突する人々をあえて選んでいる者もいる。その理由は、多様な署名スキルを持ったさまざまな人々をそのタスクに関わらせることで、問題解決においてほんの少しの選択肢しか考慮しない（さらに悪い場合は慣れ親しんだ解決法で解けるような問題をでっち上げる）ことに対する効果的なガードになるからである。異なったアイデアが摩擦し合うから、火花も散る。しかし、うまくそのプロセスをマネジメントすれば、その火花は創造的であり、個人的な諍いにはならない。

日産デザイン・インターナショナル（以下ＮＤＩ）の幹部、ジェラルド・ハーシュバーグは、衝突によるエネルギーは破壊よりもむしろ創造へ、また断片化よりも総合化へ向けることができることを強調し、「創造的摩擦」（creative abrasion）というフレーズを造った。このようなマネジャーは、部下たちが互いの意見に同調してしまうことなく、それぞれの視点に敬意を払えるような雰囲気をつくり出す。こうした環境で、人は不和を祭り上げてしまうことなく多様性を認め受け入れることができるようになる。妥協と統合なき衝突からは、創造的なものは何もつくり出され得ないことは明らかだ。しかし、イノベーションはマインドセットの境界から生起するのであって、一つの知識やスキル内で生起するのではないのである。

この創造的摩擦の概念は、一般に考えられているような摩擦に関する考え方とは根本的に異なるものである。第一に、創造的摩擦とは、決してジェンダーや性による志向や民族的な背景による多様性を賞賛することではない。確かにそれらに基礎を持つ多様性は、異なった視点や問題設定へのアプローチをもたらすが、創造的摩擦のマネジメントには、混成的な背景を持つ人々を魅了し確保する組織を構築する、それ以上のこととそれ以下のことが必要となる。たんにこうした一般的な意味で言う多様性を導入するだけでは、創造的問題解決が起こるとは限らないので、それ「以上」のことが必要となるのだ。異なった背景や視点を持つ人々を同じグループに入れることは、ある程度の摩擦をつくり出すことが確かに多いが、それ自体ではその衝突が創造性を保証しない。また、類似した民族的背景やジェンダーの人々は、極端に異なるソースや創造性のタイプに頼る可能性があるので、創造的摩擦はそれ「以下」のことが必要となる。まとめると、一般に考えられる意味での「多様性」は、対照的な認知スタイル間の創造的摩擦が存在するための必要不可欠なものではない。それよりは、問題解決やイノベーションに対して人々がいかに認知アプローチを行うかのほうがずっと問題である。

また創造的摩擦は、インテルやその他の先端的企業が奨励する「建設的衝突」とも同じではない。そこでは、イェリネックやシューンホーベンが述べているように、従業員がさまざまな問題に対してとても開放的かつ攻撃的に対峙し、重要な意見の違いや過失を儀礼的に隠すことを許さない企業文化がある。[12] しかし、このような衝突は、異なった視点から生まれてくることを必要としないし、また、こうした規範は対人行動に一般的なものにすぎない。創造的摩擦は確かに建設的衝突の一類型ではあるが、その目的はあくまでイノベーションを支持し、異なった問題解決のアプローチを統合すること、つまり単一の視点からは得られないものをつくることにあるのだ。

また、創造的摩擦は、個人的な対立や非難とも似ていない。ある人の品位を個人的に傷つけることは、創造的摩擦とは正反対のものである。この議論に熱心であるサイモン&シュースターの前トップ、リチャード・スナイダーは、彼のマネジメント哲学を次のように説明する。「ビジネスは対立です。それは創造に至るプロセスなのです。イエスと答えているだけでは皆から愛されるかもしれませんが優秀にはなれないのです。サイモン&シュースターは、社員が優秀になるようにハードルを常日頃から設けています[13]」。このことは、表面的には、チャパラルのCEO、ゴードン・フォワードの哲学と似ているかもしれない。しかし、タイム・ワーナーのリトル・ブラウン・カンパニーを運営するためにサイモン&シュースターの一般消費部門を離れたチャールズ・ヘイワードは次のように回想している。「会議でのスナイダーの物言いは品がなく、個人攻撃ばかりでした。彼は、会議のたびにだれかを攻撃していましたよ[14]」。だれかの品格を傷つけるような行為は、創造的摩擦のアンチ・テーゼ（対立命題）である。そのように摩擦を期待するマネジャーは、非生産的なことに多大なエネルギーを費やし、結果的に創造性を駄目にしてしまう危険がある。

どのようにして創造的摩擦をマネジメントするかを考察する前に、署名スキルの三つの要素それぞれについて考える。そして、マネジャーが専門性・認知スタイル・方法論の多様性を奨励し、うまく創造的摩擦につなげることができた、いくつかの企業の状況を見ていこう。

### (1) 専門性

どのようなタスクのタイプを好むかで、魅力を感じる職業の種類は決まる。もちろん、世間一般の人はあまり選択肢を与えられていないが、将来的にマネジャーになるような人であれば、若い頃から十分な教育や健康に恵まれ、また選択の機会もある程度持っている。彼らのような場合、さまざまな報酬（自由や警備のサービスまで含めて）[15]を得られるキャリアを選好し、また同じキャリアのなかでは自分が楽しめる仕事を好む。たとえば、DECのセールスマンは、複雑なコンピュータの初期設定を自動化するプログラムが与えられた時、マニュアル設定を好むかどうかについて異なる反応を示した。煩わしい仕事から解放されたことに喜んだセールスマンもいたが、自分を設定のプロフェッショナルだと思い好んでその仕事をしてきた者は、自動設定ソフトに対し否定的になってきた[16]。

特定の知識に特化することで当然専門的な知識を得て、その結果、さまざまな問題に対して適応可能な深い知識を得ることになる。しかし、うまくことを進めないと、それぞれの専門家の「考えたこと」が交わることは滅多にない[17]。セラミック・プロセス・システムズ・コーポレーションが設立された時、創業者は会社にとって重要な理念（最初の社長はそれを額に入れて壁にかけていた）を宣言した。「我々にとって最も重要な技術的ブレークスルーは、我々の産業あるいは科学的分野の外にある分野や文献からやってくる[18]」。

### セラミック・プロセス・システム・コーポレーション

セラミック・プロセス・システム・コーポレーション（CPS）は、水素や炭素やニトログリセリンなどを含んだ、純度の高い鉄の化合物を生産した。これらの化合物は、特筆すべき特性を持っていた。たとえば、シリコン窒化物は、鉄に比べて四倍の強さがあった。これは化学反応を起こしづらく、ダイヤモンド以外の他の素材よりも強く、溶点はかなり高いものだった。同社の形成に至る科学的ブレークスルーは、ミクロより小さな粒子からなるセラミックのパウダーをつくり出すことだった。そうしたパウダーからつくられたセラミックスは、他のものより高品質で、低コストであった。

CPSの科学チームは、セラミックスのエンジニアだけでなく、物理、機械工学、土木、化学等のエンジニアなど、かなり多様なバックグラウンドを持つ人々から慎重に選ばれた。セラミックスの世界的エキスパートがおり、スタートしたばかりの小さな会社としては、このアプローチは、かなり異例であった。さらに彼らは、その分野で世界でもトップクラスの学生を採用した。こうした肩書きを見ると、これらの科学者が傲慢なばかりで、「ここでは発明しない」人々であると想像してしまうかもしれない。だが彼らは、すでに存在している知識について、再発明の余地があるかどうかに目をつけていた。

出典：Clayton Christensen and Dorothy Leonard, "Ceramic Process Systems Corporation," case 691-028, Harvard Business School, Boston, 1992.

同社のオープンな哲学は、大きな利益をもたらした。造形装置に押し込まれたセラミックのスラリー（懸濁液）の流動性や粘性を精細に制御する必要性に直面していた同社は、同様の事情を持つ塗料産業からポリマーのエンジニアを雇い入れた。塗料合成から得た知識を適用することによって、製品の特性に影響を及ぼすことなくさまざまな圧力でセラミック泥漿を形づくっていくことができるようになったのだ。

もう一つの課題は、型からセラミックを外すことが困難だったことである。容易に外すべく氷点下まで急冷することの可能性に興味を持ち、食品産業に目を向けて助けを求めた。実際、初めの数年間、セラミックのエンジニアは彼ら自身の分野以外の、いくつもの分野のエキスパートの助けを求めた。

現代の新製品は、たいてい異なる専門分野の連結から生じたイノベーションの成果である（あるいは時として、既存商品の組み合わせの場合もある）。第6章で詳細は論じるが、「技術融合」、つまり異なる技術ケイパビリティ内に蓄積された知識基盤を連結する能力によって、その企業が革新的であるかどうか決まることが多い。[19] たとえば、3Mの消費者リサーチ部が、錆びついた鉄たわしに人々が不満を持っていると示した時、接着、摩滅、コーティング、非織り技術の各部の専門家たちが集まって、「絶対錆びない」プラスチックたわしをつくることになった。一九九三年一月から一九九四年六月までの一八カ月、「絶対錆びない」と、そこからスピンオフしてできた「絶対傷つけない」たわしは、アメリカの市場の三割を占めるに至った。[20] 同様に、日立の大容量コンピュータ・ディスク・ドライブも、多くの異なる部署の専門家たちによって生み出されたものである。エネルギー研究所の原子力エンジニアたちは、ソフトウエア上で複雑なディスク・ドライブのシミュレーションを行うのに最も適していた。[21] 研究所の化学エンジニアは、ディスク用の新しいコーティングを発明した。小さくて正確なモーターは、製造部門のエンジニアを必要とした。研究所長のジョエル・ビルンボウムは、ヒューレット・パッカード（以下ＨＰ）がコア・テクノロジーとしている「ＭＣ²」（エムシースクエア／計測機器、コミュニケーション、コンピュータ）の分野におけるプログラムを、新製品全体に融合をもたらす独自のケイパビリティとして推進した。デジタル化によってもたらされるすべての可能性を見越して、一九九三年にビルンボウムは「このプログラムを使っているＨＰは、いまから一〇年後にはまったく違う企業になっているだろう」と予見した。[22]

これらの例は、企業が長年育成されたさまざまな専門的な知識の基礎をどのようにシナジーできたかを表している。対照的に、最初からさまざまな技術とディシプリンのビジネスを狙っている業界もある。技術融合なしには新製品が生まれない業界もある。生き残りは、そうした融合にかかっている。

これらの事例が示すように、専門家たちがお互いにコミュニケーションできる限り、専門性は、新製品や新工程の開発における非常に複雑な問題に必要な、深い知識を貯蔵してくれる。

## (2) 認知スタイルの選好

認知スタイルの選好の違いがあると、問題解決の協働を行おうとしても、(同一の専門の内部においてさえも）不協和音が生まれてしまう。ところで、パーソナリティの類型化の最も著名なものは、おそらくマイヤーズ・ブリッグズ法である。これは、四回、二者択一の質問（たとえば、感覚的か直観的か、判断志向か知覚志向か）を行い、一六のパーソナリティ類型を得るという分類法だ。この方法によって、人々が仕事に対していかにアプローチするかということに関してかなりの程度わかる。そして、事実や歴史や経験を好む「知覚」的な志向と、メタファーや比喩や推論を好む「直観」的な志向の違いが、「ほとんどの誤解や中傷の元であり、この違いが人々の間に広く深い淵をつくる」と示唆されている。[23]

実は、多くのタスクフォースやチームが、この淵の両側で問題解決をしようとする人々を同じグループに投げ込んでいる。直感的問題解決を好む者は想像やひらめきに頼る一方、知覚重視の者はそのような「ナンセンス」に耐えられず、もっと地に足のついた実際的なアプローチを要求するから、結局両者は理解を得られない。[24]また、この二つのグループは、判断するか認知するかという二つ目の次元においても異なっている。判断型の人々は選択肢を広げないで決定しようとするのに対し、認知型の人々はより多くの選択肢やデータを探し、その間問題が曖昧であることを受け入れる。これらの認知的選好は、創造的プロジェクトを率いるマネジャーにとって重要な意味を持つ。

## マイクロソフトのマルチメディア

マイクロソフトの家族向けマルチメディア製品のマネジャー、トム・コドリーは、コンピュテーションとデータベース・マネジメントを、ユーザーが楽しみながら知識を得ることができるインターフェースに結びつける製品をつくるのに必要な、まったく異なる二つのメンタル・プロセスを発見した。

それは、①選択肢を増やすことと、②選択肢を減らすことである。彼は、「発見する」人（前者）と、「論破する」人（後者）、両方を必要としている[25)]。この二つのアプローチを現す人は、どんな革新的なチームにもいるが、マルチメディアの製品を開発するような場合、二つの創造的なグループは極端に分かれてしまう。つまり、ソフトのコード開発者の中でも最も分析的な傾向の人々（エクセルをつくっている人たちも同じような傾向の人）と、インターフェースやスクリーン、アイコン、デスクトップ・パターンなどをつくっているデザイナーたちの二つのグループに、である。

最初のグループは、論理的な議論や、仕上げや、効率的にものごとを行うことに優れている。分析的な開発者は、ある一連の行為が正しいかどうか確率を計算し、瞬時に分析を行動に移すという、「まるで忍者のように意思決定できる」。

それとは対極にいるデザイナーたちは、比較的優柔不断で、曖昧さをむしろ楽しむ傾向がある。「もし彼らにAとBのどちらを選ぶか聞いたら、彼らは『Cはどうなっているんだい？』と聞いてくるだろう」。合理的で迅速に決断を下す能力をもとに活躍し評価を得てきた分析的な人は、対極の側にいる人を賢くないと最初は思うかもしれない。前者にしてみれば、後者は考えが曖昧で、解決が遅いだけでなくむしろ引き延ばしているのだから。それとは反対に、選択肢をつくり出す人にとって、非常に分析的な人は、あまりに性急に判断を下してしまって、製品コンセプトをよく検討する暇もないように見えるかもしれない。あるいは、早急に細部にとりかかるために、結果的に最適でない設計を選んでいる可能性があると考えるかもしれない。

コードリーは、この二つの極端に違うグループをユーモラスに論じている。開発者はしわくちゃのTシャツを着て、ピザを食べながら、夜中に働いている。デザイナーたちは、オブジェのついたイヤリングをして、グルメな食事をする。こうしたライフスタイルの違いは、まったく違う世界観を表面的に示しているにすぎない。スクリーン上に線を引くといった単純なことに対する考えも、両者ではまるで違うのだ。とても分析的なソフト開発者にとって、線は、二つの点を最短距離で結んだことを示す数学的な公式である。芸術的なデザイナーにとって、線は、重み、色、質感といったさまざまな特徴を持った存在である。開発者が、線はただの線であると考える一方、デザイナーは、それによってユーザーが機能について何か推論できるようなメッセージを伝えることができると考えている。デザイナーたちは、「欲しいものをつくる技能」に長けていて、開発者は、「可能なものをつくる技能」に長けている。デザイナーは、機能を構築するのに必要なコンピュータ・パワーの問題に対しては比較的ナイーブかもしれない。この機能をつくるのに、スーパー・コンピュータが必要なのか、パソコンが必要なのか、といった具合だ。彼らは（最初は）知らないのだ。

コードリーが論じているように、「マイクロソフトのような何でもきちんと処理する文化では、ほとんど考える前に答えを出してしまうような人の、衝動的な想像力を奨励している。結論を出すよりも早く他の案を思いつくような人たちを引きつけ、引き留めておくことは重要なのだ」[26]。

コードリーの観察は、他の革新的なグループのマネジャーにも反響を呼んだ。西海岸のシンクタンク、インターバル・リサーチはメディアの将来を研究しているが、社長兼ＣＥＯのＤ・リドル氏は「オタクとヒッピー」両方の必要性について語っている。

**インターバル・リサーチ**

以下はリドルによる。ヒッピーは、正しいことを行うことに気を遣う人たちだ。いったん、ことが成されると、彼らは他の人にそれを任せしてしまう。オタク（Nerd）は、ものごとを正しく行うことに気を遣う人たちだ。それが大きいか広いかフレキシブルか、といった類は気にしていない。彼らは、自分の実行力と、自分のしたことの量を非常に誇りにしている。これら二つの人種は、まったく別のもので、企業（少なくとも研究所）は、どちらか一方のキャラクター（しかも各個人は片方のキャラクターしかない）で構成されているというのは神話にすぎない。私は、実状をもっと知っている。けれども、この種の考えにもある種の真実がある。非常にタイトでオタクっぽい組織では、大きなリスクを引き受けて業界の形勢を変えることは非常に難しい。同じように、一〇〇％、ヒッピーの組織で、ヒット商品を生み出そうすることは、暖簾に腕押しというものだ。[27]

これらの組織は、認知における違いを賞賛するだけでなく、それが問題解決にとって必要不可欠であるのだと見なしている。そしてマネジャーは、雇用や人員配置を認知の多様性を最大化すべく自覚的にデザインしている。NDIでは認知の選好において対照的な「ペア」で雇用をする。たとえば、非常に合理的で論理的で分析的なデザイナーは、色や審美的なリズムや純粋なフォルムに熱心なデザイナーとペアにしてバランスをとっている。もしある年に片方だけ雇うのならば、翌年はペアのもう片方を雇うのである。

同様に、ゼロックスのパロアルト研究所（PARC）では、PARCアーティスト・イン・レジデンス（PAIRと略されている）という特別プログラムによって、認知の多様性を科学者の聖域に導入すべく企画された。このプログラムはアーティストと科学者を組み合わせるものである。アーティストたちはソフトウエア技術にどのような興味を持っているかで選考され（このことで科学者と共通の言語を持つことになる）、関心が一致する科学者と組み合わせられる。このプログラムはまだ日が浅く、PARCがアーティストの存在によってどれほどの利益を得ているかは明らかではない。しかし、このプログラムを立ち上げたリッチ・ゴールド氏は、研究者の間でボキャブラリーや視点に変化があったと述べている。「何が科学たりえるのか、興味深い研究とは何か、という問題について科学者たちが幅広い視野を持つようになる。審美眼はユーザー・インターフェースの問題の一部であるが、科学者たちはその問題の基本的な部分により深く注意するようになっている」。

インターバル・リサーチでも、マネジャーは、サブカルチャーや認知スタイルを割ったり混ぜたりすることで研究環境の雰囲気を一新し、長期雇用による無菌状態を避けている。また、マネジャーは、サバティカル（長期の有給休暇）の研究者の訪問やその他いろいろな背景を持つ訪問者を招いている。

問題解決のアプローチを多様にするこれらすべての努力の根底にある前提は、認知の多様性が創造性を刺激するということである。後に説明するように、同じマネジャーはこの知的多様性をマネジメントすることに相当の努力を払っているのである。

### (3) ツールと方法論における選好

署名スキルの三つ目の要素は、方法論的アプローチ（しばしばあるツールに具体化されている）に対する選好である。この選好は、他の二つの要素から導き出されるものであり、また他の二つと相互依存するものである。一九八〇年代中頃の大きな電機メーカーの研究所やエンジニアリング部門は、電気器具を入れるケースのデザインをしてきた工業デザイングループのメンバーにCADツールを導入した時に、好みの方法論に基づく問題解決アプローチの違いが厳しい状況を生み出した。グループのうちエンジニアリングの技術者としての訓練を受けてきたメンバーは最終形に至るまで徐々に改善していくような漸進的なデザイン手法に慣れていた。芸術的なバックグラウンド出身の工業デザイナーは、いろいろな選択肢をできるだけ長い間残しつつ、ラフな（ある部分の詳細を拡大したものを含む）フリーハンドのスケッチをした。そして彼らはあり得るデザインすべてを描き、それぞれの最高の特徴を選んで、コンセプチュアルな有機的全体へと統合していた。

エンジニアリングの訓練を受けたデザイナーは、CADシステムが彼らの直線的な問題解決の方法に順応していたので、苦もなくそれを受け入れた。それとは対照的に、アーティストはCADシステムによって、一度に一つのデザインをつくるようにその方法論を一変させられた。結局はアーティストたちもCADを使ったが、彼らにとってそれを採用することは気乗りしなかった。そしてその転換の後でさえも、彼らはその新しいツールによって強要されたような思いを続けていた。同じタスクをこなすにしても、アーティストは右脳よりであり、技術者は左脳よりであるという研究結果が出ている[28)]。つまりアーチストは、より直観的で感知的であり、エンジニアはより知覚的で判断的であるのだが、CADツールは後者の持つ左脳に基づく方法論にとってはるかに適合するものであった。

方法論の選好もまた、それまでの訓練から導き出されるものである。すなわち、それが客観的にメリットのない選択であっても、身につけたツールを使えば快適である。歯科医が治療に使う金属を、学校で学んだことによって金にするか合金にするかということに熱情を持っている[29)]。これは、素人には驚くべきものである。どちらのグループも説得的な議論はするだろうが、科学的な証拠に基づいて「正しい」金属があると議論することは難しい。この選択は個人的な選好――そして信念の強さ――に依存するのだ。明らかに、歯科医が一方の金属を好んで使うことが多いほど、彼らはその金属の使用により熟達するようになり、よりその個人の署名スキルの一部となるのである。

## 4——専門性・認知の多様性・方法の選好のマネジメント

右で挙げた例のすべてにおいて、統合の活動が重要であることがわかる。煙突のような縦型組織における専門家たちの知識統合のためだろうと、技術融合を前提にした新会社の設立だろうと、たんなる複雑な新製品の生産だろうと、その重要性は変わらない。今日では、たとえ我々が多様な署名スキルの困難さを避けようとしても、選択の余地はほとんどない。よく調べてみれば，身の回りの製品はますます複雑さを増し、さまざまな専門知識を利用しているという日常の観察が正しいことがわかるだろう。製造工程が継続的な流れ作業に変化するにつれて、かつて単独で用いられていた装置同士が関連性を持つようになっている[30]。そして、病院のオペレーティング・ルームの装置から自動車まで、ますます多くのハードウエアが、いろいろなソフトウエアを持つようになった。新しい製品をつくるには、ソフトウエアそれ自体異なるタイプのものがミックスされてつくられている。一口にソフトウエアと言っても、(それは一つのマインドセットを網羅する前提に立っているが）開発者がどのように「コンピュータに近づく」かには、大きな違いがある。たとえば、OSをデザインする者がいる一方で、コンパイルする者がいたり、ユーザー・インターフェースをつくる者がいたり、アプリケーションを作る者がいたりするという世界なのだ。また、アプリケーションの世界でも、マイクロソフトの例で見たように、表計算ソフトを制作している者は、ゲームを開発している者より、非常に異なる署名スキルをより多く持っている。

メンバー同士の対立そのものはたいてい起こる。したがって、そうした軋轢を確実に創造的なものにすることがマネジメントの仕事なのである。技術融合において魔法のような助産術に成功した製品チームは、たいてい熱狂的な体験をしている。「それは、一番大変な仕事でしたが、かつてないほど楽しい経験でした」。あるエンジニアは、異なる技術を用いた製品開発プロジェクトについて語った。「私は、彼ら（他の技術スタッフ）のことをほとんど知りませんでした。それなのに、私たちはビールを一杯飲む間に、これまで一年間かけて出たよりももっと多くのアイデアを出し合ったのです」。

結論を言うと、そうした経験は、企業にとっても、個人にとってもたいへんポジティブなものになり得る。ただ問題は、マネジャーにとって、どんな統合メカニズムが存在しているかということである。

この困難なプロセスに意識的に対処しているマネジャーは、必ず起こるであろう摩擦を確実に創造的なものにするためにさまざまな戦略を利用している。以下のページで、(1)専門性、(2)認知スタイルの選好、(3)選好された方法、の三つに再び焦点を当てながら、我々はそれらのメカニズムを検証する。

## (1) 専門性のマネジメント

深い専門知識をベースにして仕事をしているメンバーから成る集団は、異なる「言語」を翻訳し、対立する視点を個人的な諍いにしないことを奨励するメカニズムが必要である。その翻訳者は、集団のメンバーかマネジャーが相応しい。

### ①T型スキルを持つ人々

人は経験を積んで成長するにつれて、外見上対立する署名スキルを身につけ始める場合がある。そういった人々は、まったく異なる知識を統合するマネジメントを行う際、とても有用である。というのも、彼らは二ついしそれ以上のプロフェッショナル「言語」を話すことができて、異なる視点で世界を見ることが可能だからである。彼らは、T型スキルを持っているのだ。T型という言葉は、もともと、システムに焦点をあてた研究と開発チームの重要なメンバーの能力を記述することに端を発している。

彼らは、特定の技術領域における専門家というだけでなく、特定のタスクに対するシステマティックなインパクトをも身につけていた。彼らは、セラミック素材に関する深い知識を有していたが、これは「T」の垂直の棒を表している。その一方で、これらのセラミックの専門家は、ポリマー加工といった、他のディシプリンといかに結びつけていくかも知っていた。これが「T」の横棒にあたる[31]。

問題解決が異なる深い知識を要したり、そうした深い知識を応用するにあたって連結したりする際は必ず、T型スキルが明らかに必要になる（**図3—3参照**）。こうした知識の保有者は、自分の知識を問題に合わせて適合できる。知識を応用するさまざまな経験を積むと、彼らは多くの知識をまとめたり、有機的に働かせたりする能力を身につける。

右で引用した研究で、イアンシティーは、優れた業績を上げている企業では、T型スキルを持ったチーム・メンバーがシステム志向のアプローチを実行していることを示した。これらの企業では、同じビジネスで競争するライバル社の三分の一のエンジニアしか必要とせず、プロジェクトも平均二・六年ほど早く遂行していた。

もし、T型スキルを有する人がそうした競争優位の一部であるとしたら、彼らはいったいどこにいるのだろうか。たいていの組織では、T型スキルは、意図的な施策としては生まれておらず、個人が、ある種リスクを持って自ら周辺的なキャリアを追い求めることから生まれている。[32]普通、組織はI型スキル（Tの幹にあたる深い専門知識）を身につけるようにインセンティブを与えている。結果的に、社員はそれまでの専門知識を深めるように駆り立てられ、

**図3－3◉T型スキル**

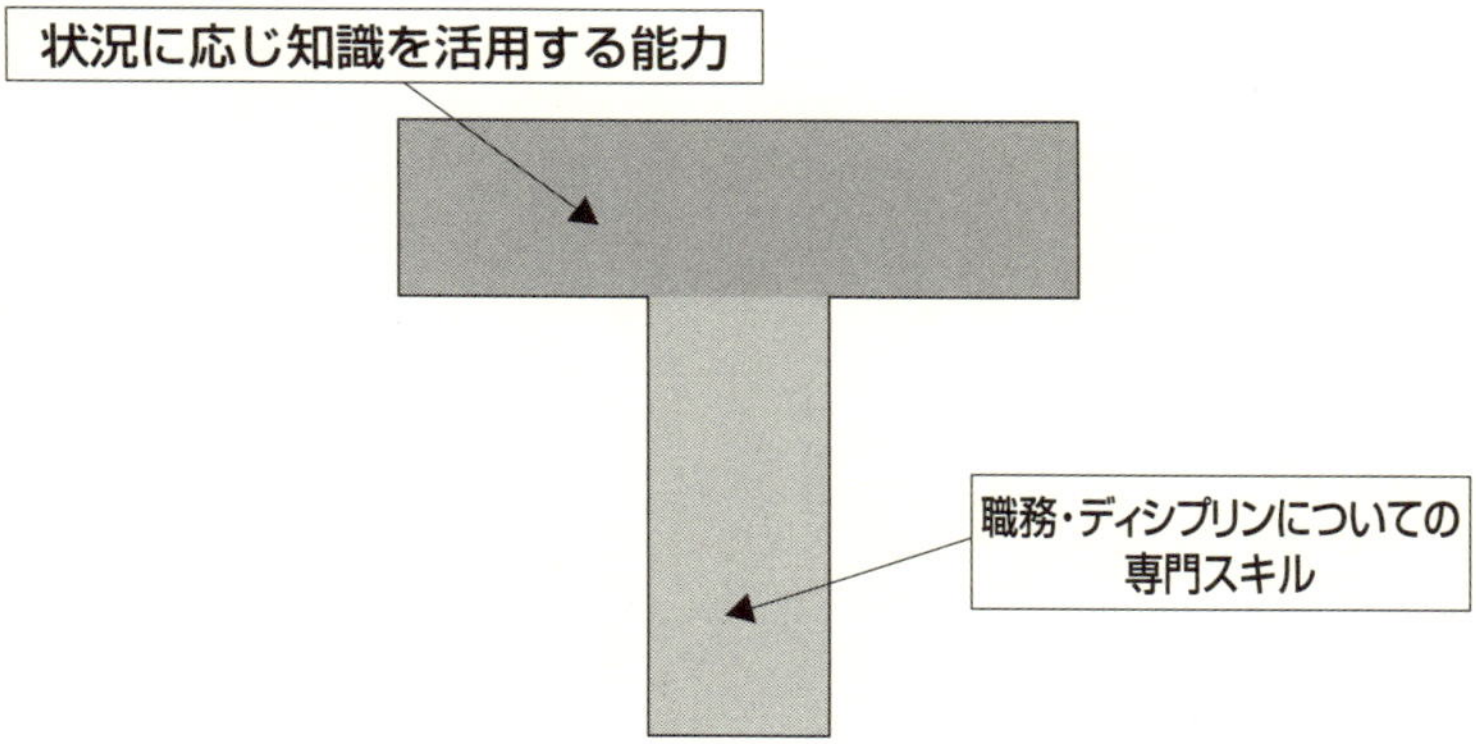

たちに対して明確なキャリア・パスを提供していない。

しかし、創造的な問題解決には、深い知識に対する報酬と、それらの応用ないしはスキルの統合に対する報酬とのバランスが必要とされる。イアンシティーは、システム志向の企業は、意図的に従業員のキャリアに広がりを持たせることで、T型スキルを生み出していることを見いだした。もちろん、Tの横棒しか持たない、つまり何の深い専門知識も持たないゼネラリストを大量に生み出してしまう危険性はある。ある企業のマネジャーは、このような可能性を危惧して、製品開発を職能横断型チームに移行させた。しかし、このチーム制自体が新製品開発における最新の大きなイノベーションであるという理由で、職務の割り当ては二の次と見なされてしまった。従業員たちは、開発チームに従事した後、いやいや職務の「ホーム」に帰って行った。というのも、そこでの活動はそれほど高く評価されていなかったのである。そこでマネジャーは、チーム・メンバーが一定期間各職務に帰って行って、職務のスキルをリフレッシュする（Tの幹を伸ばす）ことを決めた。その期間、チーム・メンバーは、ベンチマークの対象となり、スキル強化のプロジェクトに参加するようにもした。今度は、元の職務に帰ることを島流しとは見なさずに、自分のスキルを磨き直すよい機会だととらえ、次のチーム配置に備えて自分の価値を高めるように努力をした。

しかし、T型スキルを開発するにあたって、もっと危険なことは、日常的な緊急の仕事のプレッシャーから、マネジャーが、T型スキルの持つ意味をあまり考えずにその時に実働可能な社員をプロジェクトに配置してしまうことである。そうしたスキルが非常に価値のあるものだとわかっている場合、マネジャーは、Tの縦棒と横棒のバランスの観点から社員の配置について考える必要がある。

### ②A型スキルを持つ人々

稀ではあるが、その人の中で技術融合に成功する人もいる。T型スキルは，一つの深いディシプリン（＝幹）内の深いノウハウと、それをいかに他と相互作用させるかについてのより表層的な知識（＝クロスバー）を意味していた。しかし、ある人たちは二つ以上のディシプリンを実際に学び（三つ以上は普通いないが）、二つのディシプリンの「足」を持つことになる。通常、そうしたスキルは時間をかけて得られる。マイクロソフトのマネジャーであるコードリーは、マルチメディアの創造に向けて、「クロスオーバー」した人を探している。一つの知識（たとえば音楽ないしは美術）を根幹とするディシプリンを有し、そして長年ＯＪＴで別のディシプリン（たとえばコンピュータ・サイエンス）を学んだ人などがこれに相当するだろう。しかし、技術融合が規範となっている環境では、バイリンガルになる者が確かにいるかもしれない。

### ③マルチリンガル・マネジャー

多様性を持った創造的集団では、マネジャーが組織の接着剤となる。彼らのうちの何人かは、自らを「スキゾフレニック（分裂症的）」とか「マルチリンガル」と述べている。彼らは、二つ以上の専門領域を操り、そしておそらく二つ以上の認知スタイルを用いる能力を持っている人たちである。NDIのハーシュバーグは、アーチストのみならずエンジニアとしても教育を受けた。彼が好むモードはアーチストのものだが、エンジニアのアプローチをとてもよく理解している。パロアルト研究所長のジョン・シーリー・ブラウンは、コンピュータ科学者として教育を受けたが、ここ数年、人類学者や歴史家の方法を懸命に独学で学んでいる。彼が言うように、「会議に参加する各グループの思考法を自らチェックする所長がいてもよいでしょう。というのも、ここで重要なことは、疑いを持たずに積極的に耳を傾けることなのです」。

マネジャーは、率先して対立するグループに介入できなければならない。しかし、それは、差異をなくすためではなく、エネルギーをポジティブな方向へ向かわせるためでなくてはならない。差異の上辺を取り繕い、表面的な平和を求めるようなグループは、たいてい創造的ではない。マルチリンガル・マネジャーは、それぞれ違った方法で介入をしているが、しかしいつも意識的に、参加者が議論のプロセスと内容の両方に焦点を当てるよう奨励している。[33]

マイクロソフトのコードリーは、ソフトウエア開発者とスクリーン・デザイナーに、彼らにはお互いにいくつか類似点があることを自覚させることで、潜在的な創造性を高めるように奨励している。たとえば、両者は共に変わった空想力を持っている。また、彼らはたいてい若い頃にそうした自分たちの特別な才能を認識する。そして彼らは皆、細部までコントロールしたがる完全主義者といった類似点がある。彼らは、自分の標準を満たすものでないと満足しないのだ。

## (2) 認知スタイルの多様性のマネジメント

認知スタイルの選好によって，人は特定の専門性を選ぶ傾向がある[34)]。しかし実は、ディシプリンと選好されたスタイルの必然的対応関係はまったくない。また、そうした認知的選好が職務上の地位と関連もしていない。したがって通常、認知スタイルの多様性は、明確に規定されず議論されていないし、また意識的にマネジメントされていない。しかし、そうした差異を実際に容認し、従業員をコラボレーション能力によって選択し、争いの仲介を手助けするプロフェッショナルを有しているマネジャーたちもいる。

### ①認知スタイルの違いの容認

ＮＤＩでは、初期の従業員は「パーソナリティ分析」テストを受けていた。それは、認知選好を四つのタイプに分け、色をつけてグラフィカルに表すものである。そのテストを受けた人は、自分たちの選択がどのような個人的好みを反映しているかわかる。たとえば、合理的な理由づけを好むか直感的アプローチを好むかなどが把握できる。そうしたパーソナリティに関する診断テストは多数ある。ハーシュバーグは、その問題に関して次のように指摘している。「社員が受けたテストは、精神医学の観点から見れば本格的なものではありません。それには限界があります。けれども、私たちにとってそれは、それぞれがまったく違う存在なのだという事実に対してオープンになることを手助けしてくれますし、違いからくる緊張をかなり緩和してくれます。良い悪いといった問題ではまったくないのです」。彼自身を例に取ると、自分の組織のメンバーの認知的な違いに気づくまで、彼は、直感的な結論に対して警戒心を抱くグループ・メンバーから受け取ったメッセージを彼らは創造的でないと誤解する傾向があると説明する。けれども「自分は間違っていました。彼らは、たんに私とは違う思いを抱きながら会議の席に着いていたのです」。ハーシュバーグのような「右脳」志向のマネジャーは、「左脳」志向のチーム・メンバーと衝突するが、後者は選択肢について熟考し、論理的に筋道を立てる時間が与えられれば、問題解決に重要な貢献ができるということを発見した。

NDIでは、「パーソナリティ分析」のカラー・チャートを自分の机の上に貼るという変わったやり方でそれぞれの認知スタイルの選好を提示している。このように多様性を明示してしまうことは、明らかに危険性がある。たとえば、社員同士が先入観を抱いたり、ステレオタイプを当てはめたり、反対する人を排除するために用いられるといった恐れがある。しかし、創造的摩擦を刺激しようとするマネジャーは、社員たちはそうした誤った使い方から自分たちを防ぐことができるし、認知的多様性をオープンに容認し受け入れることは、「殻に閉じこもらない」思考ができると論じる。そうした思考は、「最高の議論ができる」ように、グループの直感志向のメンバーをサポートすることが多い。

実際には、空間の使い方や飾り方でその人の認知的スタイルの選好がかなりわかるので、公式に違いを明示することはたいてい不要だ。たとえばマイクロソフトを訪れると、開発者のスパルタ式の厳格な部屋（ホワイトボードとデスクトップ・マシンがある）と、子供のように散らかったデザイナーの部屋の違いに気づかざるを得ない。極端な場合には、あるデザイナーの部屋はおもちゃ箱のようである。そこは、ありとあらゆる場所（天井も含めて）が、トランプなどのカード類、プラスチック製の脳みそ、水鉄砲、人形、紙の傘といったおもちゃで飾られている。このオフィスは、明らかにだれかが勝手気ままに遊ぶためにある。そうした社員を評して、コードリーは言う。「彼らの想像力は効率性に縛られていないから、成長し、新しいものを世に送り出すことに目が向けられているのです」。

### ②採用と選択

専門性や異なる認知スタイルを超えてコラボレーションする能力は、履歴書では前職の記述や特定のレジャーの好み以外、おそらくわからない。マネジャーは、たいてい、綿密なインタビュー（これは人事部が行うものでないことが多い）の間に探り当てていくものである。チャパラルでは、従業員は、学ぶ意欲と能力だけでなく、対人コミュニケーション能力でも採用されている。インターバル・リサーチの所長、デビッド・リドルは、採用について「主な特徴は、高いコラボレーションと相互作用の能力だ」と語っている。個人用金融計画ソフトのクイッケンで一気にトップを狙うソフト会社、インテュイットでは、ソフトウエア・エンジニアは、進んで直接顧客と仕事をしなくてはならない。というのも、ユーザーのニーズを創造的に理解することはインテュイットの競争優位だからである。したがって、創業者のスコット・クックは、事業を開始した時から、積極的に製品がユーザーの手でどのように使われているかを見ようとする開発者を探していた。インテュイットの開発者も、やはりユーザーの変わった癖や、設計中の苦情から逃れていたわけではない。彼らは進んでユーザーたちの前に座り、初めてクイッケンのプロトタイプを使うナイーブなユーザーを観察し、もっとユーザー・フレンドリーなプログラムにするために提案やアイデアを受け取らねばならなかったのだ。

NDIでは、デザイナーとエンジニアは、確固としたアイデンティティをどの程度持っているかということと、文化（日本とアメリカの）を超えて働く関心があるかで選ばれている。会社が有名だからということに充足している社員もいるが、そういう者は、曖昧さや不確実性や、創造的摩擦が生む軋轢などがある環境では幸せでないように思える。NDIのハーシュバーグは、「私たちは彼らを採用する時に『もし自分の裏庭のフェンスを乗り越えないままなら、ここはたぶんあなたにとって幸せな場所にならないでしょう』と言っています。私たちは、フェンスを乗り越え、芝生に入って、下らなくて突拍子もないものであっても、自分のビジネスをどう進めていくかというアイデアを思いつく人材を求めているのです[35]」。

### ③外部から訓練されたファシリテーターを調達し続ける

創造的摩滅を意識的に先導するマネジャーは、しばしばファシリテーション（訳注：コミュニケーションの流れをスムーズにすること）の訓練を受け、組織をよく知っている者を招いている。こうしたファシリテーターに、お互いにコミュニケーションやマネジメントが困難なスタッフたちは、声をかけることができる。というのも、彼らは正社員ではないので、客観性を保ち、何ら先入観なしに争いを仲介することができるのだ。そうした人たちは、対立しがちな会議をスムーズにし、社員の相談に乗り、時には組織の現状についてオープンな議論のとりまとめ役になったりする。

## (3) ツールと方法論の「宗教戦争」に関するマネジメント

特定のツールや方法論に対する選好は認知スタイルや専門的スキルと相互関係にあるので、人は特定の方法論を宗教に近い熱心さで弁護することがある。以下に示すように、時としてまったく異なる専門分野からの「見馴れない」方法論を紹介することによって、問題に対してフレキシブルにアプローチする態度は促進することができる。そうでない時は、マネジャーは、方法論の拠って立つ基準そのものを変えなければならない。ソロモンの窮地（訳注：ある一人の赤ん坊を二人の女性が自分の子供だと主張していた際に、ソロモン王が「その子供を二つに切り裂いて半分ずつ渡す」と指示し、可哀想だと手を離したほうを母親だと判断した話）のようなケースでは、最良の戦術は議論の基礎をシフトさせることであるのだ。

### ①見馴れない方法論を料理の調味料と見なす

インターバル・リサーチでは、マネジャーのデビッド・リドルは、見馴れない方法論がチーム・プロジェクトの中に融合していくことを、料理における調味料のようなものと見なしている。

エスノグラファー（訳注：人類学者のように異文化を直接し記述する研究者）、認知心理学者、製品設計に興味がある人、キャラクターや物語に興味があってそれを理解する人、研究上のビデオ撮影者、高品質な物理デザインに興味がある人、生成アルゴリズムや複雑系に興味がある人、等々。これら七〜八種類の人々は、このへんではかなり目立っている。というのも、彼らにコンサルティングを受けたい、できたら自分たちのプロジェクトに引き入れたいという者が大勢いるからである。こうした人材は、進んだプロジェクトでは、前菜ではなく調味料になってくれる。その成分は、本当にとても大事なものだ。調味料が許されないような不毛の地では、新しい仕事を満足にやろうとしても無理なのだ。

ゼロックスのパロアルト研究所では、非常に難解なトピックについて、哲学者や人類学者も交えて研究を進めている。哲学者がどんな貢献ができるのか問われて、担当マネジャーのグレゴール・キクザイルスは、次のように説明する。

オブジェクト指向がコンピュータのあり方を変えるだろうと多くの人が言います。オブジェクトは人間の思考法や見方にとってより自然なもので、………もちろん、世界がオブジェクトによって構成されているかどうかは、今やとても開かれた議論になっています。あなたが私のオフィスのような世界にいるとしましょう。その世界は主にオブジェクトによって構成されています。ペンやクリップボードのようなものは、オブジェクトに埋め込まれているのです。けれども、あなたが八月のサンフランシスコに行って、橋にかかる霧を眺めるなら、それはさまざまに形態を変え、時として橋は姿を隠すかもしれません。……私は、だれか別の人がオブジェクトのセットを見たところで、違うセットを見るかもしれません。……オブジェクト指向のプログラミングについて研究しているコンピュータ・サイエンティストたちは、何が「正しい」オブジェクト構成なのか、懸命に議論を重ねてきました。……このグループが最初の段階から得たものの一つは、「正しい」オブジェクト構成などというものはあり得ないということです。これは、哲学者とのコラボレーションから学んだことがある程度影響しているようです。正しいというのは何か目的があってそれに適っているかどうかであり、あるいは、世界の記述法――これは哲学者が世界をオブジェクトに組み込むと言っているものです――が自分の視点に元々備わっているから正しいということなのです。[36)]

ゼロックスの別のプロジェクトでは、人類学者が同様の役割を担っている。このプロジェクトでは、人間がいかにして「サイバースペース」を理解するのかに焦点を当てている。たとえば、コンピュータ上の共通の作業空間を共有するバーチャル・スペースがあり、ビデオや音声や映像などのデータが伝達できるようになっている。たとえば、廊下でばったり会ってする話が、創造的な問題解決の重要なソースだと認められているが、人はいかにしてそれを行うのか。コンピュータ・サイエンティストたちの方法論では、そうした課題は解けないが、人類学者は、従来の文化へ新たな条件が加わった時の人間の相互作用について考察する教育を受けている。

このようにまったく違った方法論を導入することは、問題解決の落とし穴を明らかにしてくれる。見慣れないサブカルチャーから来た者はうるさく批判し、自己満足の風船にちくりと針を刺す。しかし、まったく馴れない方法論的アプローチへのチャレンジは、専門性内で噴出する、血生臭い方法論の戦争を引き起こすことではない。たとえば、歯の治療にはどの金属が適しているのか――ニッケルか合金か。このタスクに適しているのは、どのコンピュータ言語か――C++か、LISPか。どのようなカウンセリング・テクニックが治療にとってベストになるか。この部分を溶かすべきか、機械処理すべきか、等々。

## ②ディベートの語彙をシフトする

意見の違い（署名スキルの違いに基づく）がプロジェクトの進捗を遅らせたり、脱線させたりする危険がある時、マネジャーは、何らかの標準的なアプローチを用いて、それを解決しなくてはならないかもしれない。部下たちは嫌がるかもしれないが。対立する技術的な方法論の戦争を解決するのに役立ちそうなテクニックの一つは、ディベートの枠組みを変化させることである。たとえば、タベンポートとハマーとメティストは、五〇の巨大組織における情報技術の選択を研究した結果、最も効果を上げている企業のマネジャーは、企業がどのように長期間情報技術を用いていくかについて、二つないし三つの基本原則を明示していると結論づけた[37]。技術に基づいた言葉から戦略に基づいた言葉に移すことで、マネジャーは、選択の基準を明らかにしたのだ。同様に、方法論選択の基準を純粋に技術的なものから、プロジェクトの目的に添うものに変化させることで、マネジャーは、緊張を和らげ、摩擦を創造的エネルギーに転換できるかもしれない。

## 5――創造的摩擦のための署名スキル・マネジメント

これまで述べた、専門や認知タイプやツールの選好から生じる、異なったアプローチに対処するためのメカニズムに加えて、製品ないしプロセスのプロトタイプと明確なプロジェクトの目標という、二つのマネジメントの梃子が、プロジェクト・チームにおけるすべての知的境界線（コミュニケーションの障壁が何に由来していようと）を超えるのを手助けする。第5章で、我々は、実験的な活動としてのプロトタイプ化というトピックに立ち返り、その活動を実行する異なったやり方について考察する。この節では、異なる署名スキルを持つ人々が共に創造するための、コミュニケーション装置としての物理的モデルないしはプロトタイプ自体に焦点を当てる。

### (1) 境界間を架橋するオブジェクトとしての物理的プロトタイプ

問題解決の共有の最もニュートラルで刺激的なメカニズムの一つは、プロダクト・モデルないしプロトタイプである。なぜなら、それは「境界架橋オブジェクト」として役に立つからである。[38]このオブジェクトは、「自在に局所的なニーズに応用したり、所属団体を拘束したりするが、場所を超えて共通のアイデンティティを保持する程度には堅牢さも持つ。それらは社会によって異なる意味を持つが、その構造は、いずれの世界において認識可能で、翻訳の手段になる」[39]。ソニーのウォークマンの開発プロジェクトにおいて、チームを率いるエンジニアは、仲間たちに小さな木のブロックを差し出し、それと同じかもっと小さいサイズのカセット・プレーヤーをつくる困難さにチャレンジするように頼んだ。次世代のウォークマンは、その小さい木片によって表現されていた。その究極の目的は、カセットそれ自体と比べて最小限の大きさしか持たない音楽再生機であったのだ。しかし、いくつかの理由で、木のブロックはプロトタイプ化のごく一例である。開発者が境界を架橋するオブジェクトとして利用できるモデルないしプロトタイプは、二次元のスケッチから動作可能な製品やすでに使用された製品など、範囲はかなり広い。大雑把な物理的表現として、木のブロックは、そうしたオプションの中では原始的部類に属する（図3―4参照）。

第二に、これがさらに重要なのだが、技術上の問

**図3－4◉モデルとプロトタイプ**

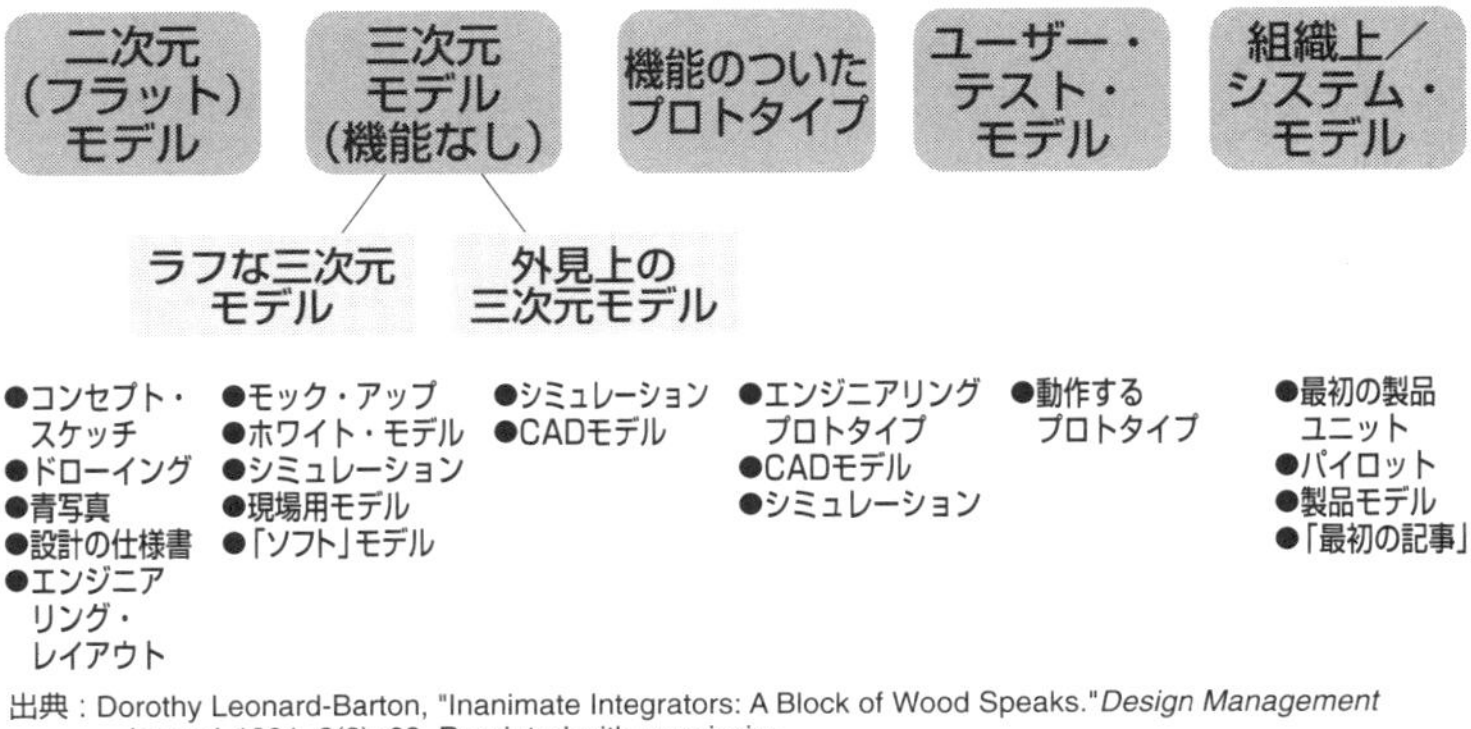


出典：Dorothy Leonard-Barton, "Inanimate Integrators: A Block of Wood Speaks." *Design Management Journal*, 1991, 2(3): 62. Reprinted with permission.

題解決を刺激するための、エンジニアリング・チーム内のツールとしてのみ役に立つのではない。たとえば、ホェールライトとクラークらは次のように述べている。「サイクルをプロトタイプ化することは、多様な職務の人々を集め、進捗度を定め、別の解決策がどのように働くかを考える素晴らしい機会を与えてくれる。要するに、プロトタイプ化は重要な手段であり、それによって、職務を横断した議論や問題解決が可能になり、職務間の統合が可能になる」[40]。さらにマイケル・シュレイグ（訳注：コラボレーション研究で有名な技術評論家）は、次のように述べる。「革新的文化においては、プロトタイプは、効果的に組織のメディア・フランカ（訳注：フランク族のメディア。ここでは汎用性があり、組織で共通したメディアのことを指している）になることがある。これは、情報と相互作用と統合と、そしてコラボレーションにとって必要不可欠なメディアである」[41]。プロトタイプが技術コンセプトをテストすることだけに使われて、境界を越えた問題解決のためのコミュニケーション手段として用いられない場合、開発者は、創造的摩擦と統合のための大きなチャンスを逸してしまう。さらに、プロトタイプは物理的ないしビジュアルなオブジェクトであるから、特別な訓練を受けていないが曇りのない眼で「専門家」の判断よりも一般的な反応を予見できる人とコミュニケーションすることが可能になる。

ＧＭでデザイナーとして働いた日々を回想し、ハーシュバーグは次のようにコメントしている。「ＧＭでは、何にもまして「プラットフォームに載った車」が重視されていて、すべてがその周りを回っていました。けれども、開発チームの外の人間はだれも、粘土でできたプロトタイプを見たり、それについてコメントしたりしたことがなかったのです」。ＮＤＩでは対照的に、新製品がプロトタイプの段階になると、製品に関心を持つだれでも、すべての人が自由にやって来て、コメントすることができる。「秘書やメンテナンスの工員や販売店の店員、本当にだれもが」デザインの批評に参加できる。こうして平等に集まった専門家でない者も含んだ多様な人々の観察は、結果として苦労も多いが、役に立つ可能性がある。ハーシュバーグは、秘書のキャシー・ウーが新車の展示会場に着いた時のことについて語る。彼女は車を眺め、遠慮なく言い放った。「これは間抜けなルックスですね」。デザインに関して「イェー！」というかけ声を連発してきた、デザイン・チームのメンバーは、「お互いに顔を見合わせ、自分たちが自惚れていたのを理解した」そうだ。彼らはオフィスに逃げ帰り、ドローイング・ボードの前に戻って行った。そして三カ月後に、感謝の意を表してミズ・ウーを呼んで、一緒に新しいデザインを祝ったのだった。

## （2）明確な目標

創造的なエネルギーに焦点を当てるためのマネジャーの最も強力な味方は、非常に明確なプロジェクトの目標である。デザイナーやソフトウエアのコード開発者と共に仕事をしながら、マイクロソフトのコードリーは、それらのグループに「どんな製品になるのか、それは何か、どのような価値を提供しようとするのか、どのようにユーザーはかかわってくるのかというビジョン」に立ち戻って仕事をするように指示する。形態と機能は共に必要不可欠なものだ（訳注：建築界の有名な言葉「形態は機能に従う」を捩ったものか）。「もしマシンがだれも住めない家のようにゴージャスなものなら、そんなのは馬鹿げています。もしすごいプログラムや機能があっても、使い方を知らなかったら、そのマシンは使えません」とコードリーは主張する。その二つのスキルは、「ビジネスのなかにロック・インされている」。

すべての新製品開発のプロジェクトは、潜在的に、二つの相互依存的な目標を持っている。一つは製品そのものであり、もう一つは新製品開発プロセスの改善である。この二つに必要なのが、製品コンセプトとプロジェクトを導くビジョンである。製品コンセプトはチーム・メンバーをガイドし、顧客のためのプロジェクトの成果物についてのさまざまな決定をコーディネートしてくれる。プロジェクトのビジョンはチーム・メンバーをガイドし、開発組織のためのプロジェクトの成果物についてのさまざまな決定をコーディネートしてくれる。この二つを心にとめておくことで、アウトプットとしての設計と、プロセスとしての設計の両者に関して、多くの相互依存的な決定を行うことができる。

### ①製品コンセプト

公式に製品コンセプトが認められると、「顧客の視点から製品の性格を定義することができる」[42]。新製品を開発するさまざまな下位グループは、顧客が製品をどのように使うかに関してさまざまな視点を持っているので、共通のビジョンはメンバーがデザインの細部の決定をするのに役立つ[43]。低予算で一番よく売れる車をつくるという課題を、一九九四年の「マスタング・チーム」（総勢四〇〇人からなる）のデザイン・チームが課せられた時、彼らは顧客にアピールするイメージについて議論した。筋肉隆々の「ランボー」や、もっと文化的な「ブルース・イェナー」を思いついた後、彼らは「無骨だが文化的な」[44]「シュワルツネッガー」で合意に達した。この巨大な「チーム」のそれぞれのメンバーは、グリル、ドア、トランク、フロントガラスなど、車の特定の部分について、日常的に次々と小さな決定を行っていった。それぞれのディテールは、最終製品のルックスやフィーリングなどに影響を与える。キム・クラークと藤本隆宏が言うように、「明確なコンセプトを持ったリーダーのいない民主主義は、特色のある製品の最大の敵」である[45]。たとえば、もしマスタングのエンジン音やパワーが「ランボー」のイメージで設計されていたら、別のグループが「ブルース・イェナー」のイメージで開発したインテリアとフィットしなかっただろう。このように、製品コンセプトは、設計に関するさまざまな決定に焦点を当て、多様な視点を束ねてくれる。最終製品を設計する現場の技術スタッフがそれを持っている場合、それは統合役兼ガイド役になってくれる。

**②プロジェクトを導くビジョン**

実験とイノベーションの機会を与えることによって、開発プロジェクトは、新製品の開発マネジメントにおける進歩の原動力として役に立つ。しかし、そうしたプロジェクトは、通常、狂ったようなペースで(そしてたいていは危機的な雰囲気のなかで)指揮されている。驚くことに、プロジェクト・チームのメンバーたちは、自分たちの活動と、企業やコア・ケイパビリティとの結びつきをたいてい何ら感じていないのだ[46]。新製品開発やプロセス開発プロジェクト・チームの男女は、頭を使わず体だけ動かして働いているのだ。スケジュールどおりにイノベーションを調達することに追われて、彼らは、企業がそこから何を学ぶかについて考える時間を持っていない。結果的に、彼らはギリシャ神話に出てくるシジフォスのような気分になってしまうことが頻繁にある。シジフォスは、巨石を山の頂上に運ぶのだが、積んだ瞬間また石が下に転がり落ちてまた上まで運び、……これを永遠に繰り返すという刑を受けた。あまりに頻繁にそういうことがあると、開発プロジェクトの研究者やエンジニアは、精神的かつ物理的に相当の創造力を身につけても（これには相当な人件費がかかっている）、プロジェクトの終わりには結局、なぜ会社がその巨石を動かしたのか（あるいは本当にそうしたのかどうかすら）不思議に思い、また自分たちは間違った山に登って、自分がやった仕事は無意味だったと考えてしまう。それぞれの開発プロジェクトが違う丘に登っていっても、ほとんど、あるいはまったく業績を積み上げたことにはならない。このような場合には、どんな知識が生み出されても、あるいは各人（組織である必要はない）がどんな知識が集めても、プロジェクト間、個人間の相互学習はほとんどない。

五つの企業における二五のプロジェクトの研究において、ボーエンらは、成功したプロジェクトは「プロジェクトを導くビジョン」を有する傾向があることを発見した。[47] ここで言うビジョンとは、チームのアウトプットを、製品と、そのプロジェクトがその企業の知識に何をつけ加えているかという両方の観点から定義するものである。言い換えれば、プロジェクトを導くビジョンは、ビジネスの目的（例：ある製品ラインへの進出）と、企業が構築している重要なケイパビリティについて、どこに力を注げばよいか明示してくれる。このようにして、プロジェクト・チームのメンバーは、何が当面の目的であるのか、そして自分たちが貢献しているであろう知識の流れについて知るのである。明確なプロジェクトのビジョンは、製品コンセプトと同様、メンバーが日常的にさまざまな決定を行うのを「導く」と言えるのだ。これらのことは、たとえば管理の配置や材料の選択などの多くの問題に関して、制限と選択のトレード・オフのように見えるかもしれない。しかし、そうしたメンバーの下す決定は、個々の製品に重要なインパクトを与えるだけでなく、そのプロジェクトが企業の知的資本にどの程度貢献するかまで決めている総体的な問題なのだ。プロジェクトを導くビジョンは、またメンバーの士気を高める。チーム・メンバーは、それによって場当たり的でなく、もっと大きな目的を感覚的につかむことができるからだ。したがって、プロジェクトのビジョンは、技術開発に費やされた努力が企業と社員の双方にとって意味のあるものだと確信させてくれる可能性があるのだ。

たとえば、チャパラルが中ぐらい（一二〜一四インチ）の建築用ビーム（梁）を生産する工場の建設

**図3－5◉2つの目的を持つプロジェクト**

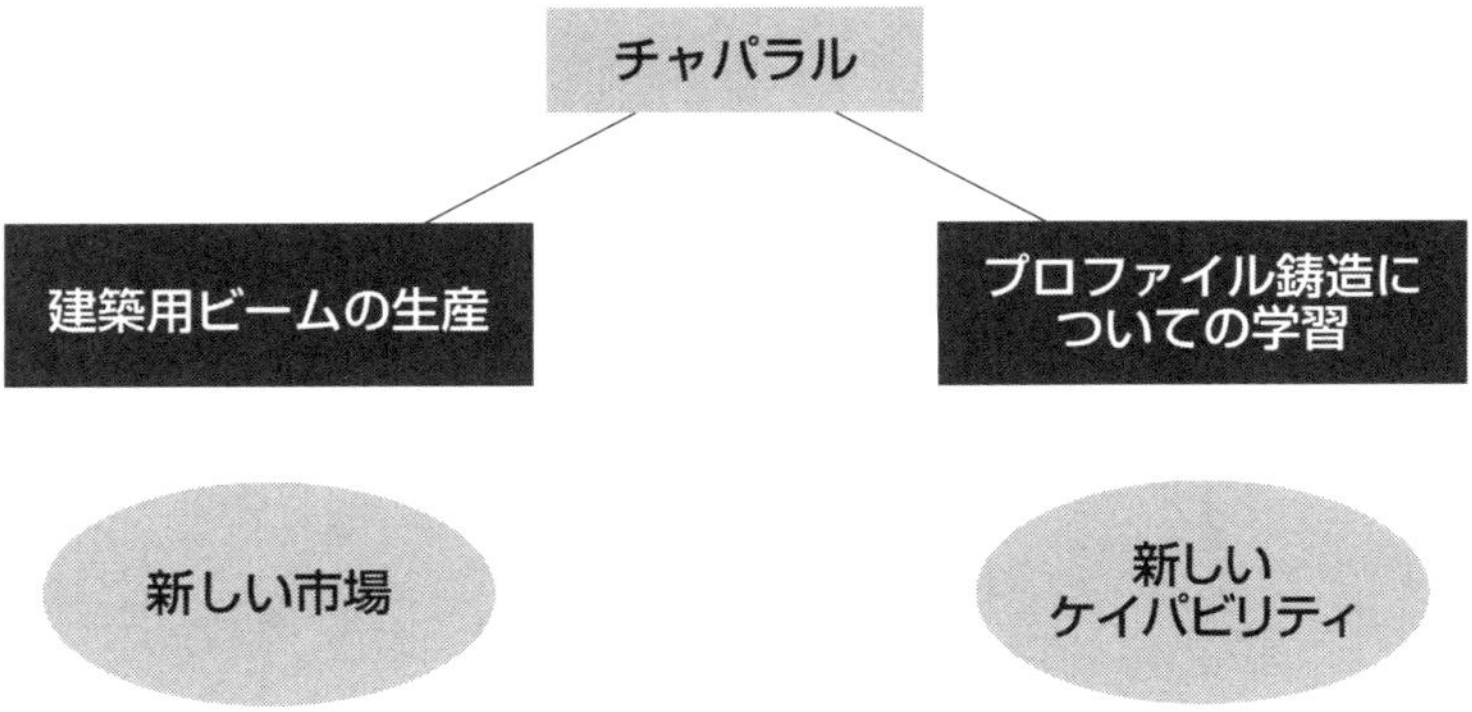

を決定した時、そのプロジェクトのビジョンは二つのパートからなっていた（図3―5参照）。一つは、新しいビームによって、チャパラルが新しいマーケットに進出するというものである。もう一つは、同社にとって「プロファイル鋳造」（通常の四角形ではなく、最終製品に近いI型の鉄を鋳造すること）を行う初めての試みというものだ。このプロジェクトの重要な目的は、新しいケイパビリティを開発することであった。その工場におけるビームの鋳造は、ギザギザの跡がついたまま鋳型から取り出すというもので、最終的な形にするための圧延に、特別なエネルギーを使う必要がなかった。このプロジェクトで得られた経験は、チャパラルが大きなビーム（一八から二四インチ）の生産に乗り出した際に重要なものになった。第1章で述べたように、大きなビームは、余計な圧延を避け、結果的に会社が設定したコスト目標を満たすように、革命的なまでに「最終品に近い形」で鋳造された。

## 6――要約

個人と組織の創造性は，問題解決に対するアプローチにおける、それぞれのバックグラウンドやトレーニングや個人的な選好によって制限されている。創造的摩擦は、コア・リジディティの解毒剤である。なぜなら、それはその時その組織においてどんな視点が支配的かを常に再検証する力となるからである。しかし、創造的摩擦は自動的に起こるわけではない。それは、その組織にデザインされるものである。いくつかの組織のマネジャーたちは、異なる署名スキルの多様で折衷的な混合を維持することによって、創造的摩擦を刺激するイノベーションに貢献している。この章で我々は、知的多様性の源として役に立つ署名スキルの三つの構成要素、つまり専門性、認知スタイルの選好、ツールと方法の選好について考察した。

組織内のエネルギーが非生産的な喧嘩ではなく、できるだけ創造的な知識構築活動に至るようにするため、マネジャーは、従業員間のスキルを統合し、それらのスキル自体を開発する必要がある。知的多様性のマネジメントや、物理的プロトタイプを用いてあらゆるソースを連結させるやり方や、プロジェクトの結果についての非常に明確なビジョンを共有することなど、統合のメカニズムの多くについてこの章で概観した。

次章で見るように、新しいツールと方法を活用することで、企業内に孤立した各々の知識領域の境界を取り除かなければならない。企業は新製品開発の創造を基礎にして競争しているだけでなく、より優れた知識プロセスを通じて競争しているのである。我々は次に、イノベーションとしての活用を考察する。

# 第4章

# 新しいツールの導入と活用

前章では、創造的摩擦に向けてマネジメントが行われた際、問題解決の共有が、新たな水準の創造へと飛躍させるものであると示唆した。本章では、学習に向けてマネジメントが行われた際、新しい技術プロセスの活用（implementation）により、たんなる効率上昇をいかに越えることができるかを検証する（**図4―1を参照**）。ここでは、例として外部から購入したプロセスやツールよりも、内部で開発したそれに焦点を当てたい。後者は企業特有の情報の具現化であり、潜在的にコア技術ケイパビリティに、前者以上に貢献するからである、貢献が潜在的であるというのは、専有するノウハウがコア・リジディティとなる恐れがあるからである。知識の独自性はそれだけでは価値を保証しない。さらに、「活用」が単なる計画遂行ではなくイノベーション行為と認識されていると、市場でだれもが得られるようなツールやプロセスの統合でさえも、競争優位の一環になる。

## 1――イノベーションとしての活用

第2章で述べた不運なジャンピング・リング・サーキュラー（JRC）がアルミ工場へ進出した話は、新たなツールの導入によって頻繁に起こる多くの問題（成熟していない技術設計から工員のインセンティブにおける不適合まで）を含んでいる。最初は成功すると思われていたイノベーションが失敗する唯一最大の要因は、「物理的に設置ができればそれで成功」だとする単純な前提を当てはめてしまうことによる。JRCでは、活用が知識創造やナレッジ・マネジメントの実践であると見なされていなかったのだ。

著者とシンハ[1)]は、アメリカに本拠を置く四社のエレクトロニクス大企業を対象に、社内の生産性を高めるソフトウエア・ツールを開発する三四のプロジェクトを調査した。この調査では、技術の品質とコスト、さらにユーザー環境との初期の適合性に加えて、プロジェクトの成功への各レベルと各タイプにおいて二つのマネジメント・プロセスが重要な要因となっていることがわかった。その一つは、システム設計と（開発者からユーザーへの）「配達」におけるユーザーの関与の度合いやタイプであり、もう一つは、プロジェクトの参加者が相互に適応するプロセスにおいて技術をどの程度変え、ユーザー環境に適応させたかということである[2)]。

この二つのプロセスは本質的に、知識の創造ならびに方向づけをマネジメントすることを意味してい

図4－1◉ケイパビリティの創造活動

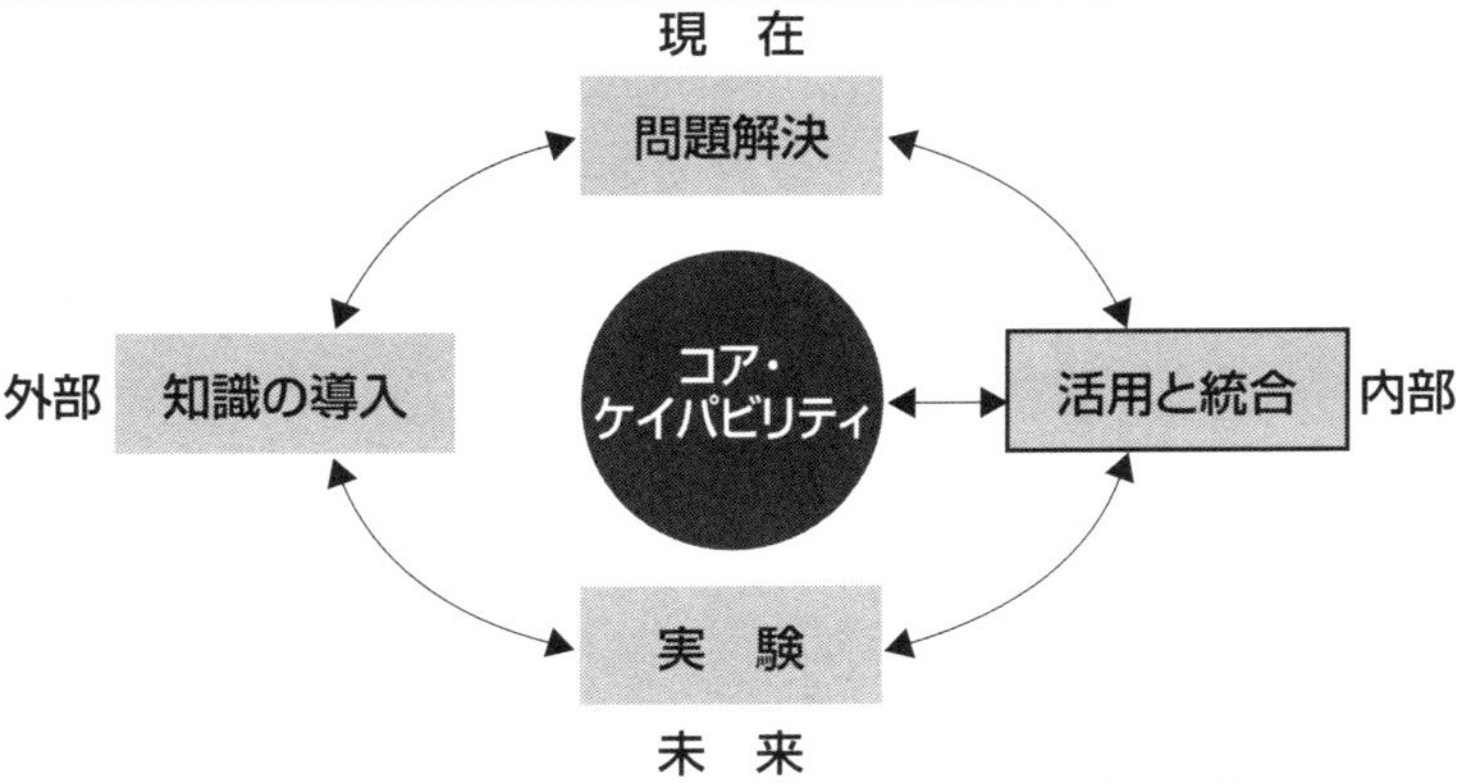

る。これらは、新製品開発のマネジメントと、市場が組織内であるという点を除けば非常に似ている。しかし、ツールの活用は通常、イノベーション行為とは見なされずに、マネジメントがなされている。ここが本章のキーポイントである。

## 2――ユーザーの関与

新しい技術システムの開発にユーザーがかかわる理由として典型的に挙げられるのは次の二つである。

(1)活用はユーザーの仕事に多少は変化をもたらすものであり、その変化を研究すると、ユーザーが設計に貢献するほどその受容も進む。

(2)ツールが使われる環境について専門知識を持っているユーザーは、その知識を設計に具現化すべきであり、ツールの設計に関与するほど、結果として設計も洗練されたものになる。

### (1)「メンバーの一員になる」意識を生む

ここ三〇年近く、マネジャーたちは、自らの働く環境の設計に社員が関与することによって、自ら制御できることを喜んでいることに気づいてきた[3)]。マネジャーたちは、ツールの設計に社員が関与することで、活用に対して「メンバーの一員になる」意識を生み出し、新しいツールの引き起こす変化を受容することがわかった。逆もまた真である。開発プロセスから外されたユーザーは、ツールに不満を抱く。コンピュータによるエンジニアリング・ツールの構築プロジェクトの開発者は――このプロジェクト自体は失敗し物議を呼んだが――、エンジニアたちがイノベーションの利用をあきらめているのを目の当たりにした。「我々は、世界で一番素晴らしいシステムを与えることもできたが、彼らはその設計全体から排除されていたため、満足感を得ることができなかった」。

### (2) 知識の具現化

しかし、ユーザーが開発プロジェクトに関与する第二の理由のほうが、本書のテーマに相応しい。第1章でコア・ケイパビリティに関する四つの局面について示したとおり、技術システムは、組織の内外から集められ蓄積された知識を具現化する。開発者がすべての情報を持っていることは稀であり、必要な知識の創造、獲得、構築、具現化のためにユーザーとつき合わなくてはならない。ツールの開発者は、新たなプロセス・ツールの根本にある原則や科学的知識について理解している。ツールそれ自体を構築するのに必要なエンジニアリング、科学的知識、たとえば、ソフトウエア、ハードウエア、化学、バイオテクノロジーについてである。しかし、それが実際に使われる組織内の特定の業務環境や業務についてのノウハウも重要である。こうしたノウハウがあって、ツールの可能性が現実にコア技術ケイパビリティとなるのだ。自分の業務をよく理解しているる高いスキルを持ったユーザーが、多くの場合こうしたノウハウの情報源となる。[4]

## ①ユーザーの関与によるメリット

新しいビジネス・ツールの設計にユーザーがたんに関与するだけで、自動的にプロジェクトが成功するわけではない。この問題は学者たちの間でも議論されているが、ユーザーの関与とプロジェクトの結果を比べると、肯定的なもの、中立なもの、否定的なものまでさまざまな結果が出ている。ユーザーの関与が利益を上げるかどうかという問題について混乱が起きているのは、多くの研究でこの問題をあまりにも安易に扱ったためでもある。これらの研究者は、通常、ユーザーの選択、ユーザーの関与のタイミング、システムに新奇性を与えるために必要なユーザー関与の性質、ユーザー側の適切な知識を供給する能力とやる気、具現化されるべき知識の性質や程度などについてのユーザーと開発者の期待などを考慮に入れていない。だが、本章で取り上げるように、ユーザーの関与が時には成功のカギになり、時には足を引っ張るのはこれらの要因である。

## ②ユーザーの選択

新しいプロセスの開発にユーザーを巻き込むことが、彼らの操作上の知識を新たなツールの設計へと統合することを目的とするなら、ユーザーの選択はマネジメント上の重要な課題である。だがこの選択の基準は、きわめて曖昧なことが多い。問題解決やシステム創造を先導するために、ユーザーはどのような知識を保有すべきなのかが問題である。たとえば、その業務についての専門家であること（ツールの機能についての批判的なコメントが提供できる）のほうが、ユーザー・インターフェースの習熟能力によるユーザーの分類より重要なのだろうか。後述する例が示すように、この二つの異なるタイプの知識が、一人の人間の中に揃っているとは限らない。

### ③専門性のさまざまな形態

オフィスや住宅用にエアコンを供給するある企業は、取りつけやサービスのために多くのスタッフを雇っている。現場で設置やサービスをチェックするエキスパート・システム「HELPER」の設計にあたって、開発者たちは最もメンテナンスに習熟した社員を求めた。最終的には、配管工であるビル・ジェームズという人物を選び出した。彼は二五年以上の経験を持ち、配管診断のプロフェッショナルとの呼び声が高かった。そこでわざわざ一五〇〇マイル以上離れた所に住んでいるジェームズを家族と共に開発拠点へと呼び寄せた。しかし、開発者たちは彼が必要とされる知識を持ち合わせていないことに気がついた。彼は確かに冷却装置の診断や修理に長けていたが、冷却装置の内部機構（問題の原因）についてはほとんど知らずに対処していたのである。結局、エキスパート・システムのルールを構築するために、ソフトウエア・エンジニアたちは、職業訓練校のメンテナンスの教師（エレクトロニクスやメカニズムに強く、ユーザーの視点も持っている）を呼び寄せた。もっとも、ジェームズを呼んだことは、「それまでコンピュータを見たこともなかったマッチョな配管工」が使うインターフェースを設計するのには役立った。彼はコンピュータの経験はなかったが、この仕事には慣れていった。

HELPERは成功し、開発費用も一年足らずで元が取れた。システムがインストールされてから半年で、冷却装置に対するサービス契約が四〇％も増加したからである。だが開発者たちには、業務の専門家（ジェームズのこと）が、ソフト開発に必要な知識を提供できないことを、事前にどうしたら知ることができたかという課題が残された。

④代表性

同様のジレンマは、新しいツールを初めてテストする場面にも存在する。もしそのツールが、一部の社内顧客だけを相手にするものなら、選択の問題は比較的単純である。しかし、多数のオフィスや工場に新システムを提供する場合、開発やテストのプロトタイプを手伝ってくれるユーザーをどう選ぶかは大問題となる。三つの工場でのソフトウエア・パッケージの導入に関する比較研究によって、設計を先導するユーザーの不適切な選択に伴う危険性が明らかになった[5)]。

購買機能の自動化およびモニタリングのために設計されたパッケージについて、最初に利用する工場としてある工場が選ばれた。ここは他の工場と異なる点が多々あった。特に、購入のリードタイムが長い部品が他と比べてきわめて少なかったことが致命的だった。こういった特殊な工場での経験を元にして、チームではこのカテゴリーの部品が六カ月に一度しか配送されないようなプログラムを組んでしまった。

このソフトウエアを他の工場（そこでは購入のリードタイムが長い部品は四割）の購買部門に設置したところ、六カ月ごとに部品の不足に陥ることとなった。こんな単純な計算違いでも、個々の工場レベルで直すのは難しい。この問題を調整するのに優に一年以上も時間も費やし、ソフト開発部門とユーザーとの間で多大な摩擦を引き起こした。

### ⑤ユーザーのやる気

ユーザーを選択する基準には、知識だけでなくやる気も含まれる。フィードバックやアドバイスに時間を費やす意思があるかということだ。ユーザーにやる気を出させるという仕事は通常、開発マネジャーの肩にかかってくる。開発マネジャーは「ノウハウ（know-how）」よりも「ノウフー（know-who）」（たとえば、大学の同級生だった工場のマネジャーや、以前働いていた職場の生産監督者）に価値を置き、個人的なつきあいに頼る傾向がある。

だが、やる気のあるユーザーにサンプルとしての代表性があり、代表性のあるユーザーにやる気があるとは限らない。実際、四四社のエンド・ユーザーを対象とした研究において、システム開発に自分が望んだ以上にかかわったユーザーは、そうでないユーザーと比べて、結果への不満が大きいことがわかった[6]。「共同開発者」としてのユーザーは、自らの職務を超えた仕事に乗り出し、報酬やインセンティブを度外視する人でなくてはならない。こうしたユーザー・グループのマネジャーの一人は、このようなプロジェクトへの参加についてこう語る。「我々のリスクは大きい。『君はキャリアを危険にさらしているのだよ。この仕事が割に合うと思うのかい？』といった類のことをよく言われたものだ」。

## （3）ユーザーの関与のモード

ユーザーの関与とは意味が広く、交流が可能なさまざまな領域をカバーしている。先に言及した四つの巨大エレクトロニクス企業における三四のソフトウエア・ツール開発を対象とした調査において、ユーザーの関与に関して四つの異なるモードが観察できた[7)]（図4―2を参照）。

ユーザーが最初から最後まで一貫して積極的に関与していたプロジェクトは、完成までの時間が短かった。具体的には全体平均が二八・九カ月であるのに対し、平均で二〇・八カ月で完成した。しかし、プロジェクトの成功に対するユーザーの関与の重要性は、生産性の向上などの指標で測ると一様ではない。開発者が事前にユーザー環境に関して十分な情報を有していたプロジェクトでは、ユーザー側からのインプットがなくても成功した。開発者たちの知識が不適切であった場合（たとえば、開発者側の心性に問題、ツールが革新的

図4－2◉ユーザー関与の調査

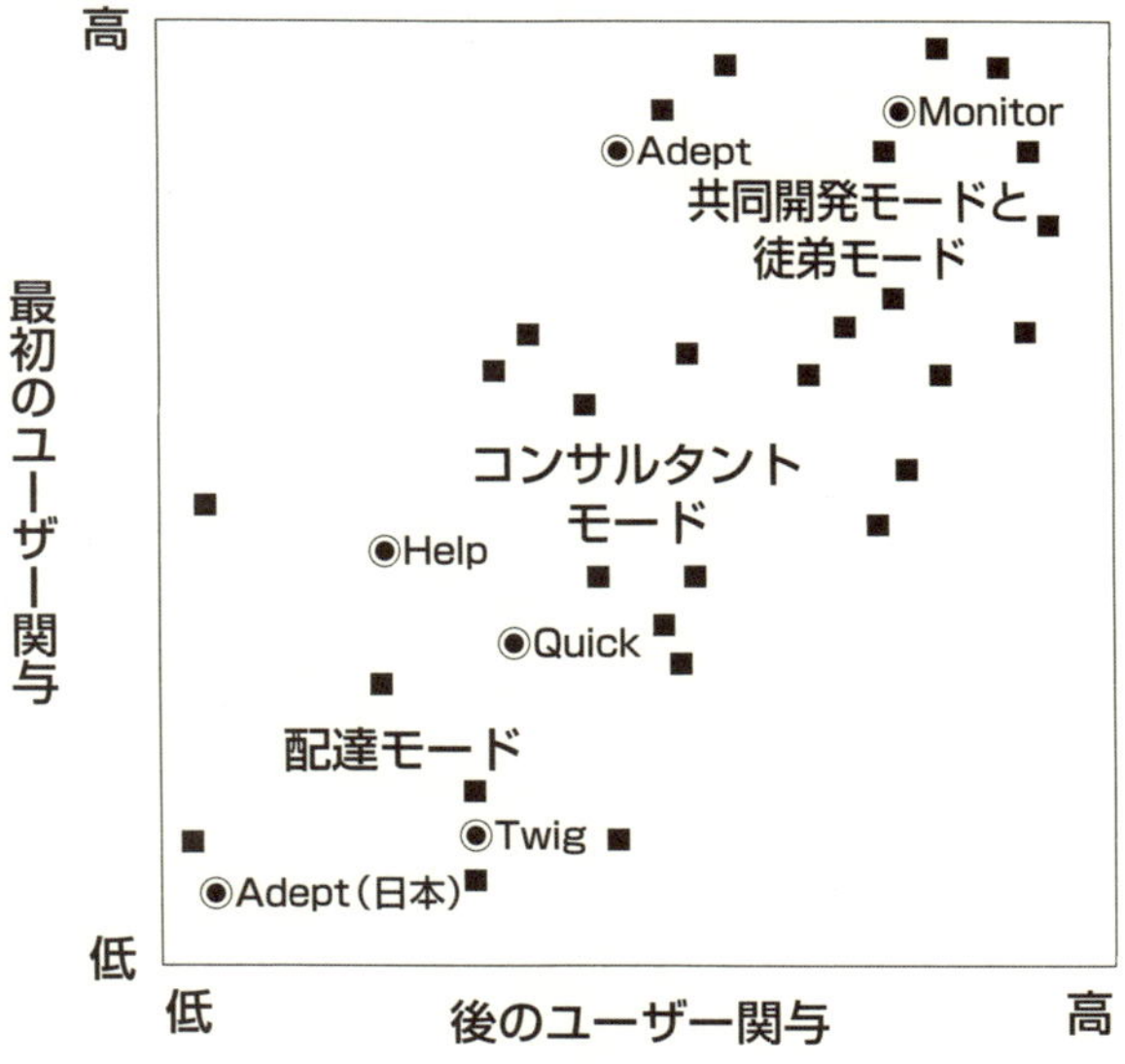

でツールとユーザーの職場とのやり取りが不確か、など）には、問題解決を共有する必要があり、成功のためにはユーザーの関与が必要であった。これらの点は、具体例を通して最も明らかにすることができる。

**①配達モード――「壁越しに完成品を受け渡すこと」**

三四のプロジェクトの中には、開発チームがツールについてユーザーの特定やニーズの認識を不要と考えていたものもあった。開発者が完成したツールをユーザーに届けるだけでベンダーの役割は終わりと考え、時には研修やマニュアルさえないこともあった。ツールがたんに「壁越しに受け渡された」だけである。この場合、①ツールは完全に準備が整っており、②ユーザーが自ら新たなプロセスを見つけ出し、カスタマイズできるとの期待が存在していた。ユーザーの意見が求められる場合でも、それが現在のツールやプロセスに対してではなく、次世代のものに対してであると考えられていた。

このアプローチでは、開発者たちは自分の好みに合わせてツールを設計しており、製品コンセプトは、開発部門におけるニーズ・欲求についての理解から引き出されたものであった。ユーザーの観点からすると、「壁越しの受け渡し」で満足するための条件は二つある。①新しいツールもしくはプロセスが完全に自明のものであって、ユーザーの側ではその内部の仕組みについての理解が必要ないこと、もしくは②ユーザー自身が開発者と同じくらい技術に熟練しており何らかの助けを必要としないこと、である。いずれにしても、知識統合への期待がない場合である。

## 「TWIG」：成功した「壁越しの受け渡し」

企業内の開発チームから「TWIG」という名の人工知能プログラムを受け取ったユーザーたちは、次のように述べた「(開発者たちは) 我々に (ソフトウエアの) テープを渡して去っていった」。しかしユーザーたちは、この新しいツールに何ら付属書類がついていなかったことを気にとめなかった。というのも、ユーザーの多くが開発者と同じくらいの技術的なバックグラウンドを持っていたからである。「我々はみな、コンピュータ科学や人工知能の学位を持っており、(ジェネリックAIの) マニュアルを読むのに何の困難もない」。このケースでは、テープを「壁越し」に投げ渡すことに伴う知識ギャップを、ユーザー側で埋めることができた。

しかし、明らかに開発者側とユーザー側とが、メンタリティや技術水準において同等のレベルにあることは、むしろ稀である。開発期間においてユーザーからのフィードバックがないと、配達モードはさまざまな危機に見舞われる。開発者たちは、ユーザーのニーズを正確にとらえ得ないかもしれない。ユーザーは、そのツールを労働環境へと統合するだけの技術を持ち得ないかもしれない。さらに多くの知識を欲しているかもしれない。さらに詳しい説明やデモなしでは、その新たなツールが彼らの仕事を変える可能性があることを理解しないかもしれない。配達モードでは情報は一方向にしか流れないので、知識統合へのメカニズムは働かない。総じて、新たな技術ケイパビリティを創造しようという努力の一部は、無駄になってしまうのである。

## 「CACTUS」：失敗した「壁越しの受け渡し」

「CACTUS」は、世界中で使われており、国ごと固有の操作インターフェースを創造するためのプログラマー用ソフトウエア環境であった。CACTUSはアメリカ内で大成功したが、日本に移植すると不満の声が上がってきた。開発者はソフトウエアのアプリケーションは送ったが、その背後にあるソースコードは送らなかったのだ。また開発者側は、それ以上の技術知識に対してアクセスさせようとしなかった。日本側からすると、これだけでは不十分だ、ということになる。技術は移転されたと言えない。「我々の考えでは、技術を理解し、ツールの中の機能をその技術を使ってカスタマイズするだけの能力を与えられて初めて『技術移転』と言える」、と日本側は説明した。「我々は、『CACTUS』の使い方は習ったが、それをカスタマイズする方法は習っていない。開発者の側では、このプロジェクトをCACTUSのインストールととらえていて、CACTUSに具現化されている技術の移転とは考えていないのだ」。

日本のユーザーにとって、CACTUSの操作を覚えるという無形の投資は、十分な見返りをもたらさなかった。日本側はプログラミングの生産性の向上にとどまらず、CACTUSをカスタマイズし、自らのニーズに適合させる能力（さらには、技術の原則を吸収して彼ら自身のソフトウエアを構築する能力）を求めたのである。しかしアメリカの開発側では、こうした便益を「配達」するつもりはなかった。日本側が見抜いたように、開発者は自らの役割を、ユーザーが望むよりも狭く解釈していた。CACTUSの開発費用自体は回収されたものの、これらのシステム移転に使われた費用は無駄になった。

## ②コンサルタント・モード

研究の対象となったプロジェクトの何人かの開発者は、ユーザーに対し特徴や機能について定期的にコンサルティングすることが、フィードバックやユーザー指導の適切な機会をとなっていると確信している。ユーザー環境（工場、エンジニアリング部門、オフィス）で業務プロセスが比較的きちんと樹立され、必要な知識が構築されコード化された時、開発者側はユーザーが開発チームの一員となる必要を感じなかった。こうした相互交流のモードは、既存ツールのアップグレード、あるいは目的がオートメーション化・コンピュータ化と並んで業務プロセスの標準化にある時には、よく機能するように思われる。こうした状況において、新しいユーザーが最も欲しがる知識は、インターフェースの設計に関するものである。もちろん「ユーザー・グループのポテンシャルが大きいほど、仕事が難しくなる」。外部のベンダーが多様な市場に向けて製品を設計する時に日常的に突き当たる、ユーザー側のポテンシャルが大きいと開発側が大変になってしまうというトレード・オフに対して、内部のベンダーは不慣れであった。企業内の開発者の一人はこう嘆いている。「我々は、数多くの研究所に共通して適応可能なものがあると思っていました。それで、すべての人の話を聞き、すべてを公約してしまった」。最も成功する「コンサルタント」プロジェクトは、非常に大規模の、高度に構造化された試みの場合である。そこでは、ユーザー・グループは多様なニーズを持ち影響力を持つ顧客として扱われているが、全体としては直接開発に関与するわけではない。

### ③共同開発モード

共同開発プロジェクトでは、ユーザーも開発チームに加わる。最初から最後までプロジェクトに継続的にかかわることで、ユーザーも新たなツールの設計に強く影響力を及ぼす。非常に革新的な技術システムにのみ共同開発プロジェクトは適合的である。しかし逆説的だが、まったく新しい生産システム（新しい技術システムと再設計された業務プロセス）の開発の成功のカギは、ユーザーの深い関与であるということも、また正しい。その理由の一つは、新しい技術システムが革新的に生産プロセスを変える時には、ユーザーの「メンバーの一員になる」欲求は明らかに高まるからである。そしてさらに重要なのは、こうしたプロジェクトが、未知の領域への探究として提示されることである。「我々はパラシュートなしに飛んでいた」と、あるチーム・メンバーは語った。一般的に、不確実なことに直面するとメンバー間の交流は深まることが他の調査でも示唆している。つまり共同開発が有利である条件は、①新しいシステムが業務プロセスにいかに影響するかについて不確実な点があり、②ユーザー側が、新しい技術システムの可能性を十分に引き出すためにどのように仕事を再設計すればよいのかについて不確実であることである。コンサルタント・モードにおいては、ユーザーは技術システムのプロトタイプに対して反応することで知識のコード化を助けるが、共同開発モードでは、ほとんどゼロベースからの知識創造をユーザーが助けるのである。

ユーザーの積極的な関与に伴う主な危険の一つに、ユーザーが将来について十分なビジョンを持っていないことが挙げられる。ある開発者は次のように話す。「ユーザーは、三年後に必要になることではなくて、現在の状況にこだわる傾向がある」。ユーザーが開発チームを、過去に固執した思考原理へといざなってしまうこともあるのだ。

**「MONITOR」：失敗した共同開発**

工場のフロアにおける業務プロセスの流れをモニターし、コントロールする目的で開発されたソフトウエア「MONITOR」の設計に参加したユーザーたちは、自らの要求について極度に保守的だった。彼らは自らのモデルをGMの既存の管理システムに置くことで、それを現在の業務に適用し、開発者たちにその要求項目をできるだけ実現するように求めた。開発者たちはその要求によく応えた。しかし、工場のフロア従業員たちは、会社自体が伝統的なモニタリング・システムから、ジャスト・イン・タイムの在庫システムへと移りつつあることを知らなかった。このの新しいシステムの基本原則は、大部分が視覚的かつ手動的なシステムによって、仕掛かり在庫を極力持たないようにすることである。大量の在庫の中から必要なロットを正確によりわけてゆっくりと工場中を流してゆくソフトウエア・システムよりも、一つのロット・サイズを操れるようなシステムが必要だったのである。これは、もしもソフトウエアが必要だとすればの話だが。「我々は現在のMONITORよりもはるかに進歩していただろう」。何度も再設計をした後で、一人の開発者は哀れにもこうコメントした。「もしも当初からジャスト・イン・タイム制を導入していたならばね」。

他方、ユーザーが革新的で、会社の方向性を展望することができるのなら、共同開発プロジェクトは、ユーザーと開発者双方の期待以上に成功する可能性がある。その最善の例は、チャパラルの製品開発チームである。ここでは、一種の「集団精神」(訳注：社会学者・デュルケムの用語)を生み、知識の境界を押し広げ、何か問題が起きても仕事の妨げとはとらずにわずかな時間で解決してしまうために、すべての人が責任を持って仕事に立ち向かう。

## 「CONSTRUCT」：成功した共同開発

「CONSTRUCT」というコピー機用の操作インターフェースの設計をコンピュータで支援するシステムは、研究開発の最初の段階から、工業デザイナー、ソフトウエア・プログラマーを含む複数のユーザー集団の想像力をかき立てていた。これら異なったユーザー集団は、このシミュレーション・システムを、物質的なモデルに代わってスクリーン上で設計を手助けしてくれる道具としてだけではなく、お互い同士のコミュニケーションにも役立つものとしてとらえていた。ソフトウエア・デザイナー、工業デザイナー、製品デザイナーが、CONSTRUCTを通じて初めて、共通の表現メディアを持った。

CONSTRUCT開発者による機能の倍増にとどまらず、ユーザーたちはこの新しいツールに(白黒でなく)カラーのスクリーンをシミュレートするなど、それまでには考えられなかった

――機能を付加させようとした。「一本のドライバーを渡したら、彼らはそれをゴールデン・ゲート・ブリッジの建設に使っていた」とある開発者は語っている。

「CONSTRUCT」プロジェクトにおける開発者とユーザーとのやり取りは、それぞれが相手に現在のケイパビリティを超えるところまで考えさせようという、ある種の緊張感に満ちた創造行為であった。

**④徒弟モード**

三四のプロジェクトの中で二、三のケースだが、ユーザー側が自らの業務知識を用いて新たなツールを構築する責任を負い、そのために必要な技術の専門性を統合する役割を担っていた。システムを構築するために、ユーザーが開発者のところに出向き、ツールの設計者から訓練を受けていたのだ。[8]自らのケイパビリティを開花させ、開発者に頼らないような姿勢を望むユーザーが、この「徒弟モード」を採用していた。開発者は、提供者としてよりも教師としての役割を積極的に果たさなくてはならず、ユーザーは、自分の部署に戻った後に必要となる変化に対処するためのエキスパートとなり、十分な時間と資源とを投資しなくてはならない。少数の徒弟モードのプロジェクトは、こうした条件を満たすことで成功を収めたのだ。

## 「ADEPT」：成功した徒弟制

回路板の製造段階での問題を特定し診断するエキスパート・システム「ADEPT」は、カリフォルニア工場のユーザーたち（回路板製造においては長く問題解決の経験を積んできた試験エンジニアと、多くの欠陥が見つかった現場の技術責任者）によってつくられた。両者ともソフトウエアのプログラミングに関する経験は持っていなかった。人工知能の専門家であるソフトウエア開発者たちは、この二人に、適切なエキスパート・システム・シェルの操作方法を教え、教師兼アドバイザーとして、この二人が「システムの九九％までを自分で書けるように」した。このケースでは、開発者たちは積極的に、ユーザー自身に責任を負わせた。「我々は木こりのようなアプローチを取った。つまり、自分の斧は自分で磨け、ということだ」。

ADEPTは大成功だった。採用以前には最後の「焼き付け」テストで失格となっていた回路板のうちの三八％が、原因がわからず、「故障個所不明」の箱に収められていた。しかし、原因不明の故障があるとして結局は廃棄されるので、会社にとっては多大なコストとなっていた。ADEPTは採用後六週間で、その割合を一九％にまで減らした。さらに、このプロジェクトは、ソフトウエア・プログラミングの能力をユーザーに移転するという点でも成功した。「教育も付加的な目的となった」と、このプロジェクトを率いていた開発者の一人は語る。新しいシステムの導入後、技術者たちがプログラミングを受け継ぎ、修正や改良を行っている。一年後、「故障は見つからなかった」の割合は、三％にまでダウンした。これだけ少なくなれば、再テストをするまでもなく破棄できる。おそらくより重要なのは、製造部門がそれまでにはなかった能力を備えるようになったことだろう。プロセス管理のために小規模なエキスパート・システムを自らつくれる能力である。すでにテストエンジニアは、工場で使用するいくつものそうしたプログラムを構築している。

ここに挙げたユーザー関与の四つのタイプともそれぞれの条件を満たせば成功するが、その中で共同開発モードと徒弟モードだけが、二つの離れたグループ（ソフトウエア開発者とユーザー）との間で知識を統合している。ただ、徒弟モードはユーザー組織に対して比較的限定されたインパクトしか与えない。確かに徒弟となるユーザーは、知識を頭の中で統合し個人の能力を高め、しばしば開発者の役割も果たす。しかし、開発者集団のほうは一緒に数カ月間働いても変化することはあまりなく、帰ってきた「徒弟」を迎えたユーザー集団の側でも、その革新的な知識の開花を妨げることもある。その結果、企業の

**図4－3◉4つのモードにおける知識創造の責任**

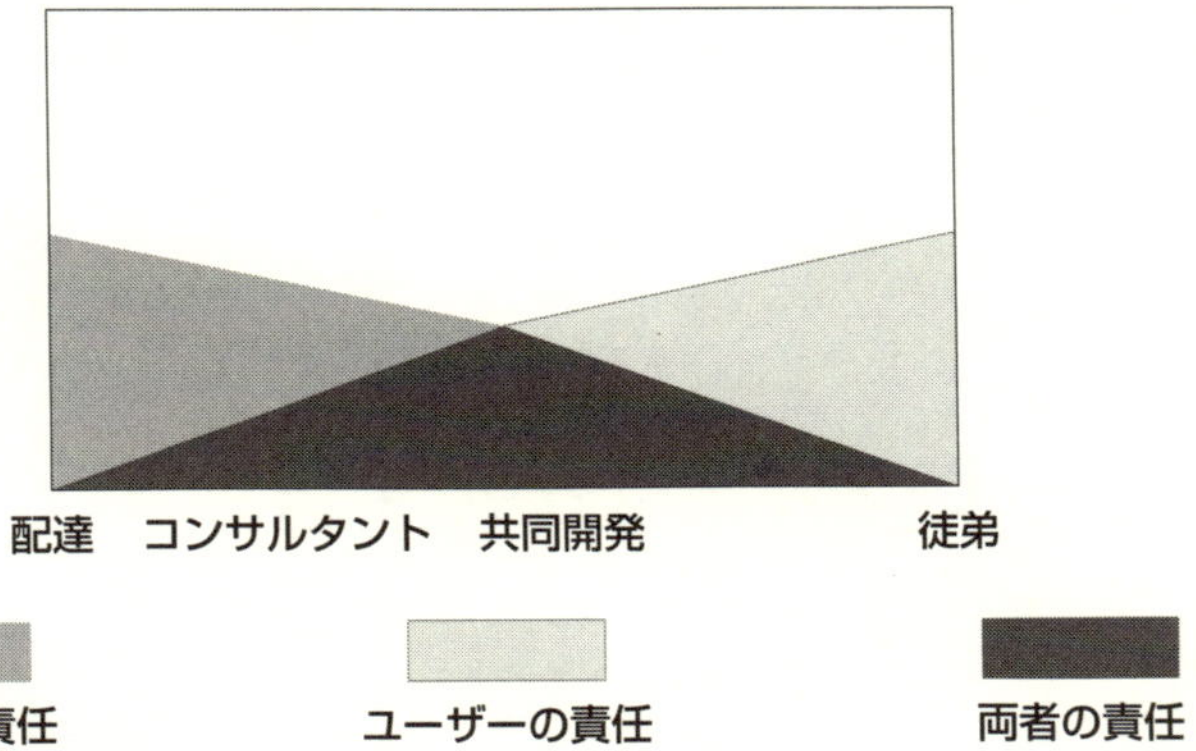

プロセス能力には最小限の向上しかもたらされないのだ。

それに対して、共同開発プロジェクトでは、開発者とユーザー集団の両方が共に問題解決に向かって行動し、知識の創造と統合に加わることが強いられ、責任を共有することによって、両者が相手の世界をよりよく理解するところまで学習する（図4―3参照）。知識の統合が個人レベルでなく、集団レベルで起こるのである。開発者たちは生産現場の要求をよりよく理解し、生産にかかわる人々は技術の持つ潜在能力を理解し始める。多くのケースにおいて、コラボレーションによってプロセスを改良する機会が増え、共同開発チームは、それを認識しつつ共にプロジェクトを行う。こうしたプロジェクトが総じて、企業の生産ケイパビリティを大きく向上させる。先進的で適切なツールが開発されるだけでなく、知識統合を阻んでいた障壁が取り除かれるのである。共同開発は、他のモードと比べて組織学習のプロセスに対してより大きな影響力を持つと言ってよい。

## 3――技術と組織の相互適応

右記の研究において、共同開発モードが最も組織の能力に影響すると考えられる主な理由は、開発プロセスの共有によって技術とユーザーの業務環境の両方に対して相互適応の機会が与えられるということである。相互適応とは、業務環境に順応させるための技術の再発明であり、同時に、新しい技術システムを利用するための組織側の適応でもある。したがって、新しい技術システムの導入に責任を持つマネジャーは、技術面・組織面両方での責任を認識する必要がある。

相互適応には、二つの側面がある。それは、①小さいものから大きいものへと繰り返し起こる変化のスパイラルを描いて起こる、②ケイパビリティの四つの局面すべてに対する注意を必要とすることが多い、である。この二つの側面を認識することで、マネジャーはより簡単に新しい技術システムを利用し技術ケイパビリティを向上させることができる。

### (1) 適応プロセスの「変化のスパイラル」：小さいものから大きいものへ

適応プロセスは、すでに決定したことをもう一度考え直すこと、つまり開発者たちが解決したと前提にしていた技術的設計の問題を再考し、組織のルーティンの中で考えを実践してみることである[9)]。これらのプロセスは、サイクルというよりはスパイラルのかたちを取る。というのは、決定したことを考え直す場合には、それまでとまったく同じにはならないからだ。時間の経過、外的な出来事、学習プロセスなど、決定の文脈が変わっている。適応のスパイラルは驚くほど多様であり、変化がどれほど根本的なものであるかにかかっている。技術への適応という場合では、新しい技術システムの微調整は小さなスパイラルだが、大きなスパイラルでは、開発者の描いた設計の変更や問題自体の再定義にまで進む可能性もある。同様に組織の再設計に関しては、小さいスパイラルは特定の役割や業務の変更だけだが、大きなスパイラルは、それによって業績が評価されるような重大な成功要因の再考を意味し、工場やオフィスや、おそらくすべての部署の戦略的な変更にまで及ぶ。

マネジャーにとっての重要な課題は、小さなスパイラルを装った大きなスパイラルの正体を見抜くことである。つまり、一連の小さな適応のスパイラルでは、重要な技術ケイパビリティの創造や支援にとって不十分である時、大きな変化のスパイラルが必要とされる（技術システムの場合もあれば、業務環境の場合もあり、その両者の場合もある）。こうした場合マネジャーは、おそらく知らず知らずのうちに、抜本的な組織の再設計者としての役割を背負うことになる。

この時、大部分の社員が漸進的な変化で十分だと暗黙のうちに考えている場合には、この役割はとりわけ慎重な手順を要する。第2章で述べたJRCの事例において、ことが溶融能力のアップグレードという小さな問題として現れたことを思い起こしてほしい。このプロジェクトは、表向きは既存の炉に設備を付加し、工員がそれを使いこなせるように再訓練することという、小さな変化のスパイラルであった。しかし実際には設備の開発者たちは、新たな能力を首尾よく備えつけさせるため、鉄だけでなくアルミニウム鋳造の再設計を含めて、大きな変化のスパイラルを経なくてはならなかった。工場責任者たちは、工員の報奨制度やリサイクル缶の汚れを含んだ溶解アルミの利用などを含んだアルミニウムの製造方法の再考をも迫られた。技術の比較的大きな変化は、業務環境の変化の必要性を減らすかもしれないし、その逆も言える。しかし関係者全員が、このプロジェクトを成功させるのに必要な変化の巨大さを認識できなかった。もしそれがわかっていたら、彼らはそれを引き受けなかったか、より多くの経営資源を用意していただろう。

以下に述べるCONFIGのケースでは、設計者たちはわずかな経営資源しか持ち合わせていなかった。彼らは何度も、システムの基本設計が誤っていると告げられたが、時間とスキルを漸進的な小さな変化のスパイラルの改良へと注ぎ、そうした変化が成功への階段だと信じ込んでいた。彼らは、着実に漸進的改良をするために資金を注ぎ込み、援助をしたが、大きなスパイラルの変化を起こすのに必要な影響力も、ビジョンも、資源もなかった。

---

### CONFIG

ＣＯＮＦＩＧは、営業マンが、文字通り何千種類もあるコンピュータ・システムの組み合わせの中から、顧客が満足する組み合わせを選ぶ支援をするソフトウエアである。ＣＯＮＦＩＧは注文に対する組み合わせの網羅性と正確さを保証し、組み合わせの間違いによるコスト増加を避けることができる。たとえば、営業マンはしばしば、受注の際にケーブルやコネクターの存在を忘れる。そうした場合、顧客に対して無償サービスでつけなくてはならなくなる。うっかりと実際には接続できない組み合わせや、無駄な装置を提案してしまうこともあるが、こうした間違いが工場で発見された場合には注文も修正する必要がある。かくしてＣＯＮＦＩＧは、会社にとって財務上の利益が期待できた。しかし、このシステムは営業マン自体にとっては直接のメリットはほとんどなかった。営業マンの報酬は、注文の正確さではなく、売上高によって決まるからである。また、顧客に組み合わせを勧める際のメリットもなかった。通常、顧客との交渉の間に組み合わせは何度となく変わってしまうので、営業マンにとっては組み合わせの可否だけではなく、常にコスト情報がわかることが必要であった。しかしＣＯＮＦＩＧではコスト情報はわからない。

また、ある一定パターンによる取引を想定していたため、営業マンが可能なシステムを目指して何度も設計をやり直すような取引にはあまり使えなかった。

CONFIGの開発者たちは、八年かかって徐々に改良を重ねた。だが、次の二つの最も根本的な欠陥は直せなかった。①営業マンが実際に行っている組み合わせ業務に適合しない。②営業マンの評価基準に受注の網羅性と正確さが含まれていない。このプログラムのためのアプリケーション支援の専門家はこう語る。「CONFIG開発の責任者たちは、助からない命に人工呼吸をしていたようなものだ。積み上げでなく、最初から新しくやり直すべきだった。CONFIGは悲惨な失敗に終わった。だれもCONFIGにとどめを刺さなかったことが問題なのだ」[10]。

---

もしCONFIGの開発者たちが、ケイパビリティの四つの局面をすべて考慮に入れてシステムと組織の間の不整合を診断することができたなら、利益を上げていたかもしれない。CONFIGが成功するために、マネジャーは、ソフトウエア設計の背後にある基本的な決定事項を考え直すべきだった。というのも、CONFIGは、営業マンにとって本当に重要な物理的システムと密着しておらず、たんに製造システムをモデルとして、それに結びついていたからだ。第二に、マネジャーは、量ばかりでなく注文の正確さに対するインセンティブを与えるように枠組みを変更して、営業部門のマネジメント・システムを運営しなくてはならなかった。

多くの物理的システムや組織において、設計のヒエラルキーが存在しているので[11]、この二つの変化のどちらかだけでも起こったら、それは大きな前進を意味するだろう。いったん基本となる部分の設計が決まると、他のもっと小さな決定はそこから導かれてくる。ＣＯＮＦＩＧシステムは、組み合わせ（configuration）を多様化するために使われるはずだった（この機能は販売よりも製造現場で重要である）が、これは要するに設計に関する決定事項であり、より従属的な設計はそこから論理的に導出される。営業プロセスへの支援ツールとしてシステムの基本概念を見直し、営業という観点から再考するには、大きなスパイラルの適応（基本的な前提の見直しを含む）が本来必要だったのだ。同様に、注文の正確さは営業組織にとって重要な使命となっていなかったので、そこまで責任が広がっていることを納得させるべきだった。

ケイパビリティの他の二つの局面には、相対的に影響は少なかった。だが、スキルと知識を持つ営業マンがＣＯＮＦＩＧを楽に使いこなせたとしても、ＣＯＮＦＩＧに具現化された価値と営業力としての価値との間に明らかに溝があった。ＣＯＮＦＩＧを成功させるために必要となる、組織における大きなスパイラルを、営業部門の外から適応させることは不可能であった。開発者たちも、そのような権限を持っていなかった。

ＣＯＮＦＩＧの八年間の寿命のなかで、たとえば予算サイクルや大規模なリストラクチャリングの時期など、その設計や販売業務との不整合を考え直す機会は何度かあった。ある研究は、大部分の新しい技術システムの導入に関して、そうしたチャンスは導入時だけではないことを示唆している[12)]。しかし、目立つかたちでやり直すことは、失敗を認めることにつながりかねない。そこでマネジャーたちは、ユーザー・インターフェースやユーザー・サポートといった一見大事そうに見える部分の改良に終始し、本当に中心的な問題を避けてきたのだ。ＣＯＮＦＩＧのマネジャーたちは、小さなスパイラルの寄せ集めと大きなスパイラルとを区別する能力がなく、誤ったプロセスの「改良」をエスカレートさせてしまったが、これは実際よくあることなのだ。

## 4――変化のペース配分と報奨――心の貯蔵庫を再び満たす

ツールの活用と学習マネジメントの課題の一つは、社員たちのエネルギー水準や自己評価に関して大変な労力を要する点である。このプロセスは、心のエネルギーや自信の「貯蔵庫」(bank)が徐々に消耗していくことに似ている。前章でも述べたとおり、新たな学習を要求されるたびに、特にそのイノベーションが自分の署名スキルを脅かす場合には、我々の自信の源は危機にさらされる。新しいプロセスやツールの活用には不確実性がつきまとい、結果はどうであれエネルギーを消耗するものだ。そこで、このことを示す心の貯蔵庫モデルを描いてみた(**図4―4参照**)。この貯蔵庫は、引き出すばかりで新たな入庫がなければ早晩枯渇する。[13] こうした状況下で、イノベーションを考えるたびに気が滅入る人々も我々は見てきている。「私は変化に反対ではありません」。数カ月のうちにいくつものプロセス・イノベーションを経験したエンジニアはこう語った。「ただ、理性を失わずにこの変化にどう対処したらいいのかわからないのです」。

燃え尽きシンドロームと戦うために、マネジャーは心の貯蔵庫からのエネルギーの流出スピードを抑え、補給も行う必要がある。マネジャーにできることは、①変化の速度を制御すること、

②そのプロセスでの小さな成功や道標を祝福すること、である。たとえば次のケースを見てみよう。オーウェンズ・イリノイ社のマネジャーたちは、二つの工場での新たな高速かつ高度に自動化されたボトル成型設備の導入の結果に困惑していた。アトランタ工場のほうがストリーター工場よりも、イノベーションを受け入れ、二つの工場で差が出ているのだ。前者は、新たなテン・クワッド機械を使いこなして高い生産性を実現していた。この二つの工場の違いはいくつもあったが、なかでもアトランタ工場では自らイノベーション導入のスピードを制御していたことが大きかった。本社のエンジニアがペースを指示するのではなく、現場の労働者が新たな設備に十分に慣れて快適に仕事ができるまでその導入を遅らせていたのだ。[14] もちろん、今日のようなイノベーションの加速する時代には、こうしたペース配分は贅沢に見えるかもしれない。しかし、速度が速すぎることでキー・パーソンとなる従業員が燃え尽きてし

図4−4◉心のエネルギーの貯蔵庫モデル

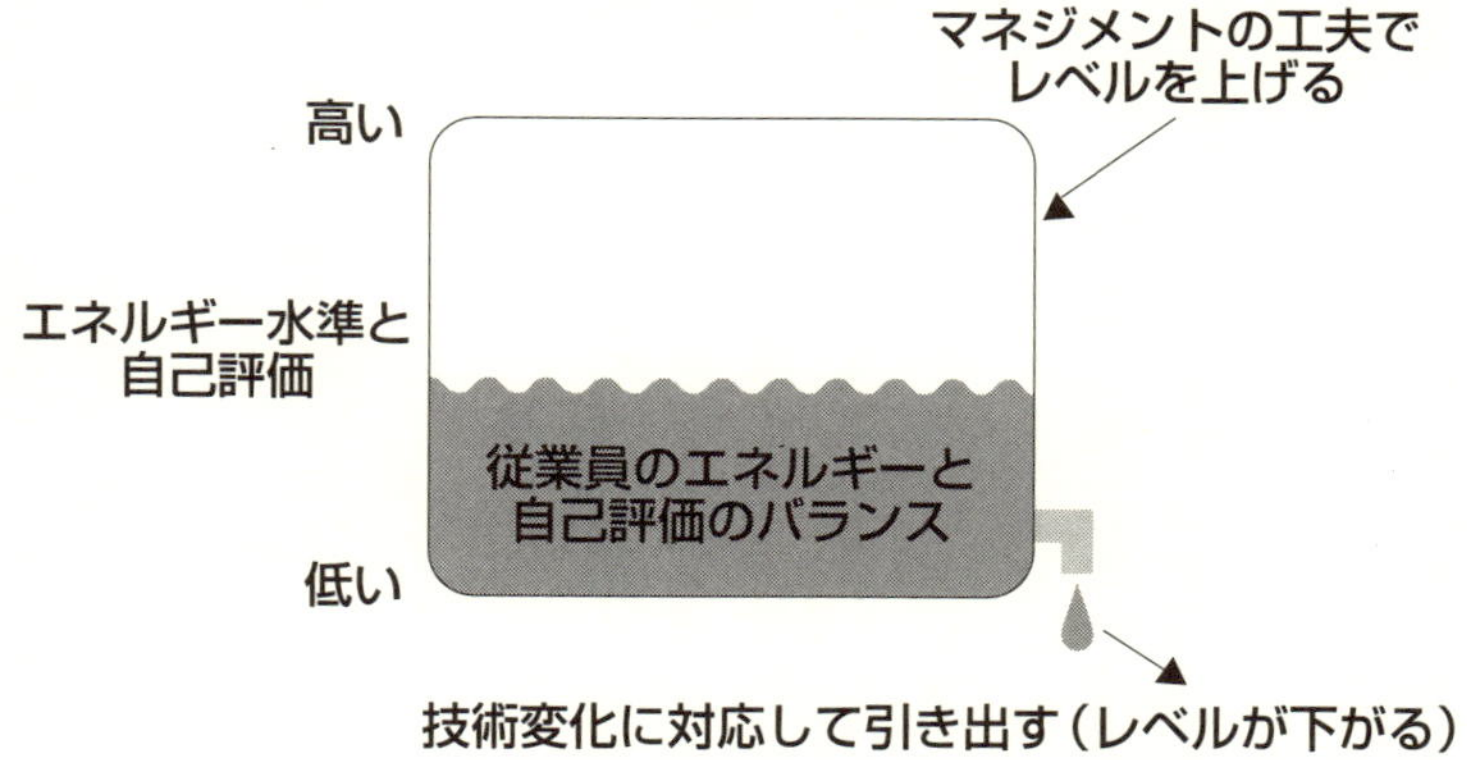

まうとしたら、マネジャーはイノベーションのペースについて学習せざるを得ないだろう。

心の貯蔵庫を満たすためにマネジャーが利用することのできるもう一つの梃子は、小さな成功を褒めることである。一九八六年、ベス・ルースがＤＥＣのオーガスタ工場のマネジャーとなった時、彼女が見たものは「ハンマーで殴られたかのように頭を抱え、のたうち回っている人たち」だった。新たな製造資源計画プロセス（ＭＲＰⅡ）へ切り替える必要があったために、トラウマのようになっているリエンジニアリング・プロジェクトに参加していたのである。重要なスキルを持った人の多くが、危機感を持ち、配置変えされていた。このオーガスタ工場は、イノベーションを何度も経験してきた。七割以上の製品が、生産を始めてから一年以内だった。しかし、ルースは業務プロセスの時間をさらに劇的に短縮する必要に迫られていた。当時、在庫を減らすという究極の目的のために、あらゆる部署にジャスト・イン・タイム制が導入された。実験の半年間で、余暇時間さえもブレーン・ストーミングや修繕にあてていた。在庫を劇的に減らしたイノベーションもあれば、努力したのにほとんど効果の上がらないものもあった。だがここでルースは、「社員のバッテリーを充電するために」半日間工場を休むことにした。この日はまるで工場の進歩を祝うお祭りのようだった。皆が同僚に、自分が進めてきた仕事の様子を見せた。それがどんな小さな改善であっても認められた。結局サイクル・タイムの目標を、当初の目標であった一五日間から五日間へと短縮できた。ルースにとってより重要なことは、従業員にとって変化を経験することが、仕事においてポジティブな要因となるとわかったことであった。

## 5——要約

適切な知識をプロセス・ツールやシステムに統合することは、潜在的に競争優位を提供する。しかし、そうしたツールはイノベーションのプロジェクトとしてマネジメントする必要がある。また、必要となる知識は、一定の場所や一握りの人々の頭の中だけに蓄えられていてはならない。プロセス・ツールのユーザーたちは、設計を通じて、統合すべき重要な情報をもたらす。しかし、典型的でないユーザーや近視眼的なユーザーから抽出した知識は、新たなプロセス・ツールの設計を弱体化させる恐れもあり、ユーザーの関与の仕方は注意を要する。三四の開発プロジェクトの調査から、ツールの積極的な共同開発が、効率的であるだけでなく非常に効果も上げやすいことがわかった。さらに、最大の競争力は相互適応のプロセスから得られるようだ。ツールの可能性を十分に活かすために、技術をユーザー環境に、そして、ユーザー環境を技術に適応させるのである。またマネジャーは、コントロールの利かない変化によって従業員が燃え尽きてしまうことも避けなくてはならない。

日々の活動という突風の真っただ中で、あらゆる行動やふるまいが、企業内の技術ケイパビリティの成長をもたらす。本章で我々は、新たなツールやプロセスの開発マネジメントが、学習を最大化し、コア・リジディティへ対抗できることを詳細に示した。次章では、知識資産を創造する、もう一方の活動である「計画的な実験とプロトタイプ化」を見ていこう。

# 第5章

# 実験とプロトタイプ化

デル・サルトは楽観主義者であった。前述したように、日常業務の範囲を越えることは面倒なタスクで、伸ばした手の先に天国が待っている保証はない。今日のマネジャーは、「封筒を開く」仕事からは逃れ、「最前線」のマネジメントにあたり、「空前の競争」に立ち向かう。しかし、彼らの将来は明確ではない。水晶玉は、曖昧な予測をする技術かもしれないが、実は我々のツールもさほど進歩しているわけではない。さらに、多くの産業で、右肩上がりの成長が頭打ちになっている。マネジャーは、飛行中の組織のエンジンを再始動するという課題に直面している。市場の拡大に頼らずに、企業の内部から前進への機動力をつくり出さなくてはならない。現在の業務範囲を越えることは、常にリスクを伴うが、第2章のコア・リジディティの議論が示すように、現状を維持することも安全とは言えない。実際、コア・リジディティになったコア・ケイパビリティは、企業が新しい領域への探求を慎重かつ恒常的にマネジメントするよりも、はるかに脅威となるのである。

本章では、ケイパビリティの拡大を目的とした企業の組織学習を議論する。[1] 組織学習を生み出す主な行為として、実験とプロトタイプ化がある（図5―1参照）。以下の頁で、まず実験とプロトタイプ化がなぜ重要であるのかを考える。[2] そして、これらの活動を支援するマネジャーの三つの主なタスクを検証する。一つ目のタスクは最も重要なことだが、実験に対して寛容で、むしろそれを奨励する環境をつくり出すことである。二つ目は、実際に起こっている多くの実験とプロトタイプ化をよく見ることである。三つ目は、組織がこれらの活動からきちんと学習するメカニズムを適切に配置することである。

## 1――実験と企業の弾力性

今日のあらゆる意思決定が明日の企業の競争力に影響を与えることを、マネジャーたちは知っている。こうした意思決定の実践として、戦略計画の重要性が言われてきた。戦略計画は伝統的に、明確な最終目標の設定を強調し、そこに至る細かいステップを設定する。しかし、不確実性という大嵐の中では、最終目標を立てることが難しい。今日では、技術や経済や社会の風がつねに見通しを変えさせ、進路だけでなく方角を見定めることさえ困難にしている。したがって、こうした状況において、戦略計画は非現実的で役に立たないと攻撃されてきた[3]。細かな戦略計画はもはや時代遅れかもしれず、役に立たないばかりか危険かもしれない[4]。今日のコア・ケイパビリティが、明日のコア・リジディティとなり得る。

それではマネジャーには何ができるのか。彼らは

図5－1◉知識創造活動：イノベーションと実験

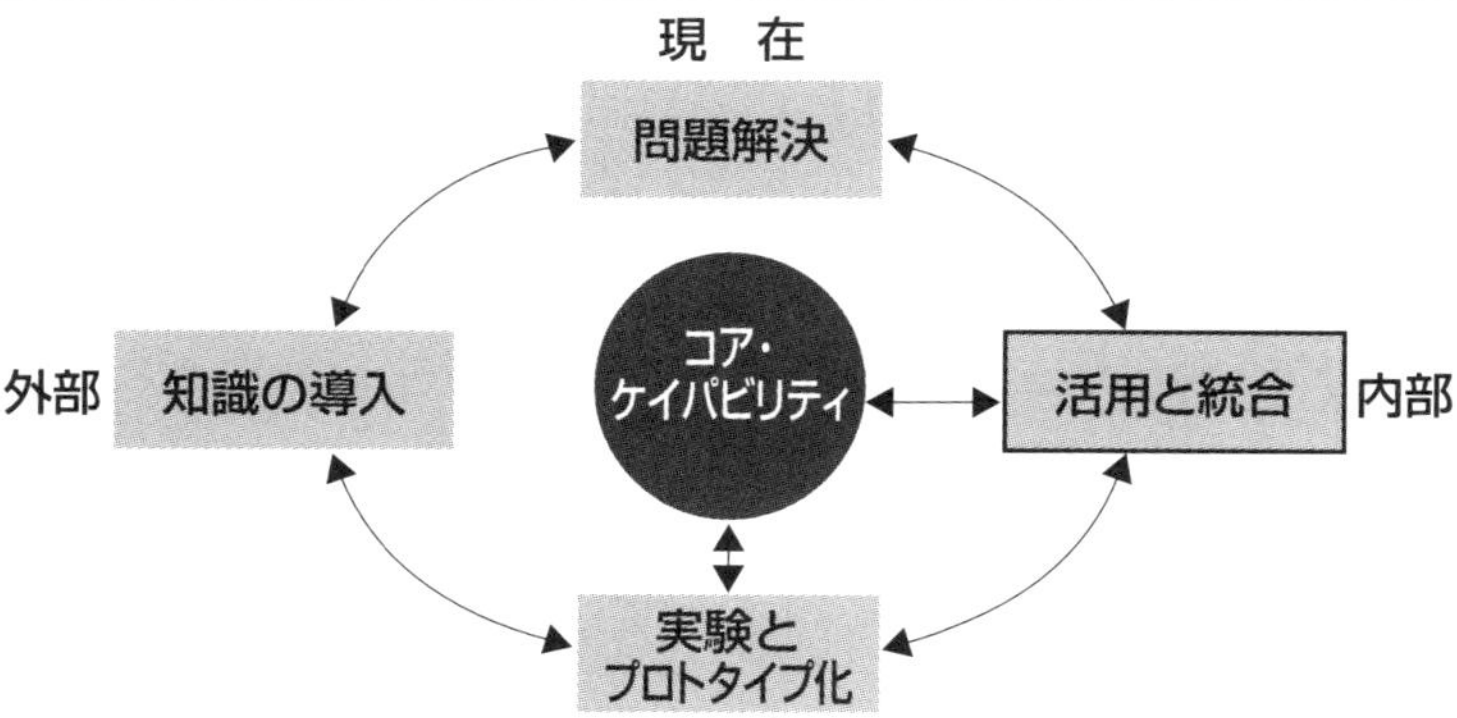

ますます、選択のポートフォリオ、将来の選択肢のメニューをつくることを強いられつつある。[5]

そんななか、「実験」という試みは、たとえ失敗したとしても、巨大な不確実性に直面した企業に新たなオプションをつくり出す。以前、ＩＢＭや富士通といった大企業は並行してテクノロジー・パスを追求するだけの資源があり、ブレークスルーへのチャンスを増やすため、新製品開発チームが競争するように計画的に配置された。だが、こうした並行的な技術の追求は、現在では贅沢になりすぎている。選択肢の多様性を維持する別な方法を見つける必要があるだろう。実験を手早く、大量に、そしてできるだけ安上がりに行う方法を見つけなくてはならないのだ。実験そのものを省略しようという誘惑も働くかもしれない。だが、目先の利益を追っても、長期的な柔軟性を失うことによって結局損をするというのが、歴史の教訓である。

## 2——実験とコア・ケイパビリティの相互作用

実験とプロトタイプ化は、二種類の新しいケイパビリティをつくり出す。一つ目は、製品やプロセスにおける「必要最小多様性」（requisite variety）と言われるもので、技術の多様なポートフォリオなどがその例である。二つ目は、それらがイノベーションの好循環を準備することである。この循環によって、実験とプロトタイプ化が効率的で、競争優位なケイパビリティを形成することができる。

そして、新たな戦略的方向を創造するためには、二つの対極的な方式がある。一つは「偉大な指導者」方式（トップダウン）であり、もう一つは「ハンズ・オン・チャンピオン」方式（ボトムアップ）である。これらについて、以下の二項で述べる。

### (1) 大きな実験としての戦略的意図

トップダウン方式の一例が、新しい戦略的方向性を支援するための劇的なプロジェクトである。こうした企業の新たな「戦略的意図」(strategic intent)[6] は、潜在的にビジネスをつくり直す。トップ幹部たちには、こうしたプロジェクトが、コア・リジディティの束縛を打ち破るための唯一の方法に見えるかもしれない。大衆紙が「画期的な新技術」を吹聴することで、こうしたトップが主導権を握る大きな実験を促進する傾向にある。たとえばマルチメディア技術という誘惑が、以前は保守的だった情報通信企業に、コストのかかるビデオ・オン・デマンド・サービスのベンチャーや、ビデオ製作会社の設立を吹き込んだ。バイオテクノロジーが最初に注目された時も、予想もしなかった投資家が高価な実験へと乗り出した。次に述べるモンサントの事例もそうである。

---

#### モンサントがバイオテクノロジーに払った費用

一九七九年、当時モンサントのCEOだったジャック・ハンレイは、著名な科学者ハワード・シュナイダーマンをカリフォルニア大学生命科学部長から引き抜き、バイオテクノロジーを研究するライフ・サイエンス・センターを設立するため資金一億五〇〇〇万ドルの支払いを約束した。ハンレイとシュナイダーマンは、モンサントを「五年か一〇年のうちに、バイオテクノロジーの分子生物学への応用で主要企業にする」という見通しを持っていた。[7]当時この農業会社のバイオテクノロジーと言えば、伝統的な科学プロジェクトの枠内におさまるいくつかのスカンク・ワークがあるだけだった。シュナイダーマンは入社後、ジーンテック社から多くのホルモン関係の権利を買い、畜産事業の研究開発に乗り出した。モンサントはさらに数百万ドルを投じて才能ある学者をリクルートし、各大学に劣らないアメリカ最強のバイオテクノロジーの拠点をつくり上げる潜在能力を得た。九〇年にはCEO（最高経営責任者）のリチャード・マホニーは「入社以来あれほど研究から多くが得られた時代はなかった」[8]と語っている。牛乳の生産を増やす成長ホルモン（BST）、農薬に強い遺伝子組み換え食品（その結果、同社の農薬はさらに使われるようになった）、医薬などの製品が生まれた。だがモンサントはBSTの使用に対して、牛乳が過剰生産になるという業界からの反発や、牛乳が汚染されるのでないかと恐れた世論からの反発も引き起こしてしまった。[9]だが九〇年代初頭には、同社が非常に力強くバイオテクノロジーを開発していることに疑念を持たれなくなった。九二年、モンサントは三つの領域（殺虫剤に強い穀物、ハイスターチ・ポテトなど何らかの性質を強化した穀物、害虫やウィルスに強い穀物）で一三の潜在的な商品を持っていると報じられている。これらの中で、九〇年代半ばに市場に出ると期待されたのは五種であった。[10]

ハンレイがモンサントを新たな方向に導いたのは、伝統的な化学工業の縮小を見通し、新しいテクノロジーを基盤にして企業を刷新する必要を感じたからであった。化学産業は当時、大気汚染や水質汚濁の主犯として非難を浴びていた。[11] 七〇年代には多くの環境保護法が成立、環境保護機関も設立され、世論の圧力はその後も強まって利益を圧縮するように思われた。[12] 豊富な資金を活かしてバイオテクノロジーに乗り出す前、ハンレイはエレクトロニクスなど、いくつもの投資の選択を検討した。当時は、バイオ分野において三五人の科学者がスカンク・ワークについていただけだったので、バイオで世界有数の企業になるという目標は野心的であった。

## (2) 慎重な実験としての戦略的即興

劇的な新技術の方向性は、「戦略的即興」(strategic improvisation) からも生まれることがある。[13] 最初は目立たなかった一つのプロジェクトが、企業の戦略的方向性を変えたり、新たな技術ケイパビリティを全体的に成長させたりする可能性がある (**図5—2参照**)。多くの新しい実験的技術は役員室から離れたところで生まれている。技術の実験における範囲は、大部分がその産業の文化に依存し、既存の技術に関する資本の要求に影響されている。[14] 化学産業の「骨太な」資本投資という体質が、モンサントの高価な実験ベンチャーへの舞台を用意した。一方エレクトロニクス産業でのイノベーションは、半導体を除いて歴史的に大規模な資本投資を必要としなかった。重要な戦略的ケイパビリティを小さいものから育てるという考えが、この産業では当然とされていたのだった。

デジタル・エクイップメント（以下ＤＥＣ）やヒューレット・パッカード（以下ＨＰ）は八〇年代も、創設者が会社を率いており、また起業家的な文化を維持していることを誇りにしていた。大胆なアイデアから会社をつくったことから、彼らは「異端」というメンタリティに高い価値を置いていた。さらに技術分野で才能を持った、優秀な従業員が新しいビジネスを生み出すことを知っており、特定の製品やプロセスを発展させるために実験的なプロジェクトを始めた。少なくとも初めは「百花繚乱」という雰囲気を醸成しようとした。[15] ここでは、戦略的な先見性よりも、戦略的な「認識」に注意を集中していた。[16] つまり、将来の動向を詳細に計画する能力よりも、高い潜在能力を持ったアイデアを見つけ出し、育てる能力を重視していた。その結果、企業の方向性まででも変えてしまった個人のプロジェクトの逸話が、これらの企業ではごろごろしている。

ＨＰは、チャンスを見極めるという戦略的認識に

**図5－2◉プロジェクトとコア技術ケイパビリティの発達**

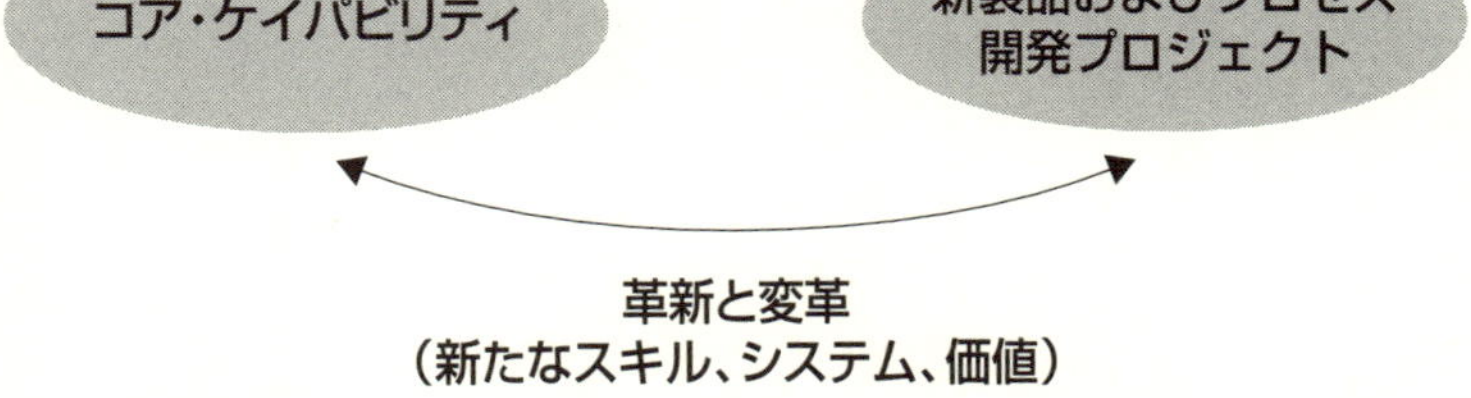

かけては、他社も羨むべき実績を上げている。[17] 一九八九年、コンピュータ・ビジネスは世界全体で二二・三億ドルの規模であったが、そのビジネス部門で、同社はアメリカの二強の一角に食い込んでいた。[18] HPがこのビジネスで躍進した理由は、一九七二年からのHP―35の開発の成功が大きい。これは携帯型計算機としては初めて、三角関数や指数・対数計算の機能を備えたものだった。創設者のビル・ヒューレットは、個人的に「電子計算尺」がほしかったからこのプロジェクトに挑戦したと語る。初期のマーケティング計画書では五〇〇〇台の売上げと出たが、実際には最初の三年間で三〇万台以上売れた。[19]

コーニングも戦略的即興で利益を上げている。六〇年代末、世界中の研究者はいかにして光ファイバーで情報通信を行うかという難問に挑んでいた。コーニングは逆方向からこの問題を解決しようとした。つまり、ガラスを純粋にするかわりに、光ファイバーの中心部に「ドーパント」と呼ばれる不純物をわざと入れて、他の層よりも屈曲率を高くしたのである。こうして光を伝達できるようになった。[20] マネジャーたちはこの「異端」にこだわって、新たなビジネスを開いたのである。

インテルがDRAMビジネスから最終的に撤退し、コア・ケイパビリティをメモリ・チップに集中し始めたのは、日本の計算機メーカーのビジコム社向けに新たな半導体チップを開発しているうちにマイクロプロセッサを発明した時である。チップ設計者のテッド・ホフは、チームの人々と一緒に計算機能をプログラミングができる汎用性のあるチップにしようとし、特定用途向けのカスタム・デザインの半導体とすることを避けた。ホフはこの設計が他の多くの分野にも応用できることに気づき、ビジコムからこのチップの計算以外の応用についての権利を買い戻すようインテル上層部に働きかけた。八〇年代半ば、インテルは「シリコンを基盤としたメモリ生産から、論理積のデザイン構築へと、競争力の中心を移した[21]」。

## 3 ―― 実験に適した環境をつくる

要するに、トップダウンであれボトムアップであれ、実験から生まれたアイデアが企業の未来を決める。本章で論じてきたように、実験がケイパビリティをつくるのに重要な活動であるならば、経営幹部は実験を承認し、奨励する空気をつくり出す必要がある。主流の技術や企業文化をものともせず、異端となるのを恐れない人に支持されて初めて、アイデアは現実となる。「機械的組織」対「有機的組織[22]」というテーマと同様に、「戦う組織[23]」(champion)について書かれた優れた本や論文はいくつもある。しかしここでは、従業員がリスクを恐れず積極的に実験を行うような組織になるために、さまざまなレベルでマネジャーが取り得る行為を示唆しよう。こうしたマネジメント活動の最終目標は、研究開発部のような独立的なセクションでなく企業全体に、ある程度の実験を(チャパラルのように)可能にすることである。将来が不確実であるほど、社内の全員が実験や学習を重視する環境が必要であり、そこではプロトタイプ化はたんなるエンジニアの技術的活動ではなく、ものの考え方それ自体となっていることが重要なのだ。

ではどうしたらそのような環境をつくれるだろうか。概念的だが次の二つの実践的な仕事が重要である。それは、①知的な失敗と不要な失敗とを（言葉のうえでもマネジメントにおいても）区別すること、②知識構築における失敗の役割を認識することである。

### (1) 知的な失敗

組織はネガティブな情報を無視する傾向にある。一九八三年から八八年にかけて、企業における医薬イノベーションを調べたヴァン・デ・ヴェンとポリーは、失敗が隠蔽されていたいくつもの事例を報告している。彼らの見つけた「学習障害」の四つの源泉は、①過度に楽観的な報告を行って印象づける、②過ちを学習の素材と考えない、③コアとなるアイデアを本当に評価せずに目を逸らしてしまうような、もたれ合い活動の増殖、④組織的忘却を導くようなプロジェクトメンバーの交代、である[24]。最初の二つの「学習障害」は、外見に隠れた裏側を見ようとしないこと、マイナスの情報に価値があると考えないことにかかわっている。失敗の徴候がイノベーションにとって致命的と考えるメンバーたちは、どんな出来事でも明るい面ばかりにこだわる。もちろん、マイナス情報にプラスのバイアスをかける背後には、各個人が（失脚でなく）成功して昇進したいという思いがある[25]。

我々は、組織を破滅させる失敗と、創造的な実験に貢献する失敗とを峻別すべきである。ユーモリストのジョン・クリースは、「白いブラウスの下に黒いブラジャーをつけるような、あるいはもっと男性的な例で言えば、アジアで地上戦を始めるような『筋金入り』の間違い」と、「その時点でチャンスを生かそうとして犯した間違い」を区別する。[26] 前者のような利益の可能性のほとんどない間違いは奨励してはならないが、後者のタイプの失敗は「知的」であり、[27] メリットがあるだけでなく必要でさえある。知的な間違いは、リスクを取るところからくる。間違ったことを言ったりしたりするリスクをだれも犯さないようでは、創造の余地もない。[28] 結果的に「知的な失敗」に終わったが、リスクを取った人々の処遇がその後どうなるかを、従業員はきちんと見ている。

チャパラルでは、ミディアム・セクションで製鉄のディレクターであったデイヴ・フーニーが、ビームの最終調整のために一五〇万ドルのアーク・ソーを購入するというリスクを犯した。もともとベンダーでプロトタイプ化されていたものだが、工場以外でテストすることが不可能だとわかったアーク・ソーは、ミドロージアン（スコットランド南東部の州）に送り返された。もとのバンド・ソーと、アーク・ソーとで実地に生産を比較する実験が工場で行われたが、アーク・ソーのほうは見事に失敗した。磁場が小さな金属片（時計やペンも含めて）を引き寄せて磁性体に変えてしまい、エンジニアたちが効率的に生産をできるようには至らなかった。試行錯誤の末に、アーク・ソー設備は取り除かれた。だが結果として副社長に昇進したフーニーは、社外の人々が「彼のようなミスをした人が失脚しないとは信じられない」と言っているのを知って、愉快に感じた。[29]

これが、リスクには失敗がつきものだと知られている企業での「知的な失敗」の例である。だが、マネジャーのなかには、「知的な失敗」と、クリースの言う「筋金入りの失敗」との違いがわからない人がいる。失敗は、だれも好まない。アメリカの組織において、失敗にはまさに否定的な意味合いが持たれている。[30] 失敗が起こると、通常の組織では、墓碑さえ立てずにそれをなるたけ早く埋めてしまおうとする。成功に必要な知識の構築にとって失敗の役割を過小評価していることもその一因であろう。

## (2) 知識構築における失敗の役割

「前向きに失敗する」物語を最も人口に膾炙するかたちで提供してきたのは、科学研究のコミュニティである。彼らは失敗から学ぶことで前向きに創造する力を引き出す。ある方向での失敗が、別の方向での成功にひそかに貢献している。たとえばペニシリンの発見が有名だ。アレクサンダー・フレミングはブドウ球菌を育ててきた多数の実験皿を仕分けしていた。役立つ情報が得られないと判断した皿についても、洗浄する前に消毒のためにリゾールをかけておいた。かつての研究仲間が訪れた時、フレミングは積んであった実験皿から無造作に一つ取って、仕事の見本として見せた。その時初めてフレミングは、皿の中で培養された菌の成長に影響が出ていることに気づき、後の医学的発見につながった。[31] フレミングは文字通り、多数の失敗した実験から、価値ある情報を救い出したのである。

失敗を成功に変化させた「奇跡」の薬は、ペニシリンだけではない。最初の目標には効果がなかった薬が、別の目標には効果を上げることがある。近年の例だが、ベータセロン（ベータ・インターフェロンの商標名）は、「チータスの実験室でたらい回しされていた」。ガンやウィルスに対する効果の試験で七〇回以上も効果がなかったが、さまざまな硬化症の緩和や再発防止に非常に効果が上がることが判明した。チータスがこれほど厄介物としていた薬にも需要があったのだ。[32)]

研究室以外では実験はその意義をあまり理解されず、寛容に見られない。また、袋小路に陥った探究を隠蔽する傾向もある。３Ｍの「ポスト・イット」というよく知られた例（自動車の粘着天井カバーをつくろうとして失敗して生まれた）を別にすれば、新製品や新プロセスの失敗を応用した知識については記録されることも稀である。失敗したプロジェクトは忘れるのが一番だと思われている。かくして、役立つ知識を提供してくれるはずのそれまでの開発の試みやプロジェクトが、闇に葬られてしまうのだ。

新製品開発においてさえ、失敗を前向きにとらえることが難しい。その理由の一つは、我々が眼前の市場のスピードに心を奪われていることにある。[33)]これは市場で望まれるような戦略的技術に焦点を合わせるという点で必要であるし役にも立つが、同時に、好ましからざる副作用も生ずる。まずスピードに気を取られて、プロジェクトの正式な開始に先立つ知識収集活動（それまでの失敗したプロジェクトの時間も含めて）を無視しがちだということがある。かつての失敗を葬ることで、組織は市場に商品を送り出すのに要する時間の長さを、自らに（そして他者に）対して意図せず嘘をつくことになる。かつての知識収集への努力が、まったく無視はされないとしても価値を低められる。ＩＢＭの著名な３６０コンピュータは、「失敗した」それまでのプロジェクト開発に多くを負っている。ＤＥＣの初のワークステーション３１００は、かつて取り消された「フォックスファイア」というプロジェクトの設計を活用している。それにもかかわらず、大部分の組織で、以前のプロジェクトが「失敗した」という理由で隠され、マネジャーたちは、失敗から得たものについて、自分も他者をも欺く。かつて失敗した試みからいかに多くのことを個人的に得ているのかを認識しているのは、開発チームのメンバーだけである。

成功と失敗を含めエレクトロニクス産業における一五八もの新製品の事例を研究したメイディックとジルガーは、「失敗から得られた知識がしばしば次の成功の道具になっている」[34]ことを発見した。企業がどのように前向きに失敗したかを理解するために、彼らは単一の事例よりも一連の事例を検討する必要があった。「新しい市場へのアプローチ、新製品のコンセプト、新しい技術の代替手段、こうしたものはそれまでの失敗をベースとしている」[35]。後知恵があれば、経験的な「むち打ち」のいくつかは避け得たに違いない。学習のある種のものは高度に経験的なものである。

## 4――実験の種類とプロトタイプ化

企業は長く広く経験を積むほど習熟し、組織も従業員もショックに耐える力がつく[36]。実験というと、複雑なマトリクスや、数学的な確率計算や、高価な設備が思い浮かぶが、有用な知識の多くは必ずしも厳格な定式化のないところからも得られている。

## (1) 実験の種類

ある遺伝子工学の博士がかつて、アメリカで最も好まれるトウモロコシの種を育てた人にインタビューするため、種苗会社を訪れた。この科学者の企業が種苗ビジネスに乗り出すチャンスを伺うためである。遺伝子工学は、種の改良に表向き非常に大きな可能性を持っているが、伝統的な方法は時間がかかり、多くの試行錯誤を必要としていた。望ましい性質を実現するために、植物を育てては最もよいものから種を取り、それをまた育てるという繰り返しだった。遺伝子工学の博士は、種苗ビジネスがバラバラに行われていることに驚いた。各地域にはそれぞれ違った土壌や気候条件があり、候補地でうまくいくかどうか事前に知るのは非常に困難であった。また、条件設定を満たすために種の微調整も必要だった。種の生育いかんにかかわらず、これが時間を取った。言い換えると、究極の実験は、場所を選定すること自体だった。そのうち異種交配の専門家がきわめてうまく仕事をこなしていることがわかった。彼は高卒だったが、その単純な方法論の可能性は甚大だった。ある植物がその土壌に含まれているミネラルや有機物に耐えられるかを試すのに、彼は釘をそれぞれの植物の横に差し、それで植物を貫通するのである。その植物に、その土地の状況を余分に「注入」するのだ。それで生き残った種が、その土地に合っている。旱魃への耐性を調べる場合も同様だった。通常は植物の間は四フィートずつ開けることになっているが、彼は一フィート間隔で植えて、しかも水をやらない。それで生き残った種を育てた。遺伝子学者はこの単純な実験のエレガントさに尊敬の念を抱いた。

この例や、第1章で挙げたチャパレルの合板のしぶき避け実験で明らかなように、単純で安上がりな実験でも、豊かな可能性を秘めた情報を得られるのである。こうした節約型実験がうまくいくとは限らず、方法論を洗練させた実験のほうが効率的な場合も多いが、我々は実験やプロトタイプ化が実験室内に限られたことだと考えて気後れしすぎてはいないだろうか。確かに実験は実験室で行うのが最適だが、マネジャーの「前向きの失敗」への寛容さの度合いが、大きな結果の違いを生むのだ。

### ①実験を強制する

一九七六年から八九年までジョンソン・エンド・ジョンソン（以下J&J）のCEOのジェームズ・E・バークは、胸に塗るタイプの風邪薬の開発経験を思い起こすのが好きだった。これは失敗に終わったが、当時の代表取締役だったロバート・ウッド・ジョンソンは、バークがリスクを取ったことを褒めた。バークは在職中社員たちに、リスクを取ることを勧めた。そのメッセージは前線に届くまでに弱まることも多かったが、社員の多くはその精神を心に留めた。

一九八六年、当時J&Jの関連企業であったエチコン社の副社長だったロバート・ベイカーは、社の生産戦略の再考を依頼された。エチコンは外科手術用の縫合製品（さまざまな種類の糸や針）をつくっていた。ベイカーはまず生産プロセスを流動化し、高速設備を含めて新たな技術を導入した工場を新設した。この新たな生産プロセスのためには、製品自体を二〇%強い合金に変える必要があったが、ベイカーのマーケティング部はそれを支持した。世界一強い針として宣伝できる、というのである。ベイカーは、技術部門のベテランの金属学者に、二〇%強い合金をつくるように依頼したところ、金属学者は「そんな依頼をする人がいるとは思いもよらなかった」と応答した。ベイカーはおもしろい条件を出した。熱処理した三つの冶金のうち二つは捨てなくてはならない、というのである。この「しばり」には次のような効果が上がった。まず、目的のある「失敗」が促進され、実験の量が奨励された。また、金属の選択眼が磨かれた。そして一年のうちに、金属学者は条件に合った合金を見つけ出したのである[37)]。

### ②「自然な」実験

大企業で新しいツール、方法、プロセスなどが複数の部署で同時に採用される時、実験は自然にできる。しかしそれがたんなるイノベーションの技術的側面について学習する機会としか考えない場合があまりに多い。イノベーションの技術的な部分が各部署で注意深く学習されるが、組織間での違った影響を観察する立場の者はいない。たとえば、製図のためのCADを導入したある企業では、二つの先発部署でシステムのユーザーをまったく異なる観点からとらえた。一方の部署においては、設計エンジニア自身がユーザーに帰せられた。エンジニアの頭の中から設計が直接ソフトウエアに移せれば、多くのお金のかかる誤りを避けることができ、ユーザーとしてのエンジニアが品質に責任を持つとされた。もう一つの部署では、特別に選ばれたメンバーで構成された技術者部隊が、エンジニアのための中央サポート集団として立ち上げられた。エンジニアがこのシステムを利用する回数が相対的に少なかったため、システムを学習するのは意味がないとされた。そして、技術者がエンジニアの仕事の観察者となることができた。

この二つの例は、次世代CADの設計にとっても、設計エンジニアリングにおける高質なプログラムの作成にとっても、意義深い。CADシステムは数カ月間は会社の他の部署に導入される予定はなかったので、この二つの部署での組織やエンジニアリング設計のプロセスへの影響を観察・評価することができた。しかしこのパイロット・スタディの目的が、ソフトウエアと組織の関係を会社全体にフィードバックするのでなく、ソフトウエアの性質を設計者にフィードバックするといった狭い意味に解釈されていた。だれも実験（もしくは異なる状況のプロトタイプ化）だと思っていなかったのだ。したがって経営幹部は、この意思決定にかかわる情報を得るチャンスを生かすことができなかった。

## (2) プロトタイプ化

プロトタイプ化に対する考え方は、組織によっても個人によっても大きな違いがある。第3章（図3―6）で述べたように、平面のスケッチから、実際の機能を再現する生産のデモまで含まれる。プロトタイプによるアイデアの表現力は、ユーザーになる可能性のある人やプロトタイプ化からの情報が必要な人とコミュニケーションする際、どの程度情報ギャップがあるかによる。HPのエンジニアたちは連結度数カウンターを構想した時も、顧客はスケッチだけではその概念を把握できなかった。馴染みのあるツール（電圧オシロスコープ）との類比でも不十分だった。これは形が新しいということではなく、顧客が知らない新しい機能だったので、平面スケッチでさえイメージできなかったのだ。そこで三次元で十分機能的なプロトタイプを見て初めて、ユーザーはこのツールがニーズを満たす能力を持ったものだと理解できた。他方HPの研究員たちは、当時の顧客に、非常に安くて良質のガス・クロマトグラフについて尋ねることが可能だった。顧客はこのツールについての明瞭な概念（見た目も機能も）を持っていたからである。しかし、新しいクロマトグラフについては、平面スケッチと簡単な説明でユーザーには十分だった。心の中で三次元にし、機能を思い浮かべることができたのだ。こうした例が示すとおり、プロトタイプによって反応や市場から得られる情報も違ってくるのだ。

まったく新しい屋外グリルのデザインに挑戦していたテルモ・カンパニー・ライフスタイル社では、新型の電気グリルに二種類のモデルを用意した。「実際に機能する見栄えの悪いほうと、見栄えのよいダミー（実際には使えない）」の二種類である。開発チームはこの二つにそれぞれ、「モニター」と「メリマック」（南北戦争の時の鋼鉄船名）という名前をつけ、小売業者と消費者から、機能と外観についてのフィードバックを得る時にそれぞれ使った。見栄えもよくかつ実際に使える単一のプロトタイプをつくるとしたら、半年はかかっただろう。この二種類のプロトタイプから得られたフィードバックにより、同社では一気に生産へと突き進むことができた[38]。

プロトタイプの活用も、実験の場合と同じ偏見に足を引っ張られる。たとえば、「速かろう悪かろう」でデザイナーの意向を反映していない、見る人に誤解を与えるだろう、など。これらは確かに危険である。製品やプロセスの開発者は、マネジャーの出くわす二種類の危険について述べている。一つは、マネジャーがプロトタイプから最終製品を導き出せないこと、もう一つはマネジャーが早計であることである。開発者自身は、「設計状況の現実とつきあいながら考えを暖める」ことに慣れている。[39] 開発者は、失われた情報を穴埋めしたり、現在あるもので何が可能かを表明したりできる。だが多くの人々は「不完全性」に耐えられず、細部の穴埋めができず、プロトタイプの中に可能性を見ることができない。これは開発者の側にとっては阻害要因である。描かれた線や形、色などが最終的・絶対的なものと取られてしまう。その結果、顧客には途中のアイデアは見せられないと、開発者の側では「学習」するのだ。こうした人々が支配的な企業では、プロトタイプは「道具ではなく思考の最終製品」として扱われてしまう。[40] 当然のことだが、こうした状況においては、プロトタイプについて対話することが、新しいアイデアを刺激したり、顧客やデザイナーがニーズとその解決を最も創造的に一致させるような探究となったりすることはほとんどない。

マネジャーたちに、これから見せるものはプロトタイプであって完成品ではないことを注意深く警告したにもかかわらず、売り出されてしまったという不幸な経験を話してくれた開発者もいた。一九八二年九月、DECでエキスパート・システムのデモを、マーケティングおよび販売担当の副社長が視察した。開発チームはそれまでの出来栄えに誇りを持っていたが、完成までにさらに一年はかかると見込んでいた。ところが副社長はデモに感激し、クリスマスまでに売り出したいと主張した。[41] 開発チームは、彼らの「七面鳥」を早くデモに出したために「クリスマスに料理され、食べられてしまった」と感じた。

だがこうした危険にもかかわらず、プロトタイプ化は、外部向けのコミュニケーションならびに情報のアウトプットにとって本質的な作業である。組織は素早く学習するために、迅速にプロトタイプ化を行うのである。プロトタイプ化に必要とされる環境は、実験とほぼ同様であり、「非難」よりも「学習」が重要である。「我々はエンジニアたちに、人に見せる前に機能を完成させたプロトタイプをつくる必要はないと必死で説得してきました。速いということは、見せるほど見栄えはよくない、ということです」と、製品開発サイクルを短縮することで生き残ってきた、ある企業のマネジャーは回顧した。「しかし、彼らは一たび我々のプロトタイプに対する概念を理解すると、素早くそのように方向転換してくれました」。

### (3) 内部の救難船員

もし従業員が外の市場（実際には、新製品が世に出た後の状況）をシミュレーションできるのであれば、企業は、学習において優位性を持つことができる。ここで言う「内部の救難船員」とは、前章で述べたユーザー・グループと似た機能を果たすが、製品開発部門へ意見をフィードバックする従業員のことを指している。

たとえば、ジレットでは、男性従業員はもう数十年も、ひげを剃らないで出社する習慣があるが、それは新しい剃刀を試すためである。あるいはコダックでは、事後報告でフィルムをいくら使ってもよいことになっている。この方針からさまざまな成果が上がったが、なかでも防水の「ウィークエンダー」カメラは、あるエンジニアがカヤック旅行の途中でうっかりフィルムを水に漬けてしまったところから生まれた。

そして、DECのエンジニアは、ワークステーション3100のためのプロトタイプをテストする「内部の救難船員」を立ち上げた。最も多くのバグを見つけたメンバーは、褒美としてその機械が与えられた。さらに、イギリスを本拠とするアムスタッド社は、パーソナル携帯情報端末（PDA）の開発中に、従業員に数百台のプロトタイプを渡して、どのように使われるかを観察した。また、新しい電気グリルを設計していたテルモ社の開発チームは、最初の製品を説明して同僚に使わせてみた。こうした「内部の救難船員」は、グリルの片側のプラスチック棚が重い皿を支えきれない、といった報告を返す義務を負っている。

「救難船員」メンバーは商品の本当のユーザーとは言えないまでも、ユーザー環境を深く、いち早く経験しているので、プロトタイプ化のプロセスを手助けするのに非常に役に立つ。

もちろん、内部の救難船員が生産やプロセスに反対できないような企業も多い。さらに従業員が「ターゲットとしている消費者」を代表していないところでも、製品開発者を誤った方向に導いてしまう。HPの「ネクスト・ベンチ」のための設計という実践（たとえば、次世代のワークステーションを使うエンジニアのため）は、主たる生産ラインが計算機や測定機器の場合にはうまくいっている。HPが医療分野に乗り出した時（コンピュータに最初に参入した時でさえも）、主要な顧客のニーズを表現する新たな方法を考えなくてはならなかった。だが、HPのエンジニアが家庭でもコンピュータやプリンタを使うようになった時、従業員にどんな製品がいいか尋ねたり、それを最初に試してもらったりすることが可能となった。第7章で我々は、さまざまな種類の市場実験について深く検討する。

## （4）組織上のプロトタイプ化

プロトタイプ化を通して学べる機会は新製品のための技術的フィージビリティ・テスト以上に存在する。新しい方法論やプロセス・ツールの導入などである。このような組織上のプロトタイプ化は学習に重要な刺激を与える。組織上のプロトタイプ化の目的は、技術的プロトタイプ化と同じく、知識生成の実験を小規模に行うことである。前章で述べたように、プロセス・ツールは、しばしば予測不可能なかたちで、スキルや慣習的な組織活動と相互作用を引き起こす。だが、パイロット・プロジェクトが実験として行われている場合でも、そこでの学習はほとんど技術的知識のみに偏っている。技術スタッフが実験やプロトタイプ化という思考に慣れているのも、その理由の一つだ。だがマネジャーは、一般にそうした考え方に慣れていない。そのため、新たなプロセス・ツールの「実験」を任されたマネジャーは、わずかな費用で組織上のプロトタイプ化を実践するために生み出される機会を、有効に活用できない[42]。

新たなプロセスを導入する際、局所的に専門ユーザーをつくり出すことは、組織上のプロトタイプ化の比較的安価な一つの方法である。このように前もって従業員を配置することは、二つの目的がある。一つは彼らが必要とされる組織的な変化を予想することであり、もう一つは彼らがツールの活用を支援するための人材になり、それを準備しカスタマイズできるようにすることである。新しいシステムや手続きから実際に影響を受ける立場の従業員を専門ユーザーに選べば、その代表者は、自分自身のタスクや業務環境とイノベーションに関する知識を統合し、その両者の相互作用も理解するだろう。そうした人は、前章で述べた相互適応のプロセスの先導者として貴重だが、マネジャーは、全面的な活用の前に、社員の時間を実験や学習に充てることを渋ることが多い。そうした投資から得られる見返りについて懐疑的なのである。だからある社員が企業の「モルモット役」に指名されても、彼らは他の仕事の責任からも逃れられず、すべてのトラブルを調査し、潜在的な欠点を洗い出す十分な時間がないのが通例だ。

ソフトウエアの活用について二つの会社を比較した研究では、あまり大きくない組織上のプロトタイプ化でも十分引き合うことを示している。

## アルファ社とベータ社におけるソフトウエア活用比較

一九六七年から六八年にかけて、二つの競合するコンピュータ会社が、製造工場に、資材や部品の購買を管理するソフトウエア・パッケージを導入した。各社三部署(合計六部署)で、費消された工数、中断期間、生産性が上がるまでの時間、そして経験された「精神的外傷」(トラウマ)が比較された。アルファ社では、部署Bは相対的に失敗している。**表5—1**が示すとおり、部署Bでは中断期間が他よりも長く、割合としても多い(全体の六七%)。この中断のため、生産を再開するまでの時間も、他よりも五割以上長くなってしまっている。さらに、人×日(買い手にとって)で測った訓練教育期間も長い。

ベータ社では、部署Xと部署Yが、部署Zよりも高いコストを払っている。部署Yでの計画、訓練、学習にかかった人×日は、工場の規模としてはほぼ同じであるのに部署Zの二倍以上である。部署Xでは、九カ月以上の期間にわたり、一時的な手助け、コンサルタント料、大規模な設備の構築や部署外からのレンタルに伴うコストで約二〇〇万ドルかかっている。

こうした部署間での差異の原因を、工場への導入順序といった単一の変数に帰することはできない。新しいシステムのインストールを、だれかが「すべてのバグを取り除いてくれるまで」待つことは、必ずしもスムーズな導入を保証しない。また、最初に導入したからといって、他の部署よりも苦労を経験するわけでもない。先駆けであることが高コストの原因であるとは説明はできないのだ。計画への積極性の度合いも、このコストの差を説明できない。部署Yと部署Zは、導入前の計画

**表5－1◉アルファ・ベータ両社におけるソフトウエア活用**

| | 導入の順序 | 中断期間[a] | 生産性が上がるまでの時間[b] | かかった工数（人×日）[c] |
|---|---|---|---|---|
| アルファ | | | | |
| 部署A | 7 | 0 | 14 | 67 |
| 部署B | 18 | 12 | 18 | 126 |
| 部署C | 29 | 7 | 10 | 89 |
| ベータ | | | | |
| 部署X | 2 | 9 | 13 | N/A[d] |
| 部署Y | 4（1 in U.S.） | 20 | 21 | 5915 |
| 部署Z | 20 | 2 | 4 | 2576 |

a 購買部門が、ソフトウエア配布から活用の前段階の効率を取り戻すまで要した期間（単位:月）。
b 購買部門が、ソフトウエア配布から生産性を上げるまでに要した期間（単位:月）。
c この数字は、活用チームと購買部門が、計画とトレーニングに費やした時間を含む。情報システム部がプログラミングに費やした時間は含まれない。
d 完全に比較できる数字は、Xの現場からは得られなかった。だが、多くの契約社員とコンサルタントが雇われているため、Yの現場よりも多い人数であることがわかっている

についてはほぼ同じだけの人×日を投入しているのだ。そして、部署Bは比較的低コストの部署Aよりも、計画に時間をかけている。

両社に共通して見られる部署間の主たる違いは、組織上のプロトタイプ化への投資に困っている。**図5―3**の部署Yと部署Zとの比較を参照していただきたい。より成功した部署のマネジャーの特徴として、①インストール前に予想される相互作用に関するその部署特有の知識構築のために投資をしている、②インストール期間中には容易にアクセス可能な豊富なヘルプ・スタッフを用意する、が挙げられる。部署A、B、Zでは、マネジャーはその部署の新しいシステムについてのユーザー・エキスパートを導入前に任命して

**図5―3◉ベータ社の部署Yと部署Zにおけるソフトウエア活用比較**

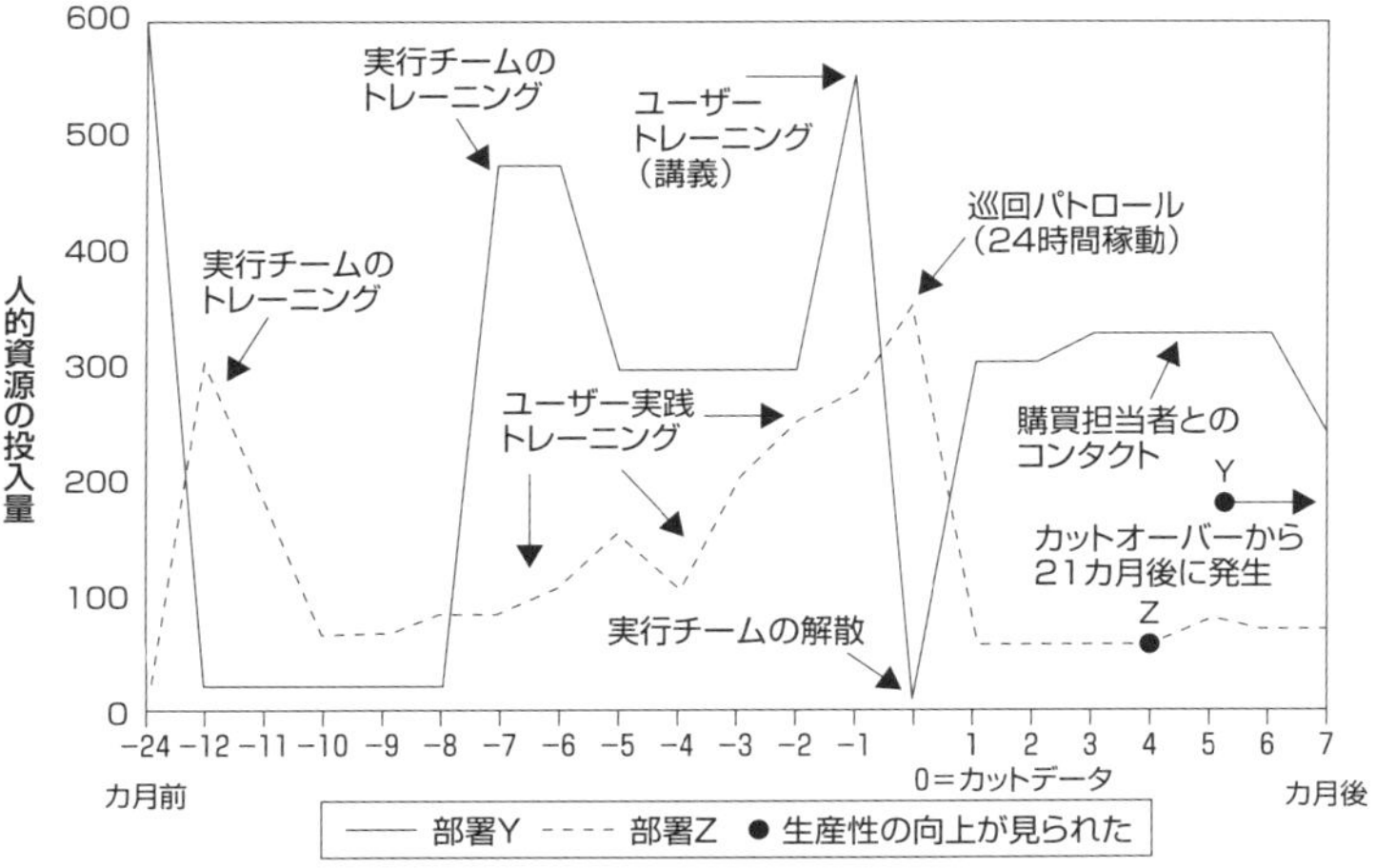


出典：Adapted from Dorothy Leonard-Barton, "Implementing New Production Technologies: Exercises in Corporate Learning, "in *Managing Complexity in High Technology*, ed. Mary Ann Von Glinow and Susan Mohrman (New York: Oxford University Press, 1990), 181.

いた。たとえば部署Cでは、新システムのシミュレーションと試行に三カ月かけられるようにあるバイヤーへの通常の仕事割当が他のバイヤーと比べて前もって七五％削減された[43)]。

専門的ユーザーをつくった三つの部署のマネジャーは、その成果に自信を持っており、結果もそれを裏づけている。プロトタイプに資源（人材・時間等）は割けないと考えたマネジャーは、結局のところ、拙速、混乱、怒りなどによってますます多くの時間とお金を失うこととなった。さらに専門的ユーザーは、導入のかなり後まで、次世代のツール設計のアドバイザーとしても機能する。したがって、組織上のプロトタイプへの投資は、イノベーションがルーティン化した後でも十分元が取れるのである。

## 5――プロトタイプ化と実験から学ぶ

マネジャーが、こうした実践から学ぶという確信がない限り、経験やプロトタイプ化を立ち上げても、さほど効果はない。親やマネジャーや教師ならだれでも知っているように、行動・行為をフィードバックすることは学習のための重要なツールである。「もし行動―結果―フィードバックという一連の動作が迅速に、頻繁に行われれば、各個人は学習の成果を上げ、おそらく結果も向上するだろう。短いフィードバック・ループで行動を正すことで意思決定が向上できる。その逆も真で、もしフィードバックがあまり行われず、時間もかかってしまうと、結果も歪んでしまう」[44]。フィードバック・ループが長く、また、その人にとって簡単に解釈ができないと、あらゆるバイアスが個人の行動に影響する[45]。もう一度言うが、学習への投資を短く切り上げようとの誘惑に抗しなくてはならない。

### (1) システマティックな学習：プロジェクト監査

プロジェクトから学習を引き出すメカニズムとして、ポスト・プロジェクト監査という制度がある。開発プロジェクトの終わりに、では次の時にはだれがよりよく仕事ができるのかを明らかにするために、チームを組んで監査するのである[46]。プロジェクトが実験的であるほど、監査の役割は重い。だがこうした監査の実際の有用性についてはいくつか疑問が上がっている。①だれが監査をするのか。もしメンバーの一部が他の仕事に抜けたら、すべてのメンバーは揃わず、監査も不完全ということになる。②プロジェクトのどのくらいの割合を監査するのか。（市場に出さなかったものも含めて）すべてが監査されたのか。たとえ一つの商品だけでも監査するのは非常に有用だが、複数のプロジェクトを調べると、時系列的なパターンが浮かび上がってくる。③集めた情報をどうしたか。ほとんどのマネジャーは、「だれかが報告書を書いた」と自信たっぷりに答えるだろう。ではその報告書はどうなったのか。次のプロジェクトで何か変わったか。多くの場合はどこかのファイリング・キャビネットにおさまっている。あるいはせいぜい、チームが可能な改良についての（通常非常に長い）リストをつくる程度だ。このリストが重視されることは稀で、新しい手続きが試された特定のプロジェクトの日付や名前が記され、最上の三つや五つについてだけ特定の人が特定の行動を取るにすぎない。つまりプロジェクト監査の主たる課題は、集められた情報に関してシステマティックに行動を取ることなのである。

たとえばコンピュータ会社のLANの開発者たちは、マーケティング情報が開発プロセスに入るのが遅く、開発チームは重要な顧客にとって大事な機能を後に取り入れて、発売日を遅らせてしまった。プロジェクト後の監査で、望ましい機能がなぜこんなに後になってから気づかれたのかを診断した。実際にはチーム内の若いマーケッターが設計の初期段階でそのニーズには気づいていたのだ。彼女が若くて経験が浅い（さらにマーケティング出身である）から、チームのメンバーはその意見を軽視し、見落としてしまったのだ。だが二人のエンジニアが、製品が出る二カ月前にカギとなる顧客を訪問して、顧客自身の口からそのニーズを聞き、デザインを急いで修正した。同じパターン（マーケティング情報が、エンジニアが妥当と思うまで無視される）は他のプロジェクトにもいくつもあり、マネジャーはそれがコア・リジディティになると結論づけた。

### (2) プロセスのオーバーホール

最近まで企業は、作業プロセスの流れをシステマティックに回顧してこなかった。以前ＨＰは、新製品開発プロセスの見直しを決定し、リエンジニアリングの流行の先頭を切った。ＨＰのアプローチで興味深い点の一つは、「成功した」プロジェクトと「失敗した」プロジェクトを弁別することで、実験に準ずるシミュレーション研究を行っているところだ。成功だけでなく「失敗」

も率直に認めることは、プロセス改良を目的とした知識の生成に対する私心なき興味を要するのだ。

## 製品定義プロセスを再設計するHP

一九八〇年代末、HPは、ターゲット市場をコンピュータのテストから測定へと変えていた。トップは製品開発時間を短縮し、収入の流れを増やし、支出をコントロールすることで、収支を均衡させよとの「お触れ」を各層へ出した。この挑戦は、どうして収支を均衡させるかについて、さまざまな考え方を生み出した。シニア・マネジャーたちは、新製品を開発する際に、製品を定義する局面において何回も問題が繰り返し発生しているという弱点に気がついた。製品の定義は開発プロジェクトの進行中は安定していないので、定義が変わると資源や時間が無駄になってしまう。結果としてHPにおける企業エンジニアリングは、こうした問題を解決するような製品定義プロセスの開発に決まった。[47]

繰り返されるプロセスの研究は、成功した新製品プロジェクトと失敗したそれとを比較するという科学的なもので、成功と失敗を分ける五つの要因を明らかにしたが、そのうち最も重要なのは開発者がユーザーのニーズを理解している度合いだった。[48] HPの研究は、一四のビジネス部門のうち九部門から、一九の成功・失敗プロジェクト（プロジェクトはすべて完成し、製品は市場に出ている）をケース・スタディするというものだった。[49] 調べてみると、市場での失敗の最大要因は立地や中断期間等でなく、ユーザーのニーズをつかんでいないことだったのだ。失敗の原因は必ずしも努力不足ではない。顧客に対して数カ月、数百万ドルをかけて虚しく質問調査を行っていた開発チームもあった。ターゲットとすべきユーザー（実際に買うかどうかの最終判断をする人、もしくは購買の決定に影響する人）を見極めることが困難であった。失敗したチームは、工場からエンドユーザーというつながりのなかで、どんな問題を解くべきなのか正確に把握していなかった。ニーズを製品へと「翻訳」することができていなかったのだ。[50]

ユーザーのニーズを特定するという問題については、第7章で再び触れる。プロジェクト監査に関して、HPでの調査から得られたのと同じくらい興味深い側面が他にも二つある。①マネジャーが立ち上げた、「成功」だけでなく「失敗」も注意深く含めた「準実験的状況」、②HPでの研究結果の利用を拡張することである。こうした非常にシステマティックな検証を基礎として、HPは新製品開発プロセスを再設計し、研究結果を広範囲の部署で活用した。マネジャーたちは他社の研究も行うため、学者たちとも協力した。[51]

## 6 ―― 要約

実験的活動はコア技術ケイパビリティを引き出すが、より重要なことは、実験が新しいものを創造することである。将来性のある技術の選択肢を構築する実験は、経営トップの未来への力強いビジョンから生まれるかもしれない。あるいは企業の奥深くに埋もれた、目立たない「闘士」が始めるかもしれない。イノベーション活動は、それを駆動するものが何であれ、コア・リジディティに対する防衛となる。新しい知識のソース、新しい情報のチャネル、新しい問題解決の手法を導入するからだ。だが実験はある程度必ず失敗するし、不幸にも組織は、失敗から学ぶよりもそれを隠蔽する傾向にある。

本章で議論したように、「避けられる失敗」と「知的な失敗」には大きな違いがある。もし企業が「前向きな失敗」をしようと思うのなら、マネジャーは、いずれのタイプの失敗からもオープンに学習できるような環境をつくり、知的な失敗については奨励しなくてはならない。人は実験から自動的に学ぶわけではない。マネジャーは、実験から実践的な知を引き出す学習メカニズムを構築し、立ち上げるという別種の課題にも直面する。新製品開発プロジェクトの監査を実施している企業は多いが、ほとんどは名前だけである。報告書はキャビネットに埋もれ、その間も企業は同じ間違いを繰り返す。失敗したプロジェクトを開発プロセスを学習するための機会ととらえていないからだ。初回の「知的な失敗」は、二回目・三回目は避けられる。

開発プロジェクトを実験としてとらえ、組織学習を強固にしているマネジャーの例も見てきた。彼らは、知識の流れを製品開発者やプロジェクト・マネジャーへ送り返す強固なフィードバック・チャネルを確立している。組織的な相互作用形態も物理的プロトタイプと同じような学習の目的でプロトタイプ化している。恒常的なイノベーションは、「知識の源泉」を養う。イノベーションは、形式的および非形式的な実験から生まれる。

だが、どんなに精力的に実験を行っても、コア・ケイパビリティを維持するのに必要な知識のすべてを創造する可能性は少ない。企業がどんなに内部で創造しようとしても、内部の知識資産を増幅する（あるいは取って代わる）ためには、やはり外部からの知識が要請される。したがって、外部のノウハウを吸収するケイパビリティも、カギとなる活動であり、これについては次章で探究する。

# 第6章

# 外部からの知識の導入と吸収

前章で示唆したように、実験と迅速なプロトタイプ化は、企業にとって技術の多くの選択肢をつくり出す。とは言え、外部からまったく知識を導入することなしに、コア・ケイパビリティを構築できる企業はほとんどない。かくして、外部からの技術知識の吸収は、企業内での知識統合と同じくらい重要なマネジメント活動であり、また、同じように難しい（図6—1参照）。「新しい外部情報の価値を認識し、消化吸収し、それを商業目的に応用する能力は、企業のイノベーション・ケイパビリティにとって重要である[1]」。本章では、このような企業の「吸収のケイパビリティ[2]」に焦点を当てる。世界経済がボーダーレス化し、知識の市場が拡大するにつれ、吸収のケイパビリティは重要性をさらに増してきた。もし世界中の技術の移転元と移転先との間に線を引いたなら、地球はすっかり真っ黒になってしまうだろう。それほど大量かつ多様な結びつきができているのだ。

たとえば、日本企業がアメリカ中西部の小さな大学と手を結ぶ。スウェーデンの企業がアフリカでパートナーを見つける。中国の企業がドイツでアライアンス先を探す。アメリカ企業とロシアの工場がコラボレーションする、などだ。しかし両者がバランスよく知識から利益を得られるとは限らない。それは、技術の保有元からの移転のやり方だけではなく、導入側のキャパシティにも依存しており、むしろそのほうが重要でさえあるからだ。事例研究の結果によると、企業はこのケイパビリティを補うべく研究投資を行ってきたにもかかわらず、さらに別の種類の投資も行ってきた。本章でこれから見ていくが、企業が外部の「知識の源泉」を開発する能力、つまり外部の知識を見つけ、アクセスし、吸収する能力には大きな格差がある。

企業が技術でアライアンスする理由として、次の二つのうち一つが普通である。第一は、競合他社が組みたい相手に対し先手を打ってアライアンスするため、第二は、自社の技術ケイパビリティの穴を埋めるためである。前者については本書と直接的に関係しない。パートナーシップを求める理由が、競合他社に先んじて知識を獲得することであるなら、価値を評価する時間の余裕はない場合が多い。したがってこうしたアライアンスは、年単位よりも月単位であり、非常に高価な場合がある。たとえば、インテルがPDA（パーソナル携帯情報端末）市場用チップの開発のためにVLSI社と組んだのは、大部分はAMD社がVLSI社を吸収するのに先んじるためだった。PDAの市場が予想ほど伸びず、吸収合併が頓挫した時には、インテルはこのアライアンスを解消した。[3] このように性急に結ばれた技術アライアンスは、一時的にはケイパビリティを保護するかもしれないが、将来的に知識の発展を促進しない。

図6－1◉知識創造活動：外部技術ソースからの知識の導入

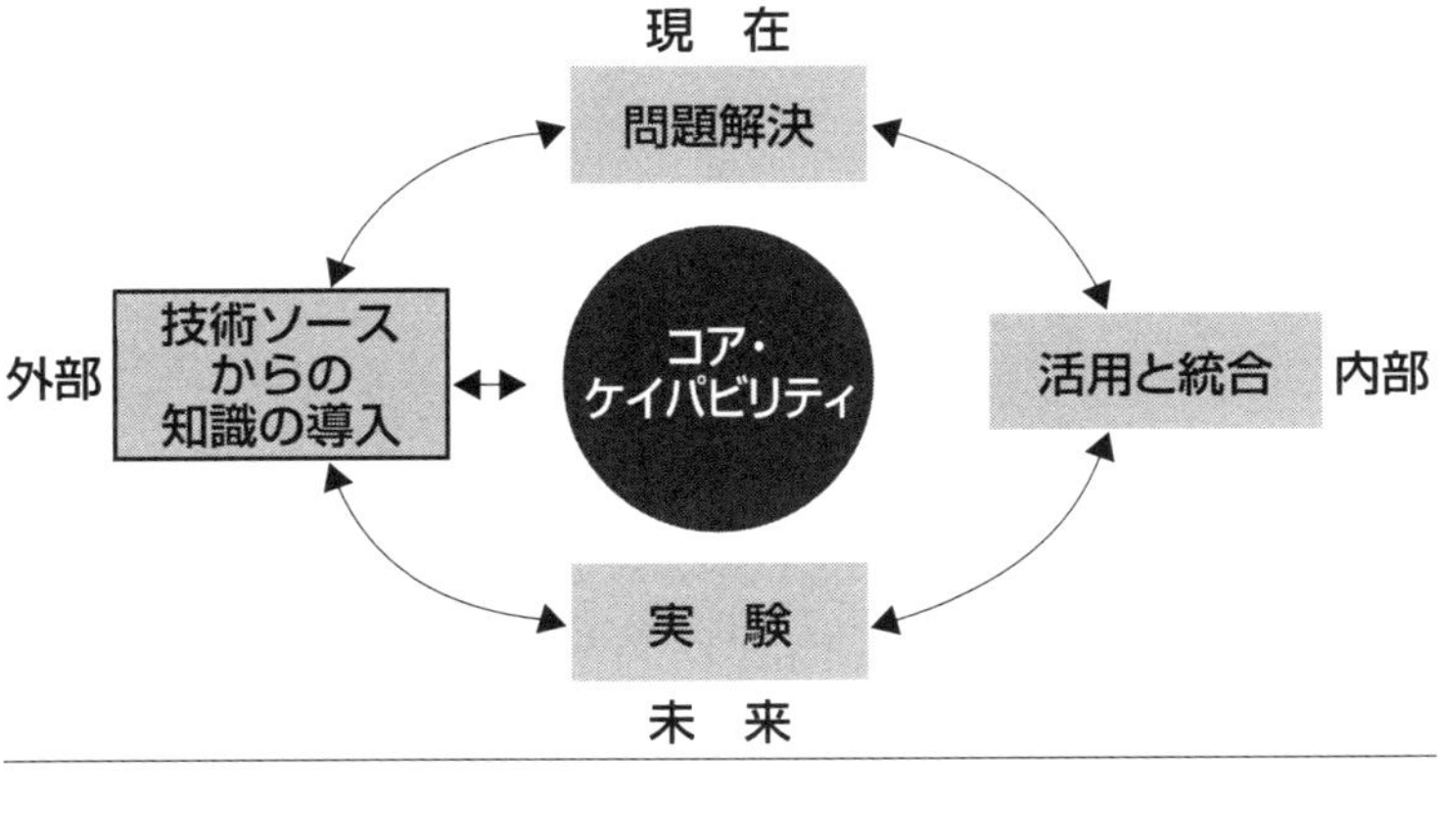

それと対照的に、現在のケイパビリティの弱点を支え合うかたちでのアライアンスは、長期的に技術的な専門知識の成長に貢献するのである。

だが、ケイパビリティを高めるためのアライアンスが、知識を導入するのに平等なチャンスを提供するわけではない。ゴメス＝カッセレスは、学習、供給、ポジショニングという三つのタイプのアライアンスを論じている。[4)]あとの二つは、本質的に、これまでの能力の範囲内のアライアンスである。「供給アライアンス」は、製品交換における取引費用を最小化するために結ばれる。「ポジショニング・アライアンス」は、マーケティング戦略の一環であり、市場の参入障壁をつくったり、克服した

**図6－2◉PDA新製品開発におけるアライアンス数の変遷（6社平均）**

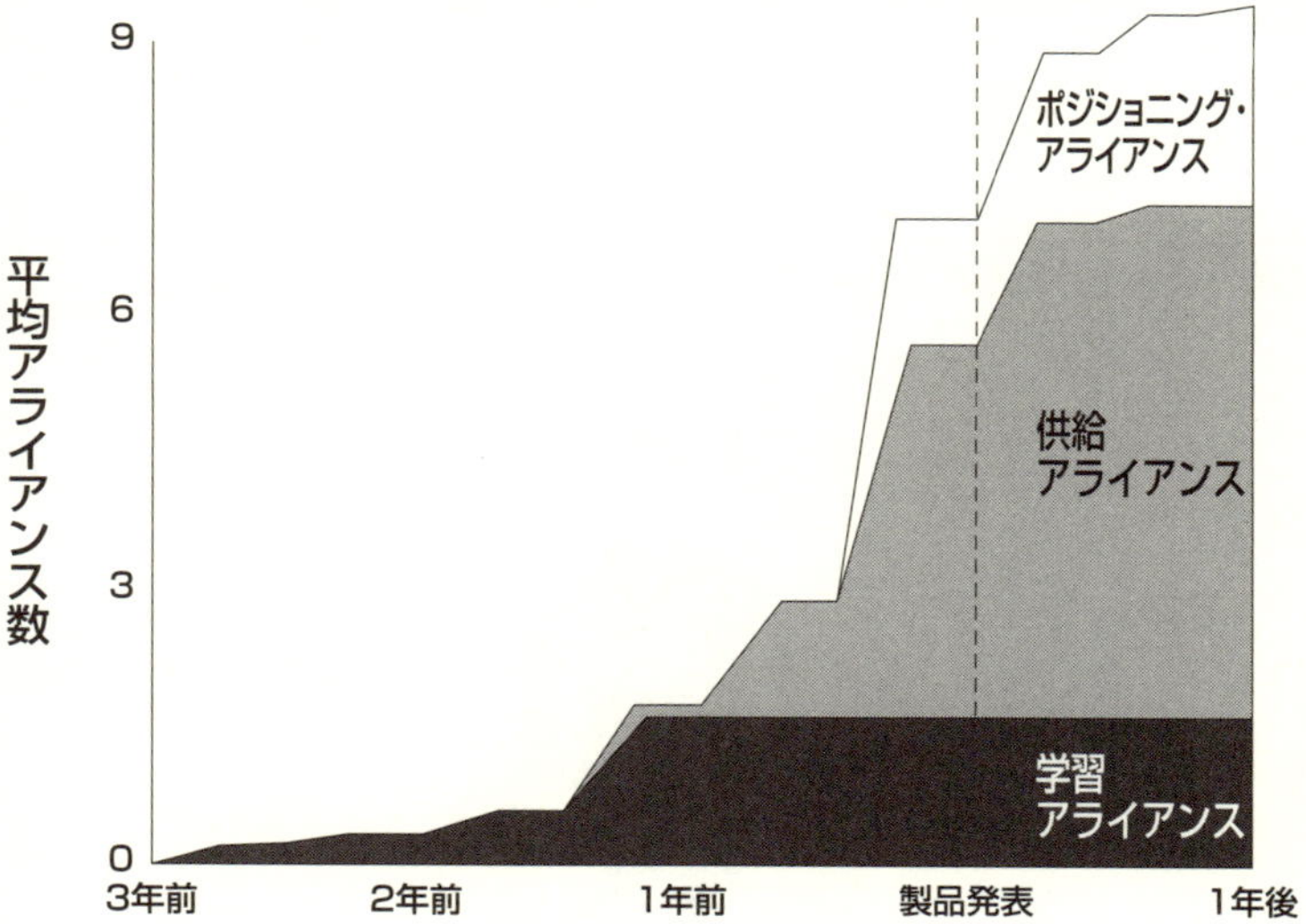


出典：Benjamin Gomes-Casseres and Dorothy Leonard-Barton, "Alliance Clusters in Multimedia: Safety Net or Entanglement?" Paper presented at The Colliding Worlds Colloquium, 6-7 October 1994, at Harvard Business School, Boston, 42a.

りするために結ばれる。この二つのアライアンスは、知識のスピルオーバー（漏出）を伴うかもしれないが、ケイパビリティを統合しようと動機づけられたものではない[5)]。だが、「学習アライアンス」は、当初から内部知識の強化を意図して結ばれる。したがって、新製品や新たなケイパビリティの開発の初期段階に結ばれることが多い。これは**図6―2**における、PDA市場への初期参入企業のデータが示すとおりである。学習アライアンスは、PDA市場がヒットする数年前から始まっているが、ポジショニング・アライアンスはほとんど遅れて結ばれている。市場に出す製品ができたことを認識して初めて、企業はその流通を心配し始めている。

本章は学習アライアンスに焦点を置く。つまり初期段階での知識の交換を主目的とした合意である。そのなかには、アライアンスとあらためて言うまでもない、技術の開発側と導入側とのインフォーマルなつながりも含まれる。これから取り上げる主なトピックスは、知識の多様性、知識獲得のメカニズム、そして、知識導入ケイパビリティを構築する際の重要なマネジメント課題などである。

## 1――ケイパビリティ・ギャップの性質

ケイパビリティ・ギャップがある時、つまり、戦略的に重要な専門技術知識が内部では適切なかたちで得られない時、企業は知識を外部から求める。ケイパビリティ・ギャップを企業が感じる度合いは、少なくとも次の二点に依存している。①必要な技術のコア・ケイパビリティの関連性もしくは戦略的な補完性、②必要な技術知識と既存の知識への精通度、である。第1章で論じたように、技術は、それ自体が競争優位とならなくても、コア・ケイパビリティを補完したり、促進したりするかもしれない。コア・ケイパビリティは、他の競合他社と区別する技術的知識や活動を含んでおり、その企業の戦略的意図において中核的な役割を果たす。企業の生き残りにとっては、促進的な技術ケイパビリティの欠如は、コア・ケイパビリティが欠如している時ほど深刻ではない。

ケイパビリティ・ギャップを明らかにするために、マネジャーはまず、ビジネスにおける戦略と技術とのつながりを理解しなければならない。さらに、現行技術とその技術との「精通度」を評価しなくてはならない。

## 2 ―― 技術を戦略に結びつける

第5章で論じたように、経営トップは、企業を導く詳細な戦略計画を立案できるという考え方に幻滅している。デジャビュ（既視感）のように繰り返し起こる出来事はめったにない。従業員が生産のためのガイダンスを要求するので、革新的な企業の多くのマネジャーは「戦略的意図」(Strategic Intent)を用意する。つまり、望ましい将来像だ。単純で、さまざまな技術に応用でき、予期せぬ事柄にも対応する潜在力を持った「戦略的意図」でなくては使いものにならない。それは、技術的な要素を含む場合も含まない場合もある。アメリカに本拠を置く企業の多くが、今日では技術をビジネスの中心に位置づけた企業となっている。

チャパラル・スチールのケースが示すように、技術をベースにした企業の場合には、戦略的意図も技術を必ず重要な要素として含む。モンサントが海図のない領域へと踏み出したのも、バイオテクノロジーの世界的な企業になろうという戦略的意図に導かれてのことだった。コダックの場合は、映像、なかでも画像映像の分野で世界のリーダーになるというのが戦略的意図である。この言葉は、写真、電子写真、エレクトロニクスといった、さまざまな手段で配信されるあらゆる映像を含んでいる[6)]。これらの企業では、必要な技術知識なしには戦略的意図は達成できず、戦略と技術ケイパビリティとのつながりも明白に思える。

戦略と技術とのつながりは弱かったり、失われていたりすることが多いが、望ましい関係と比べればいずれの側にも欠点がある。戦略から見れば、「戦略的意図」はほとんど理解されず、伝達されず、あるいは存在していなかった。八〇年代の末にデジタル・エクイップメント（以下DEC）で、製品開発チームが、企業の戦略的意図とどのようにその製品が適合しているのか、という質問を受けた。その答えは「わが社には戦略的意図はない。少なくとも開発チームのメンバーは知らされていない」というものだった。チームには上席副社長も含まれていたが、企業の戦略的意図を実現する最良の方法は、現在ある全製品を考慮してそれらが進むべき方法を明らかにすることだ、と説明した。開発チームにとっては、いわゆる戦略的意図などは、トップダウンの押しつけでしかなく、好ましいと思われなかったのだ。だが、そうした全体的な戦略の方向性がないために、特定の開発プロジェクトが企業の繁栄にどう貢献するのか、開発チームは見識を持つことができなかった。

他方、戦略と技術知識開発とのつながりは壊れやすい。生み出された技術が、コア・ケイパビリティとはっきりした関係を持たなかったり、競争優位に何のつながりもなかったりする。技術者たちは、自分たちの関心が戦略的に不可欠だと考えていることが多いが、実際にはどうだかわからない。

3Mはアメリカ国内でも最もイノベーション力のある企業の一つだが、技術者たちはマネジャーの一人が人工知能研究に我慢ならないと乱暴に語ったことに驚いた。「君たちは私のニーズのリストに応えていないから、君たちの言うことを聞く耳は持てん。リストは短い。それについて語るのでなければ、聞いてやらんぞ」[7]。技術者たちはそれまで、人工知能をビジネスのニーズと結びつけていていなかった。特許を取得した技術でも、市場が企業内のケイパビリティに追いついて（追い越して）しまうと、だめになることがある。シールド・エレクトロニクス社が初めてCAE（コンピュータ支援のエンジニアリング・ソフトウエア）を開発した時、そのシステムは市場で並ぶものはなく、その素早く統合された設計ケイパビリティは競合他社をしのいで競争優位を持っていた。しかし、年月がたち技術が成熟すると、CAEを育てた大規模な内部のソフトウエア開発チームは、外部のソフトウエア企業が開発し市場に出している技術に対して、後れを取るようになった。会社内部でCAE開発のケイパビリティを維持していくことは、財政的・戦略的にも意味がなくなってしまった。[8)]
戦略的意図が明快である時、マネジャーは技術ケイパビリティが達成しなくてはならないものを正確に認識できる。[9)]コダックの映像化グループは、戦略と専門技術知識とのつながりを明示的に表してきた。映像化分野において世界のリーダーになるというコダックの戦略的意図を心得て、このグループは一〇のコア・コンピタンスを決めていた。そのうち六つは技術的なもので、列挙すると、ハロゲン銀写真素材、非ハロゲン銀写真素材、フィルムの精密な薄い被覆と仕上げ、オプトメカトロニクス、映像エレクトロニクス、映像科学である。[10)]映像科学の研究は、コダック・リサーチ・ラボが設立された一

## 図6－3◉ビジネス開発モデルを考える3つの軸

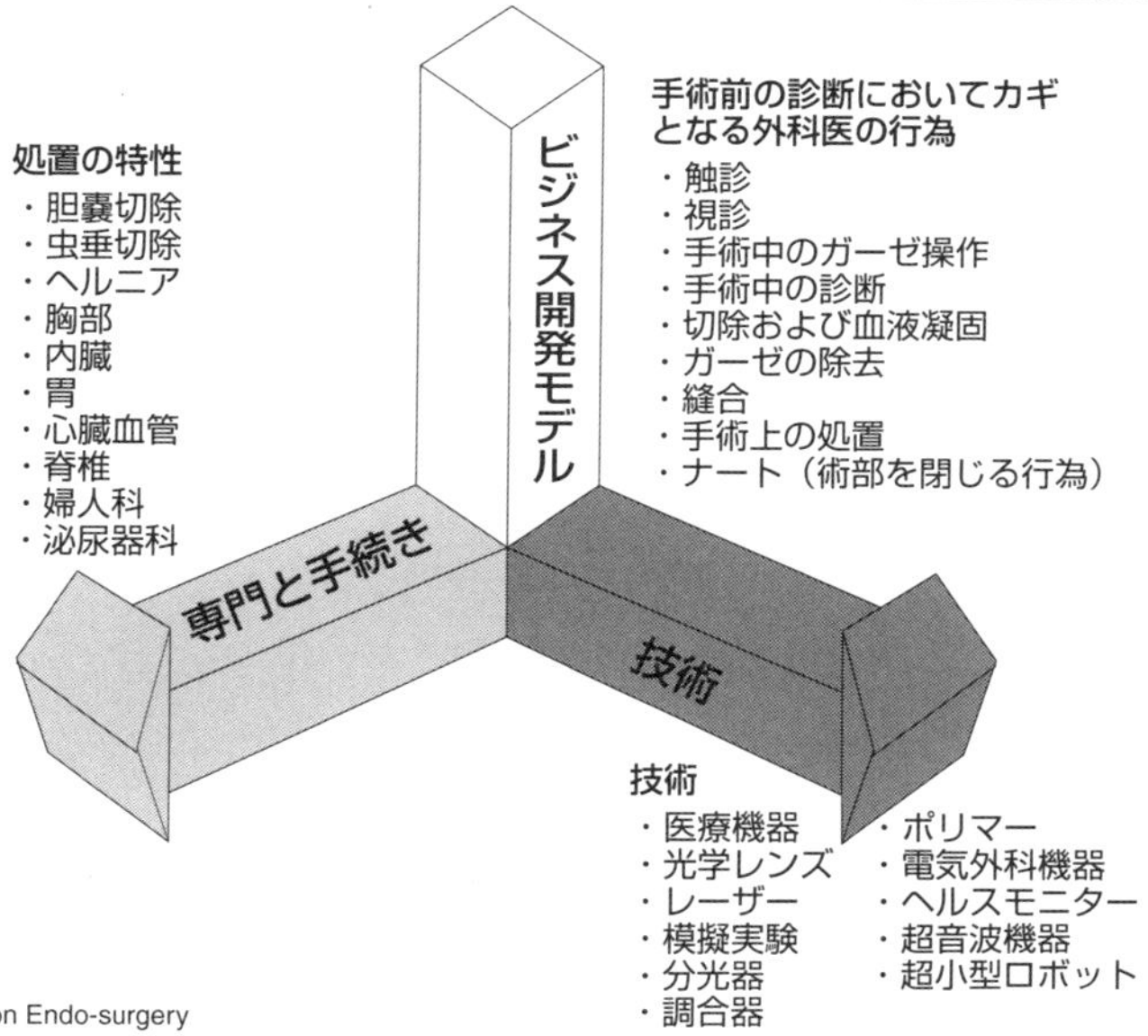


出典：Ethicon Endo-surgery

九一三年に始まっている。映像エレクトロニクスはそれよりはるかに新しい分野であり、ポラロイド、富士写真フイルム、ゼロックスといった関係企業も同様に開発に苦闘してきた。そのなかでもコダックの戦略的意図は、これらの努力に明確な方向性を与えている。

追求する技術ケイパビリティの決定を手助けするため、エチコン・エンド・サージェリー（以下エチコン）は、**図6―3**のようなモデルをつくった。大部分の手術プロセスに基盤となる主要な行為、および製品としてカバーする可能性のあるものを、垂直の軸に沿ってリスト化する。これらの伝統的な行為は、幅広い範囲（水平軸「処置の特性」）の治療で実行されている。エチコンにとって重要な選択は、この二つの局面からいくつかの組み合わせを選んで、第三の軸（水平軸「技術」）との関係でマッチングしていくことである。つまり、ある特定の医療専門行為を手助けするのに最適な技術を開発することなのだ。技術ケイパビリティの焦点をこうしたかたちで絞り込むことで、マネジャーは、コア・リジディティという罠を避けることができる。つまり、潜在的な顧客のニーズから推論することで（その逆ではなく）、技術の広い選択肢を維持しておけるのだ。単一の技術（たとえば生体組織の縫合や修復）にのみ深く関与することで、手術の基本的ニーズへの潜在的な多様な解決に対してやみくもになるという危険が少なくなるわけである。このアプローチは、必要な技術知識の保有元を限定しないという利点もある。つまり、知識の源泉は企業の内部かもしれないし、外部かもしれない。

## 3――精通度：内部開発の役割

ある特定の技術ケイパビリティが企業戦略のために必要だとすると、次に、それを支える物理的システム、スキル、知識、マネジメント・システム、規範などが、どの程度企業内（およびその近く）に存在しているのかを評価する必要がある。この評価は、基本的に「知識は最新のものか」「知識は完全か」という二つの問題から成り立っている。知識が最新で完全であるほど、当該企業は、その技術との「精通度」があると言える。ただ、この評価には、既存のケイパビリティを競争の現実という光にきちんと当てることが必要とされるので、容易でもないし愉快でもない。しかし、他業界におけるベスト・プラクティスをベンチマークすることが、特に、物理的システムやマネジメント・システムの局面では、コア技術ケイパビリティを評価する一助となる。

この手法を最もうまく利用した企業の一つがゼロックスである。日本企業とコピー機の市場で奮闘していた際、ゼロックスではベンチマークの対象として、物流の改善についてはアメリカン・ホスピタル・サプライやキャタピラーを、データ処理の向上についてはＩＢＭを、電話応答サービスの向上についてはアメリカン・エキスプレスを選んだ。他にも、コンピュータ・システムについてはＬ・Ｌ・ビーンズを調べた。マイネ社のメールオーダーでは、商品の箱詰めに要する時間が、ゼロックスよりも三・五倍も速かった。そしてもちろんゼロックスは、競合他社との比較も忘れなかった。これらの情報すべてが、内部のケイパビリティでどこが足りないのかを見抜くのに活用された。[11]

直接の競合他社と、技術的知識や内部スキルの水準を比較するのは、非常に難しい。だが、後で議論するように、キー・テクノロジーにおける企業の競争力をマネジャーが知っておくには、技術の精査(scan)は非常に役に立つ。戦略的重要性を一つの軸とし、その技術との精通度のレベルをもう一つの軸とすると、四つの可能な技術・ソースの領域を描くことができる(**図6―4**)。左下から時計回りに見ていこう。戦略的に重要でない技術に投資する理由はほとんどなく、また、企業はそれに対する経験も有していない。精通度は高くても、戦略的な重要性がきわめて低い技術は、専門の企業へとアウトソーシングされるだろう。右上の領域に入る技術は、現在のコア・ケイパビリティにとって重要な要素であろうし、企業はここを強化するために投資する。外部からの知識の獲得が最も必要なのは、右下の領域である。ここにはケイパビリティ・ギャップがある。

**図6－4◉外部技術ソースの必要性**

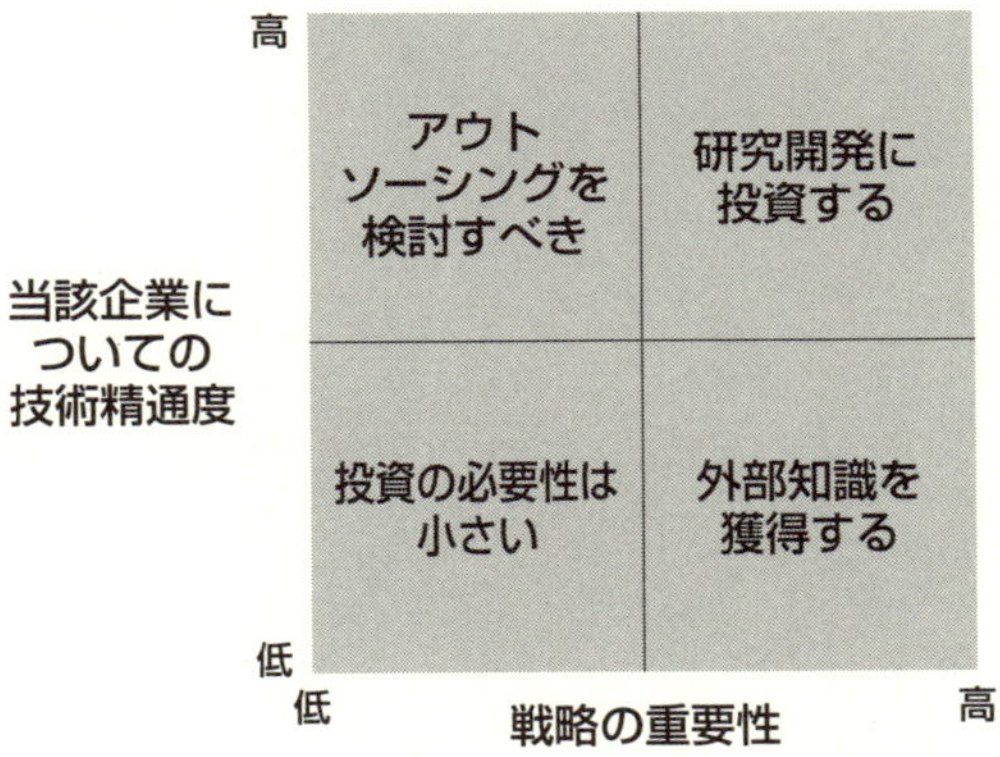

戦略的重要性は高いのに、企業内部の知識は不完全であるか、時代遅れとなっている領域である。

## 4――ケイパビリティ・ギャップの原因

ケイパビリティ・ギャップは地割れのように、緩慢な浸食や突然の地震によって広がっていく。これは常に存在するものだが、現在社内で有していない基盤技術を必要とするような市場にチャンスがあった場合、突如として重要な問題となる。ケイパビリティ・ギャップの潜在的な理由はいくつもあるが、特に重要なのは次の三点である。第一に、アメリカでは「基礎」研究に対する投資の割合が下がった時期があったこと、第二に、同時に我々は狂ったように、新製品のために既存の基礎科学の知識を利用してしまい、技術とその専門知識が使い果たされてしまったこと、そして最後に、技術の進歩によって、わずか一〇年前には存在しなかった領域にもイノベーションの機会が生まれたことである。この三つの潜在的要因を各項で簡単に見ていこう。

### (1) 産業界における「基礎」研究の衰退

一九四〇年代から六〇年代にかけて、垂直統合型企業は、大規模な中央研究所を設立してきた。AT&Tのベル研究所、RCAのサーノフ研究所、コダック中央研究所、ゼロックスのパロアルト研究所、デュポンの研究ラボなどだが、そこでは大学のような「キャンパス」で、科学者たちが知識を追求していた。ある研究者はその時代を、「経営側は現金の入った鞄を戸口に置いて去っていった」と振り返る。だが投資に直接見合うだけの成果が上がらず、こうした企業の多くが研究所の予算を削り始めた[12)]。研究内容も次第に、研究者が心配していたように、売上げに直接結びつくような方向へと方針が変化していった。こうした大企業の研究所の衰弱を、イノベーションを生み出す科学的な土台の緩やかな浸食だと指摘する声がある。さらに一九八〇年代後半は、アメリカ全体にわたって研究と開発の成長が鈍化した時期であり、分野によってはドイツや日本の後塵を拝することとなった。ＧＤＰに占める非軍事の研究開発支出を比べると、同時期の日本は約三％であるのに対し、アメリカは二％を若干下回っている[13)]。

この傾向は技術をベースとしたアメリカ企業のケイパビリティ・ギャップを予言しているのだろうか。必ずしもそうではない。第一に、研究開発における大規模な投資が、常に素晴らしい成果を示しているとは限らない。一九九三年にアメリカで研究費を最も使った企業はＧＭであった（六〇億ドル以上）が、自動車市場をリードしてはいない。第二に、基礎研究と応用研究とを単純に二分することは、どのような研究が科学の進歩を生むのかについて、誤った指針となる。科学者たちでさえも、重要な発見のいくつかは「応用」研究から生まれたものであると指摘している。しかし、「基礎研究は贅沢品ではない。スキル、制度、投資との幅広い組み合わせにおいて、世界ランクの成果を上げているならば（そしてその場合のみ）、基礎研究は競争優位となる[14)]」。したがって中央研究所の衰退は、それ自体では、これらリーディング・カンパニーの内的ケイパビリティの弱さを予兆するものではないかもしれない。ただし、企業外からの技術を導入しようとのインセンティブを強めたことは間違いない。

### (2) 技術の成熟と旧式化

科学的発明の「大波」は、技術をベースにするあらゆる企業という「岸」にとって、常に脅威である。[15] イノベーションの波は、現在と将来の製品とが結びつく可能性をもたらすこともあれば、その企業の技術的な基盤を押し流してしまうことさえある。イノベーションは、競争力をつける方向にも、壊す方向にも作用する。研究者やコンサルタントは、競争力を壊す大波を予知するモデルとして、技術のライフサイクルがS字カーブに沿うとする説を打ち出した（図6―5参照）。カーブの底が、技術が生まれる時点である。時が経つか、もしくは応用への努力に伴って（論者によって考えが多様である）、技術は加速的に成果を上げていく。技術が成熟すると、成長や革新は減速し、カーブは自然に限界へと近づく。かくして、鉄鋼〔スチール〕は鉄〔アイアン〕に取って代わり、蒸気船は帆船を追い抜き、ポリウレタン・フォームはラテックス・フォームのクッションを時代遅れにした。S字カーブの示す意味は明快である。新しいS字カーブ（その企業の技術基盤をいずれ廃れさせる）が始まっている時に、旧来の技術に固執することは自殺行為に等しいということだ。

マネジメントの最大の課題は、その時点で、企業がカーブのどこに位置しているのかを理解し、その技術にどのくらい投資するかを決定することである。自社の技術の波はピークを決して迎えないと過信しがちである。我々はすでに第2章で、コア・ケイパビリティがコア・リジディティへと代わってしまう危険について見てきている。
しかしマネジャーには逆の問題、技術を早く埋葬してしまうという問題もある。この危険はあまり論じられてこなかったが、ケイパビリティ・ギャップの本質を明らかにするには同じように重要である。技術はいつも「自然に」限界を迎えるとは限らず、図6―5の点線に示されるようにS字カーブがさらに上に伸びていくこともある。ヘンダーソンの多色刷り写真平版（フォトリソグラフィ）設備に関する研究では、光の波長の長さという物理的な制約を理由として、八〇年代初期にはすでに線解像度が限界に達することが予告されていたという。しかし、この「限界」は、実際には八六年には超えられた[16]。クリステンセンによると、日立や富士通ではコンピュータ・ディスクの生産のための薄型フィルム技術を転用して酸化鉄のS字カーブを超え、「ＩＢＭが酸化鉄アプローチの限界と見ていたパフォーマンスの八倍以上を達成した[17]」。

図6−5◉S字カーブ

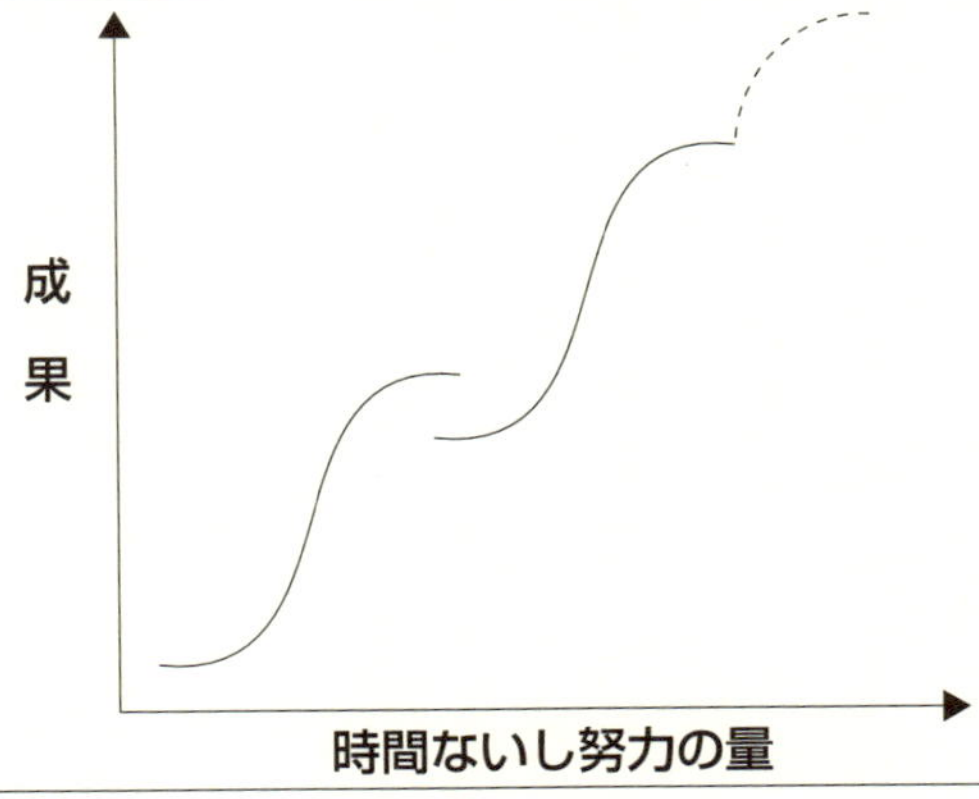

企業は時として技術を「骨董屋」へと早々と送りこむ。その技術が「生命」の寿命に近づいたためではなく、新しい技術がマネジャーの視界に入ってきたため「旧来の」ものへの投資を減らしたり、止めたりするのである。一九七六年から八八年までのディスクドライブ産業を見てみよう。富士通とCDC社が、酸化鉄技術からさらに成果を絞り出そうという努力は、（一つではなく）二つのS字カーブとして描くことができる。両社では旧来の技術の進歩が限界に達したと判断し、しばらくの間エンジニアリングの資源は新たな薄型フィルム技術のほうへ移った。だがこの新しいプロセスは以前のものよりもさらに困難であることがわかり、エンジニアたちは酸化鉄の改良へと戻った。かくして酸化鉄技術には「第二の追い風」[18]が吹いたのだ。

新しい技術への熱狂と俗説のせいで、マネジャーは、実際はケイパビリティと統合し得る（競争力強化としての）既存の技術を（競争力破壊として）新たなものに代替してしまおうという誤った考えに導かれることがある。人工知能やバイオテクノロジーなどの新技術に衝撃を受けた大企業のマネジャーたちは、こうした技術の革新性を過大評価する傾向にあった。企業における人工知能の最も実用的な初期の応用はエキスパート・システムだった。つまり、非線形のルールをつなげて、人間の意思決定者の判断を模倣するプログラムである。エキスパート・システムは、コンピュータ・ディスクの故障から人間の病気の診断までさまざまなことに使われてきた[19]。エキスパート・システムは、それまでのプログラムとかなり違って見えたので、伝統的な情報システム開発者たちは目もくれなかったが、部外者には機械の知能がすべてを時代遅れにするような新たな時代の幕開けに思えた。DECのような企業では、人工知能センターを設立し、数百人単位で知識工学のエンジニアを雇った。しかし時が経つにつれて、伝統的な技術がエキスパート・システムの設計や技術を吸収・合併していった。エキスパート・システムの特徴であった「高速プロトタイプ化」や「ユーザーの影響力の強さ」がソフトウエアの主流となり、ルールをベースにしたシステムが「ハイブリッド・システム」へと吸収されるにつれ、人工知能プログラミングはソフトウエアのなかでさほど飛び抜けたものではなくなったのである。

バイオテクノロジーも、同様なプロセスを経て、標準的な製薬会社のプロセスへと統合されていった。当初製薬会社では、既存の化学的な方法では複雑すぎて合成できない「タンパク質をベースとした薬品」をつくり上げて競争力を上げるために、バイオテクノロジーを利用していた。しかし時間の経過と共に、製薬会社は薬の設計と分配という伝統的なコア・ケイパビリティのなかに、バイオテクノロジー技術を吸収していった[20]。

ケイパビリティ・ギャップを明らかにする際、マネジャーは「自己満足」という過ちだけではなく、新しい技術に過剰反応してそれが既存のケイパビリティを補完する面を過小評価するという過ちにも直面している。この二つの過ちのうち、前者のほうが企業にとって致命的な場合が多いが、新しい技術が成長すると既存の技術の競争力を破壊すると考えて、新しい技術知識と現在のケイパビリティとのシナジーを求めないという過ちも、やはり非常に高くつくのだ。

### (3) 技術融合のチャンス

たんに異なる技術間の分裂をそれまでに橋渡しする可能性がなかったという理由で、ケイパビリティ・ギャップが現れる場合もある。新しい技術の発見は技術融合への機会をつくり出す。伝統的な価値創造活動の全域にわたって、新しい形態の製品やプロセスを生み出すことが増えるにつれ、そのような機会は増えている。**図6―6**に示すように、バイオテクノロジーの出現は、多くのメディア関連産業でデジタル信号がアナログに取って代わったことと比べれば、製薬産業におけるバリュー・チェーンにさほどの影響を与えていない。デジタル化は、原材料を製品に変換する以上に、映像・数値・音声情報を、より直接的な通信形態として共通の単位である「バイト」に還元することで、無数の方法での操作を可能とする。デジタル化のために、競争力破壊の可能性は、博物館や、企業の研修部門にまで及んでいる。IT産業でのイノベーションは、人を当惑させるほどの規模で進んでいる技術融合の好例である。

第3章で論じたが、それまで離れていた技術を

**図6－6◉技術革新がバリューチェーンに与える影響**

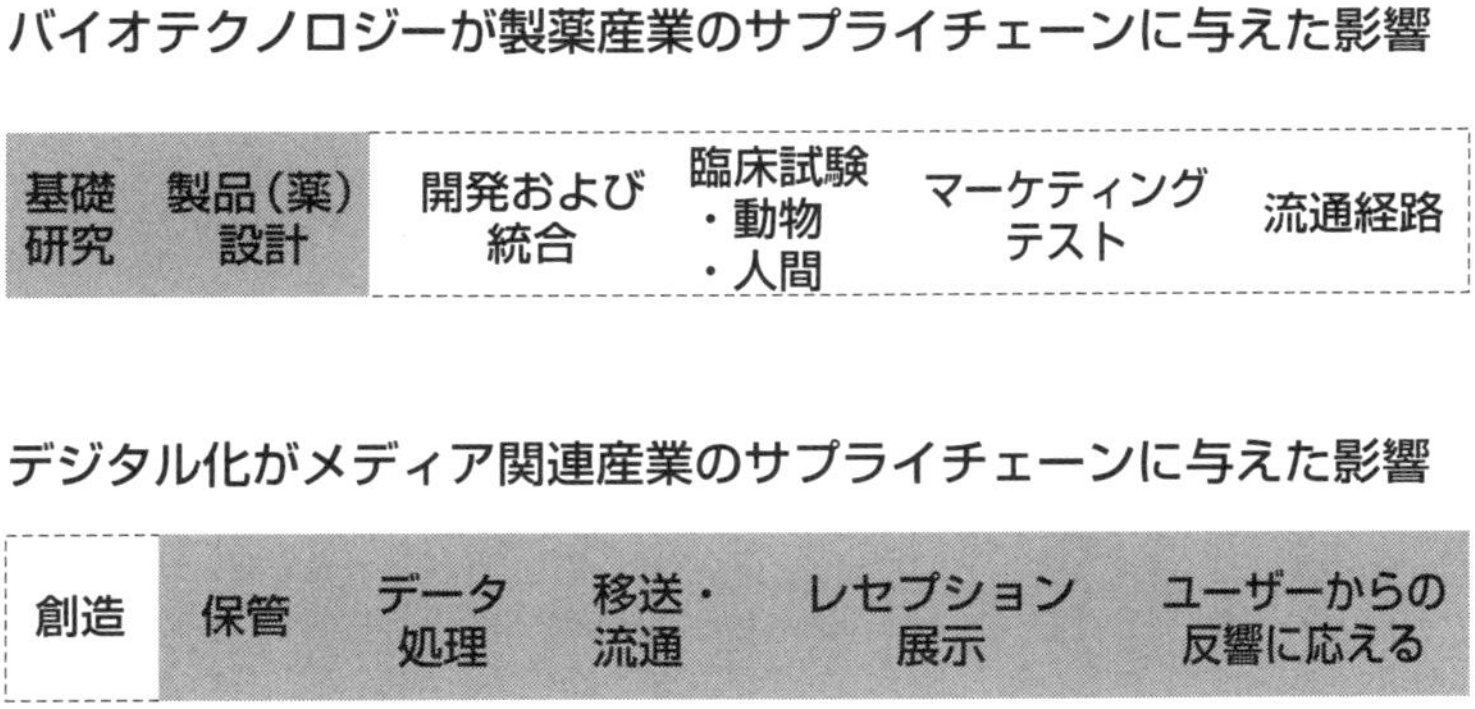

一つに融合することは、伝統的な科学的発明と同じくらい重要なイノベーションの源泉である。ＨＰの「ＭＣ$^2$」プログラムは、測定、計算、通信を組み合わせているし、日立のリニアモーターカーや、ＮＥＣのマルチメディアの家庭への配信にしても、広く深く多様なスキル技術を要する技術融合の例と言える。こうした革新的大企業でも、必要な知識を内部から見つけ出すことには苦労しているが、首尾よく統合して複数の製品へとまとめている。

**表6―1**は、ＩＢＭの九三年半ばにおける、マルチメディア製品のアライアンス関係を表したものである。表の上段のバリュー・チ

**表6―1◉1993年におけるIBMのマルチメディア製品の技術ケイパビリティに関するアライアンス**

| 情報の<br>バリュー・チェーン | 創造・コンテンツ<br>製作(a) | データ処理(b) | 伝達(c) | 保管(d) | レセプション(e) | 再利用(f) |
|---|---|---|---|---|---|---|
| マルチメディア・<br>デリバリー・<br>メカニズム | | | | | | |
| セットトップ<br>(テレビ) | タイム・ワーナー<br>(現AOLタイム・<br>ワーナー) | タイム・ワーナー<br>(現AOLタイム・<br>ワーナー)<br>メディア・ラボ | ベル・サウス<br>メディア・ラボ<br>ベル・アトランティック<br>ロジャーズケーブル<br>モトローラ/<br>サイエンティフィック・<br>アトランタ | タイム・ワーナー<br>(現AOLタイム・ワーナー)<br>メディア・ラボ | タイム・ワーナー<br>(現AOLタイム・ワーナー)<br>メディア・ラボ | |
| キオスク | ブロックバスター<br>ホームビュー | フェアウェイ<br>ブロックバスター<br>ホームビュー | | フェアウェイ<br>ブロックバスター | フェアウェイ<br>TSS<br>ブロックバスター | ニューリーフ |
| デスクトップ<br>(コンピュータ) | ホームビュー<br>インテグレーション<br>メディア<br>CNBC/<br>ニューメディア<br>ビデオロジック<br>デジタル・ドメイン社<br>プロディギー | メディア・ラボ<br>タリジェント<br>デジタル・ドメイン社<br>ファーストシティーズ<br>マイクログラフィックス<br>プロディギー<br>レッドシャーク<br>カレイダ・ラボ<br>インタラクティブ・<br>メディア・テック<br>アドバンティス | TI/スペクトラム<br>パシフィック・ベル/<br>ノーザン・テレコム<br>メディア・ラボ<br>ロジャーズケーブルTV<br>ベル・サウス<br>アドバンティス | マイクロソフト<br>メディア・ラボ<br>カレイダ<br>アドバンティス | クリエイティブ・ラボ<br>ゲインテクノロジー<br>TI/インターメトリック<br>ファーストシティーズ<br>メディア・ラボ<br>アルテック<br>テックメア<br>カレイダ | メディア・ラボ |

(a)「創造」とは、アライアンスにコンテンツを主に提供している企業を表す
(b)「データ処理」とは、圧縮のアルゴリズムやソフトウエア構築のツールのような、マルチメディアに関連して必要なツールを作成することに特化している企業を含む
(c)「伝達」とは、ケーブル回線や電話回線やファイバーケーブルなどにかかわらず、伝達手段を製造もしくは保持している企業も含む
(d)「保管」とは、データ補完システムをつくっている企業を含む
(e)「レセプション」とは、マルチメディア・ソフトウエアを使用したり受け取ったりする機械を製造する企業を含む
(f)「再利用」とは、CDやパーソナル新聞など、ユーザーが何かを創造する際に、そのデータを利用できる製品をつくっている企業を表す

ェーンは、完全なマルチメディア製品の開発に必要なすべての競争力を示している。パートナーのなかには、タイム・ワーナーのようにユーザーの求めるコンテンツに競争力を持ち、時間をかけてコンテンツを（データベース、映画、本などのかたちで）蓄積してきた企業がある。あるいは、デジタル・ドメイン社のようにコンテンツを操作（編集、圧縮、処理）するツールを開発してきた企業がある。また電話会社やケーブル会社のように、コンテンツを伝達する手段に特化したパートナーもある。もっと容量の大きい光ファイバー通信網や、磁気的な情報蓄積機器をつくってきたパートナーもある。コンテンツは、電送され、エンド・ユーザーのもとに届けられ、楽しまれなくてはならない。無数のパートナーが、伝えられたコンテンツを受容するソフトウエアやハードウエアを創造している。最後に、エンド・ユーザーのところでは、同じコンテンツがアレンジされて、個人で新しい形へと姿を変えるかもしれない。

表6—1は公開情報を基にしたもので、ＩＢＭの内部で開発中の潜在的技術は含まれていない。また、アライアンス関係のうちのいくつかは、パーソナル・システムズ・ディビィジョン設立の組織変革以前のものであり、マルチメディア・ケイパビリティを創造すること以上の目的で結ばれているだろう。にもかかわらず、表6—1からは、まだ表に出ていないがこれから実行されるであろう戦略を描くことができる。またそれは、望んでいるケイパビリティをターゲットとした、ある手法も表している。

つまり、まず、競争力全体として何が必要かを決定し、そこに現在の競争力の外的・内的な資源を位置づけていこうとする戦略である。

## 5——外部にある技術知識の資源

ケイパビリティ・ギャップを認識したら、マネジャーは技術知識の潜在的な資源のどれを見きわめるかという問題に直面する。もし歴史が繰り返すならば、外部からの知識を得るために結ばれたアライアンスの多くは、比較的短い間に終わるだろう。たとえば、一九二四年から八五年までの間の三つの産業で結ばれた八九五の戦略的アライアンスのうち、八六%が一〇年以内に解消されている。ちなみに平均存続年数は三・五年である。[21] だがアライアンス関係が短期で終わることが必ずしも失敗とは限らない。多くのアライアンスが解消前に、重要な目的を達成している。[22]

**図6―7**が示唆するように、技術アライアンスの潜在的な相手は、大学や研究所といった研究機関から、競合他社や競合関係にない企業、そして顧客に至るまで幅広い。可能な技術ソースのすべてを列挙するのはやめて、いくつかの例について簡単に考えてみよう。

アメリカの大学は、知識生産を活発に行っているところほど、特許やライセンス契約により、科学的知識から資金を引き出すことに積極的になっている。[23] たとえば、MITでは年に八〇～一〇〇もの技術ライセンスを取得している。[24] こうした知識産出のビジネス価値は、MITの技術を（全部もしくは一部として）基盤として設立された企業が、九〇年から九三年の間に二七社あったことからも裏づけられる。[25]

同時に、アメリカの国立研究所は、産業界に対して「知識製品」を、以前より熱心に売り歩いている。たとえばアルコール・テスティング・オブ・アメリカ社は、海軍研究所が開発した新しい麻薬検出技術（フロー免疫センサーとして知られる）を、独占ライセンス契約を結んで販売に乗り出した。このコンピュータ・システムは、一〇億分の一グラムのコカイン（プールの中の小さじ一杯程度）を、一分以内で検出できる。[26]

八四年に国家協力研究法案（National Cooperative Research Act）が成立して以来、コンソーシアムは急増し、九二年末時点で法務省に登録した研究開発コンソーシアムは三二五に上る。[27] 多くは潜在的競争者との学習アライアンスである。パワーPCのチップは、IBM、モトローラ、アップルによって開発された。GM、フォード、クライスラーも、衝突実験用ダミー人形から電気自動車バッテリーまで、一〇以上ものコンソーシアムを組んでいる。[28] ある研究では、共同研究による成果は、不参加企業の社内研究を一〇〇とすると、一五〇％近くになるという。[29]

図6−7◉技術知識の外部ソース

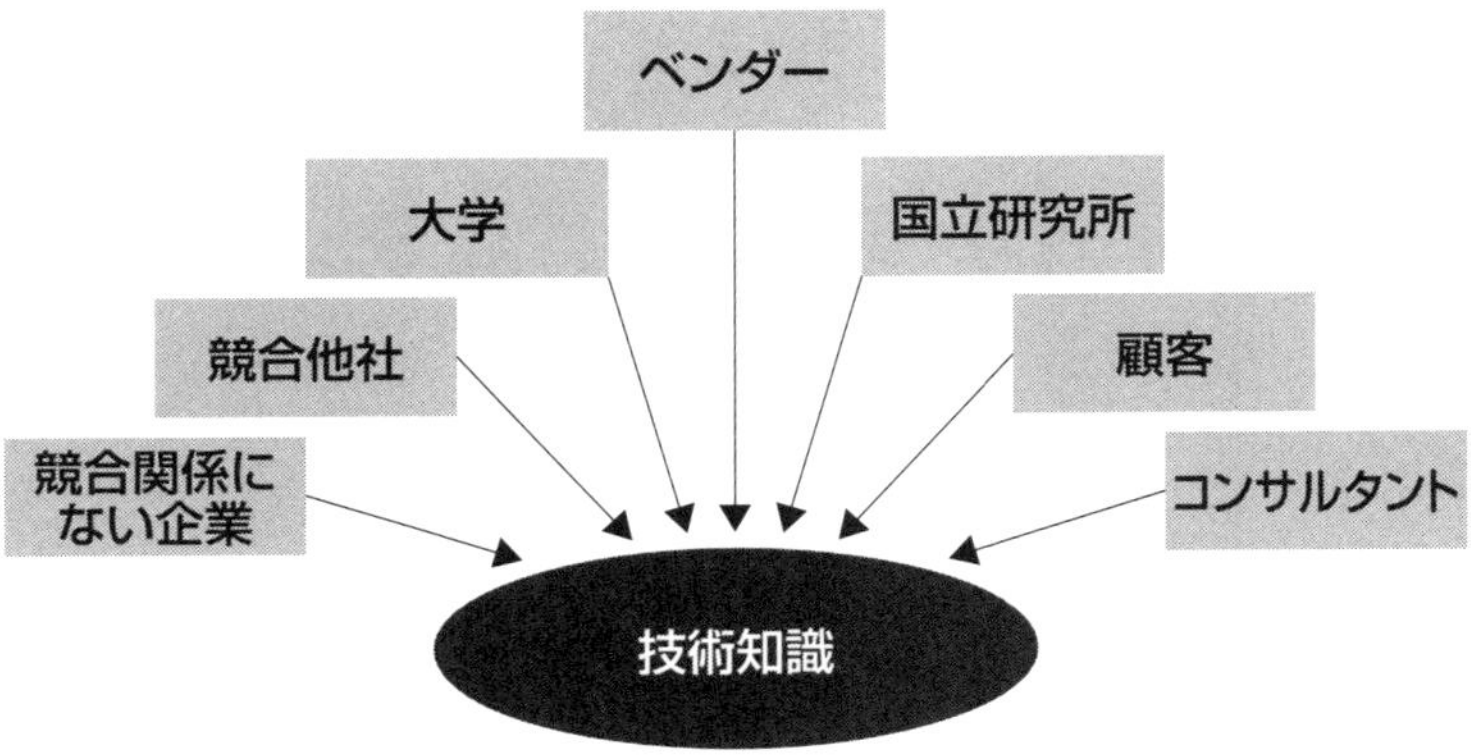

だが、後でも議論するように、研究コンソーシアムの最も古い例の一つであるMCC社の場合は、こうした技術をベースとした「競争前の」合意を形成していくのに、多大な困難を経験した。

組織の枠を超えた知識の移転は、相手が直接のライバルでない場合にはより容易に見える。IBMのように、今日多くの企業が、直接のライバルではないところから引き出したさまざまなケイパビリティを、ジグソーパズルのように組み合わせている。たとえばGM傘下のEDSは、さまざまなパートナーと組んで、インタラクティブ・メディアを実践している。スペクトラディン社と室内・ホテル内への映画配信ベンチャーを、ビデオ・ロッタリー・テクノロジーズ社とギャンブルのベンチャーを、USトラベル社と組んで飛行機やブロードウェイのチケットを予約する機械の共同開発を、アップルとはホーム・ショッピングを行うCD―ROMの実験を、USウェストおよびフランス・テレコムとはホーム・バンキング・サービスを、といった具合である。各パートナーは、EDSが自前で持っておらず、開発する予定のない専門知識を提供することが期待されている。[30]

## 6――外部知識を導入するメカニズム

外部の技術を導入するには、産業スパイ（勧められないしここでは論じない）からM&Aまでさまざまな方法がある。こうした関係を整理したのが**図6―8**である。当事者双方が、どの程度互いのコミットメント（かかわり具合）を合意書に表明しているかで並べてみた。たとえば、研究開発の契約社員が正社員と同様に扱われて企業内によく統合される場合もあるし、「合併」をしても、二つの別組織がほとんど交流なしに残ってしまう場合もある。つまり、知識獲得にかかわる実際の人々同士の関係に多くが依存しているのである。だが一般論では、図６―８の左下の短期、概して低コストの技術の「視察」から、図の右上の長期、時に大きな賭けとなる高価な「M&A」に進むにつれ、コミットメントは次第に大きくなる。

外部の科学技術の知識を導入するメカニズムは、必要とされる知識の獲得を促す物理的装置・研修・報酬システム・価値観をサポートするだけでない。深い専門性やノウハウを伴うまったく新しい技術ケイパビリティを、どの程度獲得するかによっても違ってくる。たとえば、図６―８で示したように（左右の軸）、視察、非独占的ライセンス、R&D契約

図6－8◉外部技術を導入するメカニズム

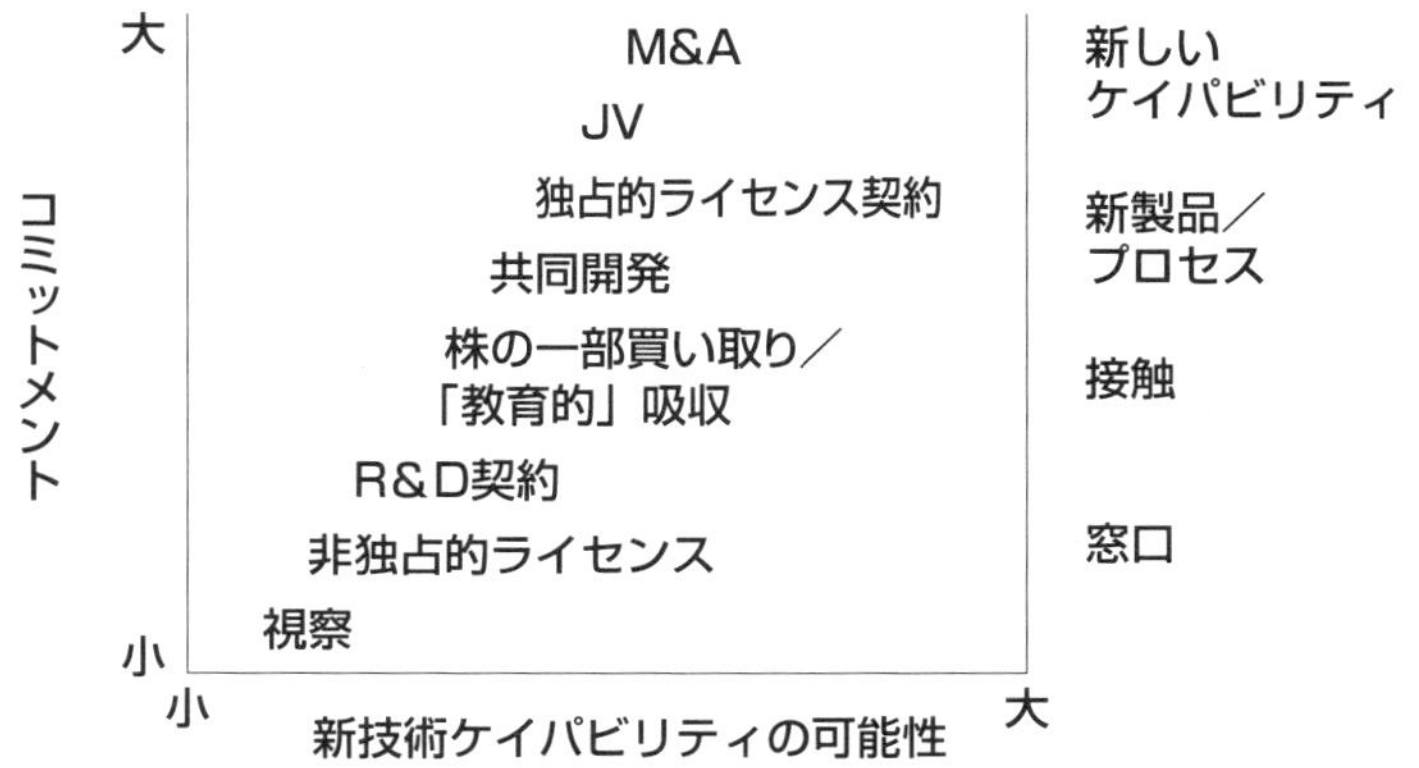

などでは一般に、新たなケイパビリティの提供は期待できない。与えられるのは技術への「窓口」や、その可能性のサンプルである。[31] 対等な、もしくは「教育的」な知識獲得ならば、技術をより深く探る機会が与えられるだろう。

共同開発は必然的に、一方から他方への知識の「大出血[32]」を伴い、したがって潜在的に新たなケイパビリティにつながる。だが、新たなコア・ケイパビリティを獲得するには、ケイパビリティの四つの局面をビジネスの文脈においてフルに移転する可能性を持つ、ジョイント・ベンチャー（JV）やM&Aといった方法しかないであろう。

## 7——外部資源からケイパビリティを構築する

企業は、低コスト・低コミットメントの技術追求から（一つないし複数の）企業買収へと進む漸進的な経路を通って、新たなケイパビリティを育てる。つまり大まかに言って、コミットメントが増える順序で（図6—8の左下から右上へ）、先に記述したさまざまなメカニズムの利用により、それは進んでいく。

たとえば七〇年代初期に、コーニングはメットパス社に小規模の投資を行った。メットパス社は、血液や尿といった生体サンプルの臨床試験において全米で頭角を表しつつある企業であった。コーニングはメットパス社の市場のセグメント化や、サンプルを収集・処理するロジスティクス、試験結果の分析、医師へのデータのフィードバック、顧客およびメディケアへの費用請求等について綿密に研究した。コーニングでは次に、メットパス社の事業拡張に伴って経営資源（人材・資金）を投資した。一九八七年には、コーニングは毒物検査のトップ企業のハゼルトン社を獲得した。かくしてコーニングは、当初の実験室用ガラス製品でのスキルを活用して、分析器具を生産するための知識を獲得していった。次には臨床・診断用の器具へと進み、さらに試薬についてもスキルを身につけ、ついには臨床と毒物試験サービスの全領域に関する十分なケイパビリティを所有するにいたった。[33]

同様に、ハリス社は、伝統的な印刷会社から、綿密な戦略による買収・吸収を通じて、エレクトロニクス企業へと成長した。[34] 一九五六年にハリス社は、防衛関係の契約研究を行っていたエアトロニクス社を買収した。二年後には、ラジオ放送用の設備と中継機械のメーカーであるゲイツ・ラジオ社を買収した。そして一九五九年には、マイクロ波ならびに高度に洗練されたエレクトロニクスの機器メーカーであるポリテクニック・リサーチ・アンド・ディベロップメント社を買収。六七年には、これも重要な買収だが、ラディエーション社を獲得することで、進んだデジタル通信のスキルを獲得した。ハリス社の社長のリチャード・テュリスは、これらの買収について「（我々経営陣は）無理をしてはいない……。最初の年には、いかにして融合するかを学んでいる間、放任政策を取った」と記している。一九六九年、RFコミュニケーションズ社の買収で双方向ラジオ技術が加わり、七一年にはGEの放送設備部門を獲得した。さらに七二年のデータメーション社の獲得で、ミニコンに関する知識も吸収している。

# 8——知識吸収のマネジメント

技術知識が外部から導入可能であったとしても、初期投資を回収する、もしくはコア・ケイパビリティにまで育てるためには、たいへんな経営努力を要する。ハリス社のテュリスは一九七七年に次のように言っている。「我々は新しいビジネスに参入し、二〇年かけて、それを進化させてきました[35]」。このアナロジーを使うなら、企業は種か、苗木か、あるいは果樹園そのものを買うことによって、新たなケイパビリティを育てる。しかし、技術ケイパビリティは、植えつける前に土地をよく準備し、植えてからも勤勉に世話をしなければ開花しない。企業の新たな技術を吸収する能力は、ゼロから技術ケイパビリティを築き上げるスキルと同様に、多様である。ただ、これから見ていくが、真の知識吸収能力を構築するマネジャーの行動には、技術ソースやアライアンスのメカニズムが違っても、共通点がある。

## (1) 壁に穴を開ける

マネジャーは、コア・リジディティを打破し、偶然を発見する才能を奨励し、競合他社と比べて技術の軌跡の向きと速度とをチェックするために、外部からの新しいアイデアの「爆撃」に会社をさらさなくてはならない。驚くべき量の知識が、社会のいたるところに転がっており、企業が世界中にアンテナを張り、従業員に対して知識を収集して社内に流すように奨励すれば、「貴重な掘り出し物」が見つかるもしれない。

### ①広く情報収集する

技術に関する知識には非常に多様な資源があるので、マネジャーが網を広く張るほど、それをとらえるチャンスも増える。日本・スウェーデン・アメリカの企業を対象にした調査によれば、最も重要な技術獲得戦略として、「技術情報の収集」は、「企業内研究」に次いで第二位だった。[36]

特に日本の研究者は、言語や文化の違いを克服する必要があるにもかかわらず、技術情報の収集にかけては高度のケイパビリティを示している。日本企業の代表が出席していない技術会議は想像しづらいだろう。前列の一番よい席から、各スライドの写真を熱心に撮っている日本人の姿に驚いた報告者は多い。もちろんアメリカや欧州の企業も情報収集に投資はしている。アメリカの研究者も技術関係の会議にはよく出席しているし、アメリカの産業界は大学に対しても研究を提供している。そのうえ、アメリカを本拠とする企業の中には、技術の進歩のセンサーとして、広範囲の事業所を利用しているところもある。ある医薬関係メーカーの研究担当副社長は次のように説明した「もしドイツの会議で興味を引く科学的発見があったら、電話で同僚に記録してくれるように頼みます」。MITの産業リエゾン・プログラムでは、参加企業からの訪問者を定期的に学部構成員に会わせることで、最新の技術思考に追いつくことを勧めているが、多くの国立研究機関もまた、企業からの訪問者を歓迎するようになっている。

アメリカ企業以外でも、たとえば日本の大企業は、研究員を数年間海外に派遣することで知識収集に投資している。ＭＩＴのメディア・ラボからニューヨークにあるロチェスター・ポリテクニーク・インスティテュートのチェスター・カールソン映像科学センターまで、日本の研究員が研究を行っている。また日本企業は、アメリカの大学と密接な関係を保った研究機関を設立もしてきた。日立化学研究所は、カリフォルニア大学アーバイン校の新しいバイオケミカル・リサーチ・センターの設立に投資している。このセンターは、一階はカリフォルニア大学の科学者が、二階と三階は日立の科学者が使用している[37]。物理的に近くにいることは必ずしも知識が流れることを保証はしないが、その確率は増すだろう。

**②継続的な交流**

知識の導入に長けた企業の特徴として、目的達成のために、技術理解のチェックをプロジェクトの開始時だけではなく、複数回行っていることが挙げられる。たとえばチャパラルが水平鋳造への投資を決定した時、自社の手法が時代遅れになっていないか確かめるため、マネジャーはプロジェクト開始一年後にも知識ソースを再訪している。こうした継続的なモニタリングが成果を向上させることは、研究機関における情報の流れの研究でも実証されている。アレンは、業績の高いチームと低いチームとを比較して、低いチームの場合には、どの程度の情報が求められているかのバラツキが大きい（多数だったり、ゼロだったり）ことを発見した。さらに、彼らはおおね、プロジェクトの最初と中間点の二回しか、外部探索をしていなかった。それとは対照的に、高業績チームは、プロジェクトの継続期間中ずっと、恒常的に情報源との接触を保っていた[38]。これはプロジェクトという期間では時間を要し、非常に困難なことだが、競合他社や情報源が最後の接触からさらに進歩を遂げているかもしれないので、こうした恒常的な接触は必須なのだ。

ある小さなセラミックスの企業が、新たな回路板の製作に使う基層をターゲットにして価格と品質を設定した時、質でも価格でも他を引き離しているのでマネジャーはライバルを蹴落とす自信を持っていた。だが不幸なことに、その企業の生産開始準備が整った時には、競合他社が追いついており、もはやこの企業は利益を上げるのに必要なプレミアムを失っていた。このマネジャーは、想定される顧客から競合他社についての情報を得られたのではないかと後悔した。

## ③技術のゲートキーパーの育成

研究機関への情報の導入や、流れ、方向づけなどをコントロールするのが、技術のゲートキーパーである。この人材は、同僚よりも外部情報に目を向け、技術知識のシフトや分配の重要なノード（節点）となる。ゲートキーパーに関して調べてみると、彼らは情報源を人々に指示する「情報将校」(Information Officer) とは違う。むしろ、会社の外部で何が起きているのかを同僚が忘れないようにする、技術的な役割を担う。近年、情報技術はゲートキーパーの職務の一部を自動化した。多くの企業が、「キーワード」を元にデータベースを電子的に検索したり、クリッピング・サービスや日常的な特許検索を利用したりしている。だが、こうして集められた情報も、やはり人間のゲートキーパーを通して選別することが必要である。知識導入の重要な導管として、こうした人材を見出し、適切な報酬を与えるのはマネジャーの仕事である。[39]

### ④「橋渡し役」の育成

企業における情報導入のケイパビリティを高めるというゲートキーパーの役割をさらに強化するのが、「橋渡し役」(boundary spanner)である。橋渡し役とは、情報源の側の世界と、情報を導入する側の世界の両方を理解しており、知識を広めるだけでなく翻訳する役割も果たす人材である(すでに第3章で論じたように、こうした人材は、企業内において異なる部署の間で「翻訳」を行う場合も必要である)。この選定には細心の注意がいる。二つの組織の境界で仕事をするためには、スキルだけでなく、スキュラ(訳注:ギリシャ神話の海の怪物に姿を変えられた妖精)とカリュブディス(訳注:ギリシャ神話の渦巻を擬人化した大食いの怪物)という二つの脅威の間を航海するオデュッセイアのような自信も必要であるため、橋渡し役自身が起業家的でなくてはならない。企業間アライアンスの研究者によると、弱い連携(橋渡し役が若かったり、経験に乏しかったり、あるいは外部者であったりする場合など)ではアライアンスは失敗する可能性が高い[40]。

さらに、スキルが高くても、技術のソースと導入側との間の人間が、一人では不適切である[41]。橋渡し役が一人だけだと、知識の流れのボトルネックとさえなり得る。知識の移転に十分なケイパビリティが必要であるほど、接触点を複数配置し、情報の経路も複線化することが重要となる。だれとの間で、どのくらいの頻度で、いかに接触するかを、明示的に詳細に決定している企業もある。たとえば、小さなバイオテクノロジー企業であるイムネックス社と、大規模の製薬会社であるスミスクラインとの間の接触では、このジョイント・プロジェクトの責任を分担している主要な科学者のリストや、少なくとも週一度行われる電話会議のスケジュール、少なくとも四半期ごとに行われる合同会議の準備などが、契約として含まれている[42]。

人員が固定していることも、知識吸収の成功に影響を与えるもう一つの要因である。すでに述べたが、知識の大部分（それも重要な部分のほとんど）は暗黙的なもので、「人の頭の中」にあるようだ[43]。橋渡し役が別の仕事へ動いてしまうと、その役割を別の人が適切に遂行するのは難しい。ニーダーコフラーは、大製薬会社と、小さなバイオテクノロジー企業との間の関係の悪化について、詳しく説明している。当初、二人の橋渡し役が、バイオ企業のほうの研究開発について、大製薬会社にうまく伝えていた。二人は、その小企業の技術の不確実性やリスクについて、大企業のマネジャーにわかりやすい形式的・構造的な枠組みで語ることに熟達していた。だが、この二人が別のプロジェクトへ移ると、大企業のマネジャーたちは、取引相手が、「ビジネスについて何も知らない長髪の科学者の集まり」[44]だと決めつけるようになった。不確実性の度合いは変わっていないのに、リスクの提示のされ方が変わったためである。

### ⑤NIHと戦う

外部からの知識の移植を拒絶してしまう理由としてよくあるのが、NIH（「ここで発明されたのではない」：Not Invented Here）症候群である。この症状は、「自分が創出したアイデアではなく、他人のアイデアが採用されるのはイヤだという一般的傾向」から、「新しい技術には欠点がある」とする（おそらくは正しい）信念までさまざまな反応がある。大部分の企業には、外部で育った知識を借りたり、利用したりしようとするインセンティブがほとんどない。後で詳しく紹介するMCCがアウトプットを持株会社へ移転する際の困難を綴ったギブソンとロジャースは、「技術移転プロセスではユーザーではなく、知識の創造者が賞賛されるのだ」[45]と書いている。抵抗は微妙だったりあからさまだったりするが、いずれにせよ良好な関係が築きにくくなっていく。たとえばある小さなコンピュータ会社の開発者は、自社ですでに試験・認証を行った通信機器を、パートナーである大企業が再び検査した（NIH症候群）と聞いた時、腹を立てた。[46] NIH症候群の証拠は到るところにある。ある研究者が、何百もの企業アライアンスの行動パターンを観察して、マネジャーの中には「外部の考えは劣っていると信じ込んでいて」、パートナーと施設を共有し学習することは「異教的」と考えている人さえいた。[47]

しかし、絶望の淵にあった八〇年代のアメリカの自動車メーカーが九〇年代に回復したことは、NIH症候群が克服し得るものであることを証明している。八〇年代の自動車産業に関する研究では、日本企業のほうが品質、開発の生産性、リードタイムにおいて勝っていた。[48] だが八〇年代末になると日米の差は縮み始め、反響を生んだ九四年の研究では、「アメリカの自動車メーカーは平均して、実質的に、開発のリードタイムや生産性における課題を克服した」[49]とされた。いかにして、このギャップを埋めたのだろうか。それは、フォードはマツダやトヨタから学習し、クライスラーはホンダや三菱自動車の模倣をしたのだ。[50] 戦後日本の自動車産業が、厳しい国内競争や資源の乏しさに応えるかたちで蓄積してきたケイパビリティを、アメリカのメーカーは利用することができたのである。[51]

実際にはアメリカの自動車メーカーは、日本のライバルに負けないようにと模倣しただけでなく、日本企業自身が一貫したシステムだとは認識していなかったマネジメント・プラクティスをも、明確化し体系化したのである。これにより、分野によっては日本を追い越した。たとえばアメリカのマネジャーは、重層的に統合された問題解決を実践することを「同時（サイマルテニアス）」ないしは「コンカレント・エンジニアリング」という言葉を使ったが、これは日本ではルーティン化されているものであり、この暗黙のマネジメント・システムが、移転する価値のあるものとして明確化されたのである。

さらに、アメリカ企業のなかには、製品開発のリードタイムをより一層削減するために、専門に配置された開発チームを立ち上げるところも現れた。このマネジャーは、コンカレント・エンジニアリングの論理的な拡張と考えていたが、日本でも常にこうしたプラクティスを行っているとは限らず、その意味では日本を超えている[52]。

このままでは競争に負けてつぶれてしまうという危機感は、心理的にも注意を外に向けさせる。アメリカの自動車産業は、そのような必然性があったから、ＮＩＨ症候群を克服できた。危機意識のないマネジャーが、どうして部下たちに、外部からのアイデアを歓迎するようにと説得できようか。情報の送り手側と受け手側とで責任を合同させて、ＮＩＨ症候群に対処しようとしている企業もある。最近合併したある企業では、合同のマーケティング・チームに製品コンセプトの責任を負わせ、そのコンセプトを全体の製造部門へと提示した。多くの業務のなかでも（締切りが厳しい）顧客への配送に焦点を当て、共に責任を持つという認識で、両方の組織からの最良のアイデアをチームのメンバーが組み合わせることを奨励した。アイデアを「盗んだ」最良の例に対して、たとえば「ゴールデン泥棒賞」なるものを贈ることにしたマネジャーもいる。だが、NIHを解消させるための最大の有効策は、緊急にイノベーションを行わなくてはならないという感覚を具現化した組織文化を築くことである。これは外部資源の専門性と相互作用を奨励し、社員に創造の泉を掘り出すことにつながる。創造の泉は、孤立していては滅多に涌き出ないものである。

### (2) レディネス・ギャップを縮める：受け取った知識がすぐに利用可能かどうか

技術を受け取る側からすると、外部からの技術は不十分に見えることが多い。ライセンス供与ないし獲得される技術と、それが製品もしくは改良された内部プロセスとして配備された形式に、大きなギャップがあるからだ。このギャップは、情報を提供する側か、導入する側か、あるいは両者の協力によってか、いずれにせよだれかが埋めなくてはならない。研究所で生み出された技術は、市場よりもサイエンスに近いものとして評判が悪い。結局、研究所は、「公共的」知識の発展を追求するものである。だが今世紀、重大な発見のいくつかが実験室で生まれているのも事実であり、その多くの部分が、戦争遂行のために、発明者たちがプロトタイプの開発を推進したものである。有名な例として第二次世界大戦中にMITで開発された「旋風プロジェクト」がある。これは国防省のための契約だが、初めて実現した高速のリアルタイム・コンピュータであり、結果的にデジタル・コンピューティングの新たなケイパビリティを生み出した[53)]。

## 旋風プロジェクト

旋風（Whirlwind）プロジェクトは、一九四四年、MITへの七万五〇〇〇ドルの贈与で始められた。その目的は、飛行機の安定性とコントロール・アナライザー（ASCA）に関するフィージビリティ・スタディ、つまり、飛行の性質を決定するようなフライト・トレーナーと計算機の開発である。ところがASCAは実際には行われず、出現したのが「旋風プロジェクト」である。一九四六年初め、プロジェクトのディレクターのジェイ・フォレスターが、開発チームの関心をアナログからデジタルへと向けさせ、「より信頼度の高いパフォーマンス、高い正確性、低コスト、さらなる小型化、より柔軟な操作[54]」を公約した。フォレスターが後に振り返ったところでは、こうした応用研究への投資は乏しかったという。「IBMが扱っているような分野に関心を抱く私企業は、当時はなかった。（政府の資金援助なしでは）コンピュータは登場し得なかったろう。民間にとって目に見える利益はなかった[55]」。

フォレスターは最高のエンジニアを探し求め、「システムを満足に作動させるためには、その基本的な部分をつくることよりも、技術の貢献が必要になる」と言って説得した[56]。「旋風」チームは、フォレスター自身、共同マネジャーのロバート・エベレット、ケネス・オルセン（DECの創設者）のようなプロジェクト・エンジニア、そしてMITの大学院生から構成されていた。一九四九年秋、フォレスターは、このプロジェクトの最も重要な発明の一つである、ランダム・アクセス、磁気式データ記憶装置の開発にかかっていた。フォレスターは次のように回想する。

それは暗闇の中の手探りだった。……いろいろ他のこともやってみた。しかし、その技術の個人的な実感を得るために多くの時間を費やした。それが、最高責任者が変化の方向に確信を持つための唯一の手段だと信じる。私は特許を出願すべきだ、としごくまっとうな主張をした。しかしMITはこの問題をしばらくためらい、結局はそれをリサーチ・コーポレーション（大学のための特許を扱う組織）へと引き渡し、特許を申請するようにと頼んだ。だが、この発明には商業目的の利用は見込めない、軍にはロイヤルティ無料の特許がある、申請手数料の一〇〇〇ドルの価値もない、といった意見がついて返送されてきた。MITの側では、「わかった、我々が申請の費用を払おう、先に進みなさい」と言ってくれた。

エベレットとフォレスターのアプローチは、やはりコンピュータを研究していた高等研究所のジョン・フォン・ノイマンとは対照的である。フォレスターは当時、ノイマンのチームに対してこんな感想を持っていた。

彼らは実験の本質的なことに関心が向いているので、実践の設備の構築を報告することや、その設備を既存の設備と統合すること、機械の利用を人々に研修することなどには、あまり関心を寄せていない……。MITでは、より正確な意味で「プロトタイプ」と呼ばれることを構築している……。プロトタイプは、できるだけ多く、望ましい性質を具体化すべきである。確かに、MITのアプローチのほうがお金はかかるが、本来スピードは速いはずである。人々が使えるコンンピュータを実現するのに、現在の状況においては、スピードは非常に大切である[57]。

「旋風」プロジェクトは、現実の問題解決にすぐに役立つために遂行されたこと、また、軍が受け入れやすいように成果が出されたという二点において、大学での研究としては異例であった。軍の切迫したニーズに応えるということは、非常に有利な点だと、フォレスターは考えていた。「特定の目的のない研究開発は、理由なく問題をつつき回し、資源の無駄になりかねない。だが、状況が変われば、目的も変更すべきだ。研究プロセスで元の目的が不可能だとわかったり、予想より解決が簡単で目標を上げたり、ということがある。利用できる資金の増減によって、プログラムの現実的な未来もまた変わっていく[58]」。

だがこのギャップは、常に技術の保有元によって埋められなくてはならないというものではない。研究者が優れた製品開発者とは限らない。そのうえ状況によっては、技術の保有元が、研究者に対して、成果を最終製品に近いかたちで出せという圧力が加わり、本来の目的が変わってしまうこともある。

テキサス州オースティンのマイクロエレクトロニクス・アンド・コンピュータ・テクノロジー・コーポレーション（以下ＭＣＣ）とセマテックは、業界の競争力をつけるための共同研究組織として設立された。ＭＣＣの調査を行ったギブソンとロジャースは、ＭＣＣ設立の最初の一〇年を振り返って、ＭＣＣが創設者の期待に応えてこなかったとまとめている。このコンソーシアムは、コンピュータ・アーキテクチャ、設計ツール、ソフトウエア、技術協力といった分野で、アメリカのコンピュータ、エレクトロニクス産業が日本との競争に勝利するのを支援するのが当初の期待だった。しかしその成果は上がらなかった。技術のパッケージ化と相互接続についてはうまくいったが、コンピュータ・アーキテクチャ、設計ツール、ソフトウエアにおける成果は貧弱なものだった[59]。結局、MCCの主な貢献は、「技術の応用と商業化を目指すコラボレーションのための研究開発における、現実の阻害要因と促進要因を研究する材料である[60]」ということが判明した。

MCCは、さまざまなタイプのアライアンスに伴う典型的な問題を被った。最初にパートナーシップを結んだ上級マネジャー（MCCの場合はCEO）が、実際の運営には責任を持たなかったのだ。競争に先立つ共通の知識プールをつくるという大きな目標が、持株会社の研究員や製品開発者の間で共有されておらず、彼らは製品を送り出すという市場の圧力にさらされていた。MCCの人工知能チームの副ディクレターは、一九八七年、「MCCのソフトウエア技術は競争前段階であり、企業内の開発者たちはそれをどのように生産へ応用していくかわからず、それを望む場合にも資金が得られない」ことに気づいた。前段階のギャップ（レディネス・ギャップ）を埋める手段がなかったのだ。そのうえ、MCCの研究員と企業内開発者は教育や研修においてもミスマッチであり、違ったコンピュータ・アーキテクチャやコンピュータ言語を使っていて、コミュニケーションも困難であり、協同作業でギャップを埋めていく可能性は少ないように思えた。

つまり、MCCが当初の目的を達成できなかった要因は、マネジメント上の問題であり、技術的な問題ではなかった。技術は十分に利用可能で、実際、MCCの技術を基にしていくつかの企業がスピン・オフさえしている。問題は、組織の境界を超えて技術をやり取りする点にある。技術を、各参加企業が利用可能な水準にまで引き上げることは、MCCの当初の目的ではなく、各企業の社員は、割り当てられた予算の一部を、商品化とはほど遠い技術に割くことにほとんど利点を見出せなかった。

レディネス・ギャップのもう一つの特徴は、その範囲やタイプが受容側の企業の必要性にも依存しているということだ。ある企業のニーズに技術を適合させると、別の企業のニーズに合わないことがMCCではよくあった。ほとんどすべてのコンソーシアムでこの種の問題に直面している理由は、さまざまな投資家が知識生成のプロセスを誤解していることもある。各投資家は、技術開発に影響を及ぼそうとしているだけではなく、内部に構築した技術水準も異なっており、そのため、技術の受容ケイパビリティも異なっているのである。たとえば、カーネギー・メロン大学からのスピン・オフの場合では、スピン・オフを引き出し、分割させたのはほとんど、強力で意図的な投資家たちである。

---

### カーネギー・グループ

カーネギー・グループ（CGI）は、一九八四年、カーネギー・メロン大学で教鞭を取っていた、四人の高名なコンピュータ学者によって設立された。当初から多数の顧客が、新しい人工知能の研究・製品・ツールにアクセスする見返りに、エクイティ（普通株主権）を買うというかたちで資金を出していた。だが当初からの投資元の一つであったある宇宙開発企業は、ここの成果に幻滅した。有用な知識を得られないだろうと判断し、たんに資金を出すという受動的な役割へと転換したのだ。投資元の各企業は、このパートナーシップから得られることについて、それぞれ異なった考えを持っていた。

DECのマネジャーは、CGIの技術の受容の見返りに資金を出していた。DECが先駆をなしたXCONプロジェクト（これによって企業内にAIのケイパビリティを樹立した）は、CGIの当初メンバーの一人が指揮したものである。DECのマネジャーはCGIを、実際の生産ツールに転用可能な応用研究知識の恒常的なソースと見ている。

同じように内部にAI集団を抱えるテキサス・インスツルメンツでは、将来の製品に役立つような技術を求めていた。

USウェストではCGIとの連携を、未成熟の研究開発の技術ケイパビリティを構築しながら、内部業務や製品のための適切な知識ベースのソフトウエアを得るための手段と見ていた。

フォードでは、人工知能については内部のケイパビリティはほとんどなく、CGIを、ターンキーや最先端のエンジニアリング・設計、製造、内部業務の診断を提供するベンダーとして考えていた。例を挙げると、最初のジョイントである「サービス・ベイ・ディアグノスティクス・システム」は、技術者が、フォードのサービスに関する問題点を診断するのを助けるエキスパート・システムを採用している。

CGIはこのように、各企業の多様なニーズ（一方の極には新たな研究結果を求める企業があり、他方には十分に実用的なシステムを求める企業がある）に応えるような知識を提供する、という課題に向き合っていたのである。

出典：Paul Sagawa and Dorothy Leonard-Barton, "The Carnegie Group" case 690-033, Harvard Business School, Boston, 1990.

ＭＣＣより規模は小さいが、ＣＧＩも同種のマネジメントに関する課題を抱えていた。だがＣＧＩの解決策はより単純なものだった。ビジネスを二つの領域に分け、一方では研究に集中し、もう一方ではすぐ実用可能な、カスタマイズされたシステムを提供したのである。前者が最先端の技術を伝え、たとえばＤＥＣではそれを内部の研究者が引き継いでプロセスに載せる。そして、後者がたとえばフォードのような企業にベンダーとして仕える、ということだ。しかしこの場合でも、関与する多数の人々の間で善意が育っていないと、エクイティの所有者との間の知的所有権問題が避けられない。それぞれのエクイティ所有企業が受け取る知識の見返りの量は（金銭的な見返りと同じように）異なっており、それはその時に関与していた社員や、レディネス・ギャップを埋めようとする企業側の熱意に依存している。

### (3) 知識移転の可能性と望ましい状態のトレード・オフを理解する

外部技術の導入に伴う大きなパラドックスの一つだが、その技術が競争上望ましい状態の時ほど、本質的に知識移転の可能性は小さくなる（その逆も言える）（図6―9参照）。世界で最新の技術が利用可能であるほど、技術システムが競争優位を持ち、企業のコア・ケイパビリティの一部になる可能性は大きくなる。だから一般的には、古いモデルよりは最新の技術システムのほうが、導入の対象としては望ましい。しかし、新しい技術システムほど、文書化されていない。設計者にとってまだ「ホット」なのだ。この「新しさ」と「文書の欠如」により、設備の運営は担当者に依存しやすい。担当者の持つスキルが、重要な先端的設備の構成要素の一つであることが多いのだ。こうした理由で、チャパラルは、最終品に近い形の鋳造での優位性を保つのに適切な鋳型の設計を支援するため、工員たちをドイツに派遣した。マネジャーは、移転可能性と望ましさとの間のトレード・オフについて、決断を迫られた。もし工員が設備に付随している知識を持ち帰るならば、それでよし。そうでないならば、つまり、システムと工員とがバラバラならどうなるか。その時には、設備を導入しても、ケイパビリティの移転とはならないかもしれない。

そして、新しいマネジメント・システムも、前向

**図6－9◉ケイパビリティ監査**

どのケイパビリティを目標にするか：
　10項目について、現状を表しているものにマークする
　D；望ましい　T；変えるべき

| | | | | |
|---|---|---|---|---|
| I．物理的なシステム | D | 1. 旧モデル | ←→ | 最新式モデル |
| | T | 2. すべてペーパー記録 | ←→ | 文書の欠如 |
| | T | 3. オペレータ不在 | ←→ | オペレータ操作 |
| II．マネジメントシステム | D | 4. 産業水準 | ←→ | 革新的 |
| | T | 5. フォーマルかつ体系化 | ←→ | インフォーマル |
| III．スキルと知識 | D | 6. 市場にある | ←→ | 市場にない |
| | T | 7. 産業独自 | ←→ | 企業独自 |
| | T | 8. 特化したもの | ←→ | 汎用的なもの |
| IV．価値 | D | 9. 主義に沿ったもののみ | ←→ | これから定める |
| | T | 10. 明確なもの | ←→ | 内在するもの |

きに考えれば、既存の標準システムよりも（うまくいくと仮定して）望ましい。たとえばすでに第1章で述べた、チャパラルの徒弟制度や報奨制度や「副」業務の研修は、あらゆる企業の生産性を上げる可能性がある。しかしこうした実践はコード化されていない。実際、「副」業務の研修のような実践はインフォーマルなものなので、ルールブックを持ち込むだけでは、マネジメント・システムの本質をとらえたことにはならない。コード化されたものほど模倣もしやすいが、それが望ましいものかどうかは保証できない。

同様に、技術ケイパビリティに埋め込まれたスキルや知識が稀少であるほど、競争上価値を持つ。というのも、それはオープンな市場で購入することができないからだ。しかし市場では稀少なスキルは、おおむねその企業に特有のものであり、従業員の長期にわたる経験に基づいている。だからこそ移転が難しいのである。後に回顧するＥＬＰ社の経験が示すように、組織の階層では下方に位置し、エキスパートとは認められていない人々の暗黙知でさえ、技術ケイパビリティの獲得には重要な役割を持つ可能性がある。こうした人々は、重要な人材と認識されておらず、転籍も考慮されていない場合が多い。そして、人自体が動かなければ、頭の中に収められている暗黙知もまた動かないのである。

結局のところ、実際に意思決定や行動の指針として活用されている価値観や規範のほうが、理論的に信奉されてはいてもだれも従わない形式的なガイドラインやモットーよりも、よほど役に立つのだ。[61] 第1章で示したように、ヒューレット・パッカード（以下ＨＰ）やジョンソン・エンド・ジョンソン（以下Ｊ＆Ｊ）のような企業は、個人の行動についてきわめて明示的な規範を決めている。「ＨＰウェイ」「Ｊ＆Ｊの信条」が壁に貼られ、行動の指針とされている。だが、明示されていても、実際に従業員が従っているとは限らない。個人の行動に影響を及ぼすのは、自生的な価値観である。異なる知識の取捨選択や報奨を決定する類の価値観は、明示的にはなりにくい。知識を改良することよりも知識を導入することの優先順位を高くしたり、機械工学より電子工学を重視したり、新製品の意思決定において設計の観点が重視されたり、といった規範を明示する企業はまずない。技術ケイパビリティに最も影響力のある価値観や規範のある部分は、非明示的になりやすく、明らかにするのが難しいのだ。まして移転はもっと難しい。

## (4) 技術評価能力の向上

技術獲得を評価することを軽視するマネジャーは賢明ではない。マネジャーは、技術の持つ潜在能力を理解し、その技術ソースの専門性を評価する必要がある。こうしたケイパビリティは、人間やシステムのなかに明快なかたちで備わっているわけではないので、その真の位置づけを明らかにできなくてはならないのだ。

### ①潜在能力の評価

新しい技術と、それが支えるビジネスの両方を深く理解して初めて、潜在能力の評価が可能となる。この場合、意思決定の結果にリスクを負わないコンサルタントが、手助けしてくれる。彼らは技術についてよく理解しているからだ。だがその企業と長期的な関係を持たない限り、コンサルタントは技術がその企業にいかに導入・吸収されるかについては理解できないだろう。したがって企業内での専門家が要請されることが多い。JVについてのある有力な研究によれば、協力する以前からその問題について双方ともがある程度の研究開発を行っていた場合に、最もうまくいくということだ。パートナーの技術的アプローチをより学ぶために、並行して研究実験を行っている企業もある。彼らは科学者たちを、JVと自社内の両方を経験するように頻繁に配置転換している[62]。同様に、アメリカの製造業三一八社の研究開発投資を分析したある研究では、「外部の知識を評価・活用するケイパビリティは、その大部分が関連する知識の水準の関数として説明できる」としている[63]。かくして、逆説的だが、すでにその分野である程度の研究実績を上げている企業が、知識の導入においても有利な位置に立っているのである。同時に、第2章で述べた選択の偏りによって、マネジャーはいまだコア・コンピテンスとはなっていない技術を考慮することが奨励されるべきである。

**②ソースの専門性の評価**

JVは九〇年代には、パートナーから得られる多様な素材からまったく新たな競争力をつくり出す手段として流行した。すでに述べたように、マルチメディア分野での技術融合の機会が増えたことで、九〇年代初頭、八〇年代のM&Aブームを思い起こさせるようなJV競争を引き起こした。

JVは、ハリウッドのセットのような輝きを放ちながら開始される。利害のない第三者が、

「お似合いのカップル」だと宣言する。トップ・マネジメントが米を投げ、子供たちに向かって、どんな問題にぶつかってもやりとげるようにと訓告を垂れる。株主は、もうすぐ孫が生まれる人のように、じっと朗報を待っている。その間、現実の従業員たちは早起きをして、この「結婚」の準備をする。

ナレッジ・マネジメントの観点から見ると、「結婚」が頓挫する重大な要因は、双方がJVに持ち込むケイパビリティについての誤解から始まる。双方の既存技術の補完を目的としてJVは設立されるが、どちらの親会社も重要な、だが非常に異なる知識ベースを提供するのである。「補完」という目的が幻想に終わったケースとして、GEプラスチックスの経験を見てみよう。

---

## GEプラスチックスとポリマー・ソリューションズ・ジョイント・ベンチャー

GEグループのGEプラスチックス（以下GEP）は、一九八九年時点で、耐久消費財産業向けにプラスチックを開発・製造・販売する売上高約四八億ドルの企業であった。GEPのポリマー・パレットは、コンピュータの匡体、電話、車のバンパーなど要求の重い製品に加工された。こうした高機能のプラスチックが競争基盤であるのに加えて、顧客に対し、GEPの製品をいかに最適に加工するかという技術サービスも行っていた。エンジニアはポリマーや樹脂の性質をよく理解しており、指定された製品について、それぞれの材料がどの程度実用できるかの判断ができた。型を取った場合の各素材の性質を分析・モデル化した後で、CAEの専門家が、どのように型や部品を設計するか、顧客にアドバイスした。GEPのデザイナーやエンジニアは、必ずしも全プロセスに関与せず、制作の初期の段階までであることが多かった。だがGEPにとってこうしたサービスは重要であった。高機能プラスチックで何かができ、何ができないのか、顧客の側ではわからない場合が多かったからである。金属の代わりにポリマーを使うように説得したり、製品仕様の一部に特定のポリマーを載せたりするだけで、GEPは市場を拡大し続けることができた。

一九八九年時点で、こうしたサービスを無料で顧客に提供することが、企業にとってコスト超過になってしまった。そこで、外部のパートナーと組んで顧客に「アートからパーツまで」（製品デザインを手助けし、製造プロセスもフォローする）利益の出る価格でサービスを提供するようなJVの設立を決定したのである。

GEPのマネジャーたちは、デザイン事務所と組むかエンジニアリング会社と組むかをめぐって議論した。デザイン事務所は、現在のGEPよりも幅広く顧客とつき合っているだろうし、デザイナーは製品開発の非常に早い段階で顧客に影響を及ぼし得るので、GEPの製品を商品の中に強固に組み入れることができる。他方、GEPはすでに工業デザイナーなら社内にも抱えていたが、製造の経験はなく、だからこそ顧客にフルサービスを提供するケイパビリティが必要で、そのためにはエンジニアリング会社のほうがパートナーとしては適している。

一九八九年秋、結局GEPは、社内エンジニアを抱えた高名なデザイン事務所の一つと組んで、ポリマー・ソリューション社というJVを設立することに決定した。このJVが最初に手掛けた新製品は自動ティーポットの開発だったが、そのプロセスで、「結婚届」に判を押す際、ギャップが露呈した。両社ともエンジニアの従業員はいたが、製造エンジニアはおらず、それが重大な問題となった。エンジニアたちの立てた計画は、プラスチック製のポットの型取りに必要なツールの製造には不適切なものだった。結果として混乱、遅延、対立が発生し、予想以上に生産コストがかかり、両社の技術統合の実を上げるために何度も組織再編を行うこととなった。

出典：Karen Freeze and Dorothy Leonard-Barton, "GE Plastics: Selecting a Partner" and "Polymer Solutions: Tempest about a Teapot," case studies, Design Management Institute, Boston, 1991 and 1992, respectively.

GEPのデザイン事務所と組むという決定は、「アートからパーツまで」（芸術から部品まで）のソリューションを提供するのに必要なケイパビリティおよび現状の体系的な評価ばかりではない。それと同じくらい、意思決定者の間での個人的な関係が影響していた。GEPのマネジャーたちは、このデザイン事務所の持つビジネスセンスに強い印象を受けていたし、デザイナーたちはGEPのマネジャーたちが持つ、よいデザインが重要だとする感受性に共感していたのである。ただし両者共に、パートナーになった場合の競争力について、詰めて考えなかった。全体のケイパビリティ（この場合にはまったく新しい製品を開発するケイパビリティ）に対して付け加えることがあるのかどうかを、体系的に評価しなかったのだ。

GEP側では、このデザイン事務所が、エンジニアリング業務も手掛けた経験を持つことを知っていたので、こうした製造経験からポリマー・ソリューション社は利益を受けることを前提としていた。だが、デザイン事務所の当のエンジニアたちの勤務地がＧＥＰのあるマサチューセッツでなくオハイオであることは知らなかった。デザイン事務所側では、ＧＥＰがそれまでに複雑なエンジニアリングを要する設計をしてきたことを知っていたが、その場合ＧＥＰの顧客の側で常に製造に関して通じていたということは認識していなかった。かくしてこのＪＶは、生産の「アートからパーツまで」、製造の専門スキルを提供するケイパビリティという重要な環を欠くこととなってしまったのである。

後から考えれば、装備や知識の面でのこうしたギャップは、丹念に開発プロセスを心の中でシミュレーションしてみれば明らかになるはずだった。知識を評価するのは困難なので、我々は、ついついその人の役割や肩書きをノウハウと同一視してしまいやすい。必要とされるスキルや知識について熟考せず、たとえばエンジニアの人数でケイパビリティをチェックしてしまう。もちろんそれでもうまくいく場合もあるが、人間がそれぞれ異なるだけでなく、デザイン・エンジニアが開発の持ち込むスキルは、製造エンジニアよりもはるかに多様なのである。

両社とも少なくとも、製品のコンセプトを製造プロセスに持ち込むのに必要なステップを列挙するくらいは、製品開発について知っていた。開発プロセスの各段階で、「この点において我々のケイパビリティはどの程度なのか」「我々は四つの局面をすべてカバーしたか」といったことを考えたかもしれない。このように、ＪＶがすでに持っている知識と、各ステップを効率的に遂行するために必要な知識とを意識的に比較することで、たとえば、ＣＡＥの設備や、ツール化プランの伝達が欠けている（これらはみな、プロジェクトが、ある重要なデモンストレーション・ショーに関与し始めた時には痛いほど露わになってしまった）といったことが明らかになってくる。そうしたギャップが明るみに出た時に、どこでも非難の矛先が他人に向けられるのだ。

### ③ピンポイントで知識のありかを特定する

過去のプロジェクトでの望ましいケイパビリティから、目標とされる知識の獲得が明らかになっても、ノウハウをどこに保存するのかが課題として残る。設備か、ソフトウエアか、手続きか、キー・パーソンの頭の中か。財務面では、知識獲得を慎重に行って失敗することはあまりない。多くの弁護士たちが、提案された知識獲得案件を細心の注意を払って検討するからである。では、獲得しようとする技術ケイパビリティを慎重に検査できるのは、どんな人物なのか。弁護士ではないことは確実だ。実際、技術を適切に検討するには、設備やプロセスなど、業務を細かく理解することが求められる。さらに、本当に重要な知識は具体化されていないことがある。Ｅ―Ｌプロダクトのケースを考えてみよう。

---

**Ｅ―Ｌプロダクト**

Ｅ―Ｌプロダクト（以下ＥＬＰ）は、アストロニクス社が分社したもので、一九八六年には電界発光ランプ製造では四本の指に入る企業になっていた。平らで、軽く、柔らかく、ほとんど熱を出さず、しかもどのような曲面にも成形できるランプは、たとえば飛行機のコックピットや自動車のダッシュボードなど、特別の用途に利用されていた。一九八八年、ＥＬＰにはライバルであるグリムズ社を買収するチャンスが与えられた。グリムズ社を二日間かけて見て回ったELP社の研究開発、エンジニアリング、販売、マーケティング担当のマネジャーたちは、自分たちが見たものに強い印象を受けて帰っていった。グリムズ社のエンジニア教育はELP社よりも整っており、コーティング技術は新しく、CADの設計も非常に洗練されていたのである。リードタイムは短く、仕掛かり在庫は少ない。ラミネーションの分野では汚れのつかないダスト・フリー・ランプもつくられており、GEが特許を持っているコーティング・サスペンション（これはELP社では自社の化学部門を優先して五年前に放棄した）をうまく活用していた。ELPの技術者たちは、GEの技術を信頼して利用することができなかったのだ。

買収の後、グリムズ社の業務はELPに移り、買った設備は取りつけられ、その後で不幸な発見が相次いだ。「新しい」と思った機械設備のなかには、実際には中古品が含まれていた。そのうえ、グリムズ社の設備がうまく作動していたのは、グリムズ社のラミネーションの工員が監督していた時だけで、数カ月ELPの社員を訓練してくれた人が去った後では不良品が出始めた。ELPの従業員がグリムズ社の最終製品の在庫の箱を開けてみたところ、八〇％が薄膜が裂けているという不良が発生していた。さらに、化学に関するGEの特許は、高価すぎて使えないこともわかった。

ELPのマネジャーたちは、表向き優れているように見えたグリムズ社のケイパビリティの裏側をきちんと調べなかった自らの不明を悔やんだ。最終製品が「売れる」商品であると思い込み、それ以上調査しなかったのである。最後に、グリムズ社のエンジニア教育制度に感心したが、E

LPのマネジャーたちは、最も重要な業務知識のうちのある程度の部分が、従業員の頭の中にしかないことに気づかなかった。そして、彼らはELPには移って来なかったのである。

出典：Johanna M. Hurstak and Oscar Hauptman,"E-L Products (B)," and "E-L Products (C)," cases 691-103, 691-104, and 691-105, Harvard Business School, Boston, 1990.

E—Lプロダクト社のような悲しい物語は、どこにでもあっては困るが、実際には珍しくない。「取引」の締結が急がれ、懸案の「結婚」に関して周囲が興奮し、本来は計画や設計につぎ込まれるべき時間や資源が、財政面の細かな部分に奪われてしまうのだ。[64] 工場見学よりも株取引やウォール街向けのイベント演出が優先する。業務の専門的知識は後部座席に追いやられ、金融街の「魔術師」が舞台中央に躍り出る。だがショーが終わり、誰かが異なるケイパビリティを吸収する段になると、さまざまなギャップが明るみに出てくる。ELPの例が示すように、キー・パーソンが職務に利用している知識は過小評価される傾向にある。特にその従業員の地位があまり高くない場合にはそうである。[65]

## (5) 学習投資のマネジメント

パートナーが期待した必要な補完的知識を実際には持っていなかった二つのケースを見てきたが、今度はケイパビリティが実際に存在したケースに目を向けよう。「結婚」は最初は険しい道のりであったが、学習投資が見合うと期待して双方が奮闘したケースである。

## プラス・ディベロップメント・コーポレーション

プラス・ディベロップメント・コーポレーション（以下PDC）は、コンピュータのディスクドライブをつくっていたクォンタム社と、ビデオデッキメーカーのマツシタ・コトブキ・エレクトロニクス（以下MKE）とが合弁し一九八四年にできた企業である。このJVの製品は、IBMパソコンの所有者が、記憶容量を八三年にIBMが出したPC—XT並みにコンバートできるような、簡単にインストールできる小型で安価な〈ハード・カード〉である。コンピュータ・メーカーへのOEMサプライヤーとして、クォンタム社は設計に強いケイパビリティを持っていたが、小売り市場向けの製造分野に関しては専門技術を欠いていた。MKE製ビデオデッキの大量生産による実績は、電子機械技術と製造に関する豊かなケイパビリティを示していた。

両社ともほどなくして、この結びつきが知識のセットが補完的であっても、ジグソーパズルを組み立てるように努力なくしてぴたりと合うものではないことに気がついた。日本側は設計の詳細を無限に続くと思われるほど要求し、その水準はクォンタム社のエンジニアがそれまで経験したことのないほどだった。日本側に「一〇ミリ以下」と言ったのでは不満で、「九・八ミリ」と言わなくてはならなかった。さらに、コストにはほとんど影響がなくても、生産効率を高めるために設計変更を要求された。MKEのエンジニアが仕様を完璧に守ろうとすると、クリスマスや年末の絶好の商戦期に間に合わない恐れもあった。PDCにかかわっていたクォンタム社のエンジニアたちは、スケジュール表を見て絶望感に襲われた。時間のプレッシャーに追われ、完璧ということの価値に疑問を持つ者もいた。だが、両者とも耐え抜いた。

双方の知識交換に費やした努力が最初に報われたのは、〈ハード・カード〉が市場でヒットした時だった。前面上部のデザインを製造可能とするため結局通常の計画よりも数週間多くかかり、駆け込みで全面生産へと間に合わせた。〈ハード・カード〉は市場で成功を収め、信頼度も高く、低コストも実現した。二度目の「報酬」は、この製品の基本的なコンセプトが模倣されやすく、一年間に四五種類もの安価で劣ったライバル製品が出てきた時に出現した。それでも〈ハード・カード〉が優位に立っていたのは、他社製品がパソコンのスロットを二個要したのに対し、〈ハード・カード〉はスロット一つで済むという点だった。この優れた設計は、クォンタム社のスキルと、MKEの小型電子機械部品製作ケイパビリティの賜物であり、競合他社はどこもこの点は真似できなかった。

第三の非常に重大な「報酬」は、MKEによって親会社がディスクドライブの新世代商品に参入可能となったことである。一九八七年時点で〈ハード・カード〉は、クォンタム社の売上げと利益の五四%を占めていた。ディスクドライブの標準が、五インチから三・五インチへと移り代わった時、この市場に後から参入したクォンタム社は、二社を例外としてすべての市場を失ってしまった。PDCを経営していたマネジャーたちは、親会社に注意を向けさせた。三・五インチのディスクドライブをロボットで生産できるようにクォンタム社の設計プロセスを刷新するため、彼らはMKEに働きかけた。MKEの注意は再び製造能力に向けられ、「骨折り」(painstaking)という言葉に新たな意味が加わった。数カ月後、クォンタム社のエンジニアたちは、「辞める準備ができた」。しかしそれでも踏ん張り通し、MKEはオートメーション・ラインに約一億五〇〇〇万ドルを投資した。ＭＫＥで生産されたディスクのうち、やり直しの必要がないものは九七％と、他社の九〇％と比べて優れていた。一九九一年にはクォンタム社は、ＭＫＥの分け前を除いても、「当業界内で最高の粗利益を上げた」[66]。

出典：Nan S. Langowitz and Steven C. Wheelwright, "Plus Development Corporation (A)" and "Plus Development Corporation(B)," cases 687-001 and 689-073, Harvard Business School, Boston, 1986. Joint copyright with Stanford University.

ＭＫＥが製造能力にこだわったことで、ほとんどのＪＶが実現しなかったような知識交換に関する原則が確立した。そのうえ、ＭＫＥでは自社のエンジニアを数カ月間も、アメリカのデザイナーに対して大容量ディスクドライブ市場での製造可能性に関する要求を教育するために進んで派遣した。だが、クォンタム社のマネジャーたちも、ＭＫＥの持つ専門技術が自社を補完するものであることは認識し、厳しい競争圧力に直面して、優れた製品と生産プロセスが、多少の時間はかかるとしても、いずれ市場での勝利に結びつくと確信してもいた。

ＧＥＰもクォンタム社も、自社と競合しないパートナーを選ぶことで、ケイパビリティの重複という問題を避けている。パートナー同士の戦略的コアが近いほど、マネジャーはライセンス、クロス・マーケティング、その他の容易にコントロールできる関係を選びがちである[67]。ＪＶは究極的には、たとえどんなにうまくつくられたものであっても、文書化された合意書に頼り切ることはできない。四九二例ものＪＶを研究した、ある研究者は次のように述べている。「企業は技術を保護する文書を信奉するほど狡猾になるが、ＪＶの成功は信頼にかかっている」[68]。技術者がコラボレーションすれば知識の流出は避けられないが、パートナー同士のケイパビリティが競合関係ではなく補完関係にあるほど、ＪＶはマネジメントしやすい。

ＧＥＰとクォンタム社の事例は、先の調査を裏づけている。マネジャーたちは当初、パートナーシップというものに対して、ある種ナイーブな考えを抱きがちだった。対立などほとんどなく、ＪＶは「永遠に」続くと期待していた。いずれの事例でも、マネジャーたちは実際に、その関係性構築に携わっている。クォンタム社の行った知識投資が、ＧＥＰの場合より報われたという事実は、おそらくケイパビリティの補完性が強かったという事実によるものだろう。これは親会社よりも多額の投資であった。

アライアンス関係に豊富な経験を持つマネジャーたちは、その関係の変化を期待するようになる[69]。知識の交換が積極的であるほど、偶発的な事柄ややり取りの詳細を前もって枠づけしておくことは困難である。ほとんどのアライアンス関係が一時的なものではあるが、「協力的なパートナーシップは、予想もしなかったかたちでの成功をもたらすことが多い」[70]。こうした調査結果は、一般的に、ツールの活用や実験に関する知見とも一致している。第4章と第5章で強調したように、前方の道のりが確実である場合には、詳細な計画は役に立つ。では確実でない時にはどうだろうか。目的地が望ましくない場所だと判明した時、道路地図はもはや無用だ。他方すでに見てきたように、根拠もなくアライアンスから大きな成果が得られると考えることも愚かである。知識導入型のアライアンスを多く監督してきたマネジャーたちは、妥協点を探る。そして初めから目的、役割、タイムフレーム、ケイパビリティを明確にして、生き残ってきたのだ。同時に彼らは、当初の目的が変動する環境のなかで保持されているという前提を、常に問い直す。もしマネジャーが意図的にスキルを向上させようとすれば、技術アライアンス関係の選択、運営に関してのスキルは、経験によって向上させることができる。[71)]

## 9――要約

内部に強力な研究ケイパビリティを有する企業であっても、それを補完するような技術を外部に求めることは必要である。本章では、企業の知識「受容ケイパビリティ」、つまり、広く多様な情報源から、必要なものを明確化し、導入し、利用するケイパビリティに焦点を当ててきた。知識を導入するという活動は、コア・ケイパビリティにおけるギャップを明らかにすること（たとえば、戦略的に重要な知識なのに社内では精通度がない）から始まる。こうしたギャップが浮かび上がってくる理由はいろいろあるが、そのなかでも特に重要なものを三つ挙げると、①内部での研究活動を控え目にしようという社内の慎重な政策、②ある特定の技術における一定の前進もしくは断絶、③技術融合の新たな機会の出現、がある。こうしたギャップを埋める技術の情報源として、本章では大学、国立研究機関、他の民間企業などに言及した。また、マネジャーの利用できる多様な情報取得のメカニズムとして、相対的にコミットメントの低い研究契約から、コミットメントの高いM&Aまで概観してきた。こうしたメカニズムはいずれも、状況によっては問題を含んでおり、どれが最も素晴らしいということは言えない。

しかし、いずれにも共通する重要なマネジメント上の問題に注意を向ける必要がある。企業は、受動的な態度では、外部の知識にアクセスはできない。技術の導入には多大な努力を要する。外部ソースを利用してケイパビリティを築き上げるには、特有の専門的スキルが必要となる。技術的機会を広くかつ継続的に追い求め、技術のゲートキーパーならびに橋渡し役となりうる従業員を見つけて効果的に活用し、NIHシンドロームと戦うことで、組織の壁を崩していく。また、情報源が現に持っている技術と、企業内でケイパビリティの増強に必要な技術との間のギャップを埋め、望ましさと移転可能性とを秤にかけ、技術を評価しなくてはならない。技術の評価には、情報源の側で保有しているスキルの水準や潜在能力の評価や、実際に知識が必要になる場所の特定（人の頭の中なのか、システムなのか、など）も含まれる。

今日のマネジャーは、協力することよりも、競争する訓練を受けている。協力には、競争とは違ったスキルや展望が必要になる。マネジャーは常に、外部の知識を受容するためには企業の壁にどのくらい穴を開けなくてはならないか、外部の技術知識の資源に自社の側でどれほど適切にアクセスしているかを探っておく必要がある。

# 第7章

# 市場から学ぶ

コア技術ケイパビリティの成長・育成には、絶えず情報の流れを豊かにすることが必要となる。これらのうち、技術を基盤にした企業にとって最も重要なのは、市場から流れてくる知識である。というのも、この情報によって科学がビジネスとしての製品やサービスへとかたちを変えていくからだ（**図7―1参照**）。新製品開発のプロジェクトは、市場の情報が技術ケイパビリティを豊かにするチャネルとして機能するが、多くのイノベーションは、市場では失敗している。実際、アメリカでの新製品開発の統計は厳しい状況を示唆している。製品開発や商品化に投資した資源の、平均して四六％は、中止になったり、適切な財政上のリターンが得られなかった製品にあてられていた。[1] あるレポートは、開発を開始したプロジェクトのなかで、六三％は中止になり、二五％はビジネスとして成功し、一二％は失敗していると推測している。[2] 同時に、七〇～八〇％の割合で新製品投入[3]の成功率を誇っている企業もある。このことは、優れた製品開発のプロセスを経ることによって、平均的な数字を打ち破る可能性を示唆している。そうしたプロセスの主要な要素とは、市場から重要な知識を得る能力である。

ある研究では、一二三の企業における二五二の製品開発プロジェクトを調査し、成功したプロジェクトにおいて、その指導的役割を発揮したのが市場の評価であることを発見している。だが、四半期単位のプロジェクトしか調査していない公式のマーケット研究は、通常、「うまく行われていない」として評価されている。さらに、こうした研究の四分の一以上は、競争上の比較に反応する傾向がある。また、たとえばコンセプトの形成において、提案された新製品に対する顧客の反応といった類のコンセプトに関するテストはほとんどない。五分の一以下のプロジェクト・

チームしか、製品の特性を生み出すにあたって、顧客が実際に何を欲し、何を必要としているか調査していない。[4] 最後に、これらのことから、たんに市場調査それ自体を強調するだけでは、ユーザー・ニーズの理解には至らず、製品の成功の可能性にも結びつかないように思える。

製品の成功や失敗に関する長年の研究の多くは、ユーザー・ニーズの理解が、ビジネス上の成功のカギとなる要因であるというコンセンサスに達した。[5] しかし、このような見解を実行に移すのは容易ではない。

この章では、この問いに答えていく。どのような資源やチャネルが、新製品開発プロジェクトに市場の情報をフィードしていくことができるのか。顧客のニーズや欲求を吟味し展開する能力は、企業によってさまざまであり、多くのメカニズムが存在する。すでに確立された市場調査のテクニック、特に計量的なテクニックは、ここではあまり考慮しない。と

**図7－1◉知識創造活動：市場からの知識の導入**

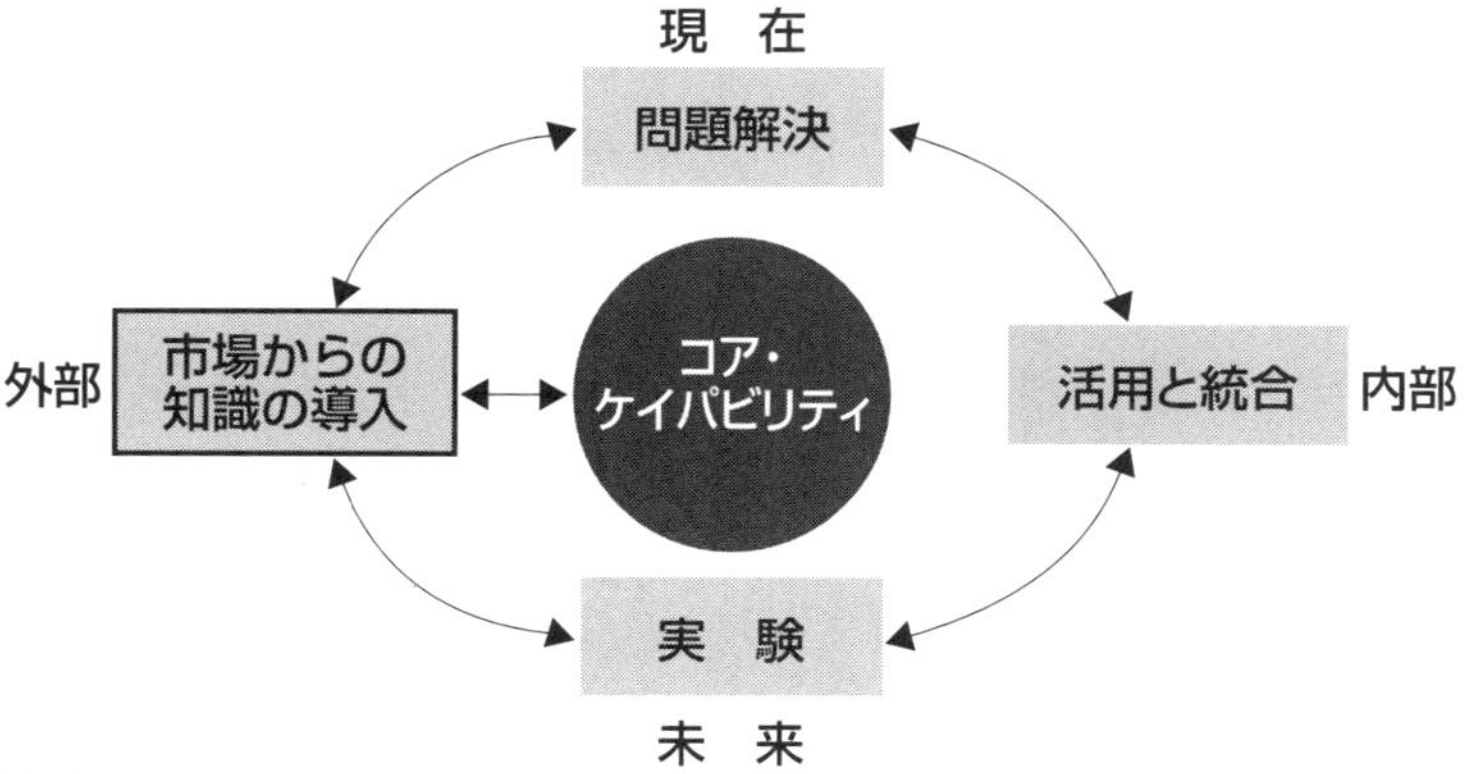

いうのも、それらは十分に理解されているし、また、マーケティングの授業でも教えられている。つまり一般的に、お金を払えばだれにでも得られるものだ。したがって、独自の持続可能な競争優位をもたらすような、コア技術ケイパビリティの一部にはなりづらい。そういうわけで、伝統的な形態の重要な市場調査には触れるが、以下の頁での議論は、かなり不確実性の高い市場から知識を導入することと、伝統的でないテクニックを利用することを強調している。これらのテクニックはサイエンスというよりアートだが、企業の市場の知的な活動における強力な武器になる。市場に近寄りすぎることからくる危険性をある程度避けることにも役立つ。

## 1――新製品の定義づけ

たいていの企業では、新製品の多様な定義づけに直面する。それぞれのケースで、市場から導入される情報の範囲が異なる。**図7―2**は、二つの基本的な要因が、それらの位置づけを決めることを示している。つまり、製品ラインにおける技術設計の成熟度と、提案された製品ラインと現行の顧客ベースとの連携度合いの二つの要因である。これらの二つの次元における多様さが、新製品開発者が直面する不確実性のタイプ、つまり、必要とされる情報のタイプが決まる。

### (1) 企業内における技術設計の成熟度

科学を技術に翻訳し、その技術を製品に具体化することは、一種のライフ・サイクルのかたちをとる。科学が仕事や遊びの目的で最初に実用化される時、企画された製品は世界にとってまったく新しいものである（図7―2における縦軸の上）。開発者の最初の関心は、「それを動かすことができるのだろうか」「技術のポテンシャルを理解し、製品やサービスをビジネスで成長させながらそれを実現させる解決案を出せるのだろうか」といったことである。いったん、技術が顧客の利益にある程度適うことがわかると、今度は必ず「次世代」の製品を生み出すことが課題となる。そして次の飛躍は、性能によってもたらされる。だが、開発者のチームがそのイノベーションに焦点を当てている間、通常別のチームが同時に、最初の製品ラインに具体化された基本設計の機能を強化し微調整を行う。だから、縦軸の成熟度の

図7－2◉技術と市場の要因による新製品の定義づけ

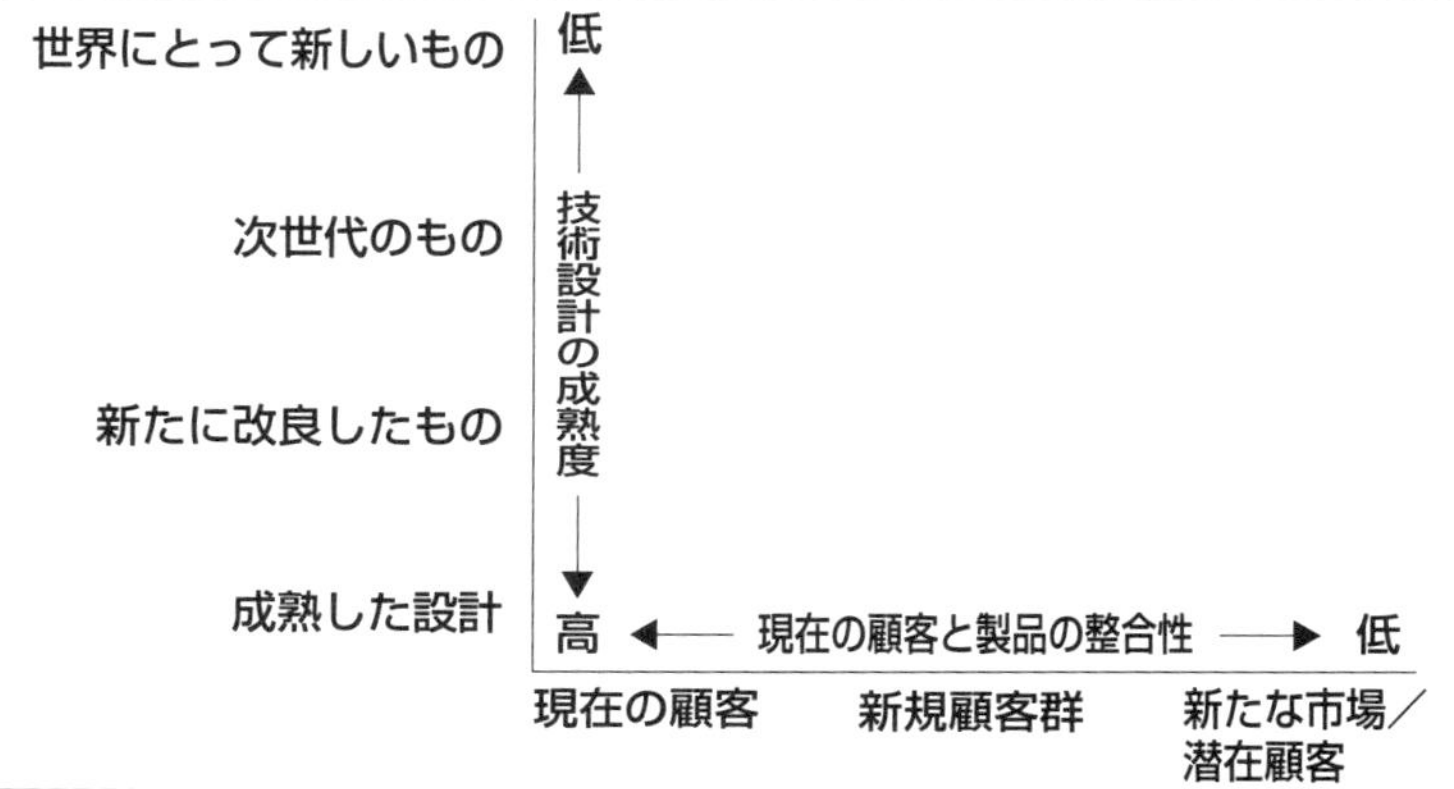

方に向かって下がっていくと共に再設計が行われる。ここでは、「新しく改良した」ものには、たいてい、抜本的というより表面的な変化が伴う。つまり、縦軸の一番下では、開発側の問いは、「どんな技術的イノベーションが自分たちの地位を維持し、あるいは改善するのか」ということになる。

すでに確立された企業では、競争上のプレッシャーは、縦軸の上方向に押し上げるが、組織内部のルーティンによるプレッシャー（そして後ほど述べるが、現行の顧客によるプレッシャー）は、開発者たちを縦軸の下方（つまり、基本的で成熟した設計に基づく漸進的な方向）に押し下げる。いったん企業が既存製品を既存の顧客たちに向けて生産することにコミットすると、製品を生産することに関するエンジニアリングや設計や製造のケイパビリティは、その設計の補完的存在に向かうか、それそのものになる。すべての組織上の職務は、特化したケイパビリティに投資される。さらに、設計は次々と直線的に決まっていく。いったん「ドミナント・デザイン（支配的な設計）」が業界内で確立されると、すべてのアーキテクチャは、設計のパーツやコンポーネントを規定し拘束する。[6] このアーキテクチャは、初期の基本設計の選択が、続いて起こる無数のもっと細部の設計を駆動する。この事実の認識に基づいて「デザイン・ヒエラルキー」と呼ばれてきたものである。自動車のエンジン開発を例にとり、クラークは、「コアとなるコンセプトの選択が、他のパラメーターが扱わなければならない所与の条件群を生み出す」と論じている。[7] たとえば、ガソリンのエンジンは、蒸気と電気の乗り物を一九〇二年までに凌いでいたので、そのドミナント・デザインは、その後、エンジンの始動や発火方法、バルブやカムシャフトの置き方などに影響を与えている。その後、自動車会社は、それらのパーツに関する専門性の蓄積に投資した。この専門性とは、新たなドミナント・デザインとして出現した電気車のそれとはまったく異なるものだった。本書を通じて見てきたように、まったく異なるスキル・ベースと資源の方向性に変換するのは、知識構築活動におけるこのような投資なのである。

もちろん、ドミナント・デザインの命は長かったり短かったりで、徐々にチャレンジを受けていく。たとえば、長い間吟味された自動車の電気エンジンは、規制に押されてとうとう出現した[8]。ライフ・サイクルは再スタートをきった。主要なアメリカの自動車メーカーは、この数十年間尋ねられなかった問いに再び答えるために、デザイン・ヒエラルキーのトップに立ち戻った。それらの解決策のいくつかは、まったく新しいもので、それらの企業は、図7―2における縦軸のトップという慣れないポジションにいることに気づくだろう。現行の技術開発のルーティンも現行の市場情報のテクニックも、そうした探求を十分に準備することはない。実際、それらの現行の開発ケイパビリティは、世界初になるような新しい車の生産にとっては、ある種のリジディティなのである[9]。

## (2) 市場との提携

図7―2の横軸は、企画された製品が、現行の顧客ベースの欲求やニーズとどの程度一致しているかを示している。製品機能の向上がさらなる投資を保証するなら、現行の顧客のニーズを強化するだけで高い利益が得られる。したがって、軸の左側は最もマネジメントが容易である。市

場から知識を導入する際の主な問いは、この場合「製品ラインで、どんな特徴が現行の顧客のニーズやウォンツを満たすのか」といった単純なものだ。ここでは、企業は、自分たちの顧客を非常によく知っている。市場からの情報チャネルは、十分に確立されており、ソースは明確に規定されている。

しかし現行の顧客から得た情報は必ずしも将来のケイパビリティを育成するのによいガイド役にはならない。そこで十分開発されたケイパビリティは、やはり同時にリジディティを構成してしまう恐れがある。コンピュータのディスク・ドライブの広範な研究において、クレイトン・クリステンセンは、一四インチから八インチ、五・二五インチ、三・五インチ、二・五インチに至るまでの四つのアーキテクチャの変更を調査した。それぞれの縮小は、たんに小さくなっただけでなく、システム内でコンポーネントを組み替えるというアーキテクチャの再設計を含んでいる。そして、それぞれの縮小は、異なるタイプのコンピュータ（ミニ、マイクロ、ラップトップ、パームトップ）の生産者にとって最も魅力的であった。

これらのアーキテクチャの変化は、すでに確立された企業よりは、その市場に参入する新しい企業によってもたらされる傾向がある、とクリステンセンは論じている。その主な理由は、既存企業の顧客が、より小さいディスクに無関心だからである。「すでに確立されたディスク・ドライブ製造業がアーキテクチャの変更に直面して、もたもたしたり失敗したりするのは、彼らのマーケティングや管理部門が、新しいアーキテクチャのドライブの属性を評価する顧客を見つけ出す能力が欠けていたからである。彼らのアーキテクチャに関するエンジニアリング知識が古びたわけではない。むしろ、製品アーキテクチャの変化が、すでに確立された企業の市場の知識を古いものにしてしまったように思える」[10]。つまり、現行ユーザーのニーズに熱心に応えたがゆえに、それらの企業は、異なる市場を開拓する新世代の技術に気がつかなかったのだ。新しい技術アーキテクチャが現行の顧客にアピールしたケースは本当に少ない。たとえば、コナー・コーポレーションは、三・五インチから「非常にスムーズに二・五インチドライブに移行」したが、それは、より小さなディスクが現行の顧客にアピールしたからである[11]。このような見方は、技術をベースにした企業は、新しい顧客と、そして新しい市場を探りながら、必ず横軸の右に移動していくものであることを示唆している。

伊丹敬之は「人本主義」[12]において、三つの異なる種類の顧客が存在し、それぞれは企業に異なる貢献の仕方をすると論じている。それは、①利益を生み出す顧客、②売上げを伸ばすであろう顧客、③見えざる資産の蓄積を許容する顧客、の三つである。伊丹は、すべての企業がバランスの取れた顧客構成を望むなら、あまり利益をもたらさない顧客が未来への重要な知識を生み出す一方で、収益を生み出す顧客が財務的に支えてくれることを論じている。えてして、顧客の選択は望ましくない経路に固定されてしまう恐れがある。飢えたように利益だけを望むことによって、長期的な含意について考える必要性を曖昧にしてしまう。他方、特定の顧客群が持つ長期の潜在的利益のみを考えることは、明らかに企業が利益を得るチャンスを逸してしまうことにもなる。伊丹の言う三つのカテゴリーと、図7―2の横軸における顧客群は一対一の対応関係があるわけではないが、ディスク・ドライブ産業におけるクリステンセンの見方は、新たな「見えざる」知識資産――新たな技術ケイパビリティの開発が、現行の顧客ではなく、図の右側寄りの顧客によって刺激されるであろうことを示している。
それと関係するが、次のような見方も可能である。右側に移動するに従って、市場の不確実性は増し、新しい市場の創出というフロンティアに突き当たる。そこでは、新製品の開発者は、正しくユーザーを規定する確実性は得られない。この軸の終わりでは、新製品の開発者は、次のような問いに直面する。だれがこの技術から利益を得るのか。だれが顧客になるのか、などである。これから見ていくが、企業が市場からの知識を導入する活動は、この横軸を考慮した製品の位置づけに大きく左右される。

### (3) マトリクスごとの新製品開発

二つの軸によって形成される各コーナー（と真中）のマトリクスにおいて、新製品開発の置かれる状況はたいへん異なるように見える。**図7―3**は、五つ

**図7―3◉外部における新製品開発プロセス**

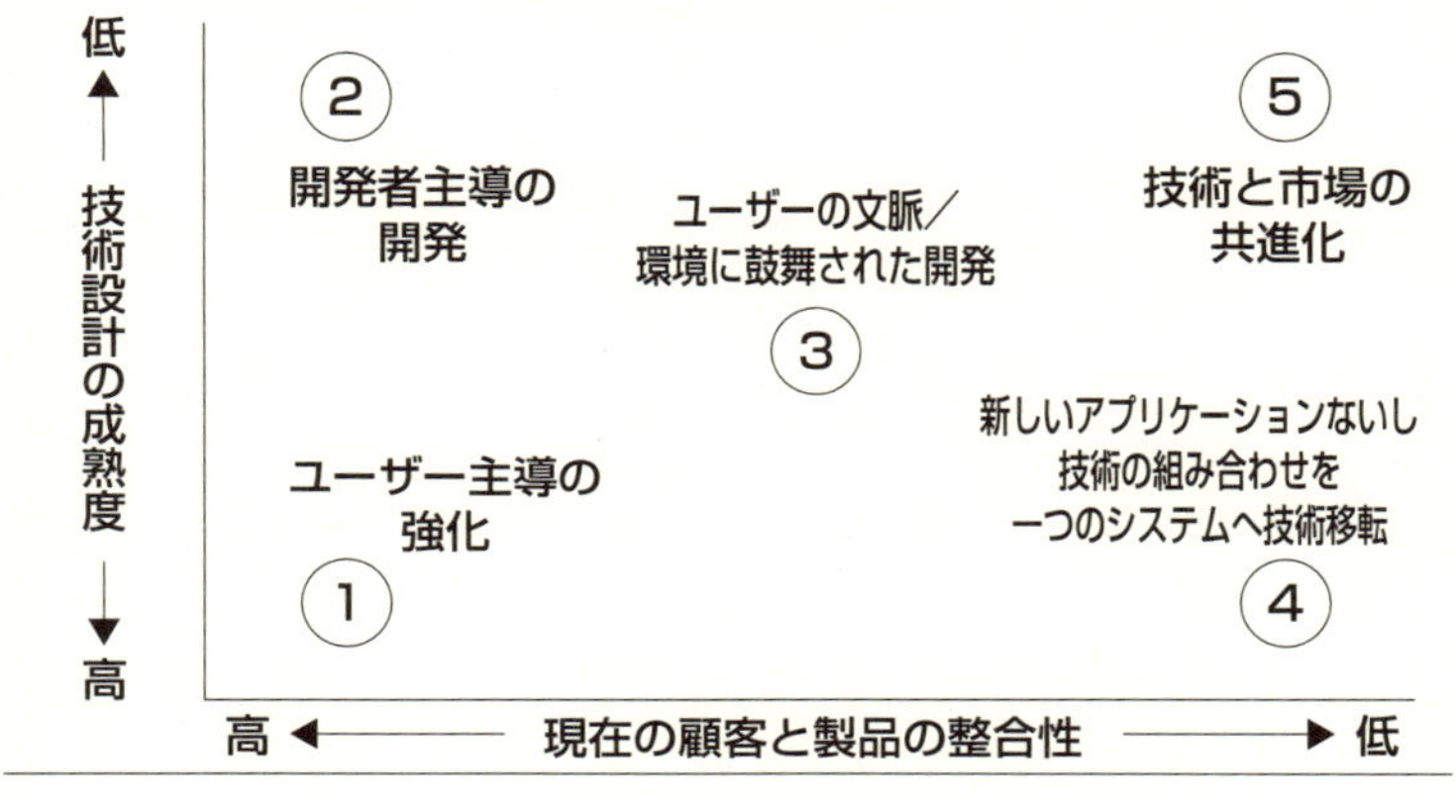

の一般的にあり得る状況を示している。①ユーザー主導の強化、②開発者主導の開発、③ユーザーの文脈ないしユーザー環境に鼓舞された開発、④新しいアプリケーションないし技術の組み合わせを一つのシステムに技術移転すること、⑤技術と市場の共進化、つまり市場の創出、である。

それぞれのプロトタイプとなる状況を、例を挙げながら以下で説明する。

### ①ユーザー主導の強化（既存のニーズに対する解決策の改善）

競争や明確な顧客の要求は、現行の製品に対する既存のパフォーマンスのパラメーターに沿って技術の改善を駆動することが多い。こうしたケースでは、大規模な市場調査を行おうと行うまいと、開発者は、より低コストで、より多くの機能を持ち、より高品質の製品が市場で勝つ傾向があることを知っている。ラジオ周波数やマイクロ・ウェーブの信号をテストしたり分析したりするスペクトラム分析の装置を生産しているヒューレット・パッカード（以下ＨＰ）の信号分析部では、価格ではなく、製品の品質やパフォーマンスに基づいて競争してきた。だが、八〇年代の半ばに市場がビジネスとして拡大した。特に、ローエンドに向けて伸びていたが、ここでは日本企業がＨＰの製品を脅かしていた。低コストのスペクトラム・アナライザーは研究室には存在していたが、あるＨＰのＲ＆Ｄのマネジャーがイタリアで顧客と共に工場から帰る時まで、それをビジネス化しようという関心はあまりなかった。その顧客は、日本の「低コスト」の製品が、ＨＰの「高価格な」スペクトラム・アナライザーと同じ機能を持っていることを指摘した。ＨＰは、その時から「スズメバチ」（訳注：「うるさい人」の意味）プロジェクトに邁進した。市場に一八カ月以内に製品を投入することを目指しながらも、そのチームは、まったく先例のない価格研究に時間を割いた。さらに、製品をどう定義するかという責任はR&Dが持っていたものの、エンジニアを伴い顧客にかかるマーケティング部がユーザーのニーズを評価した。この「スズメバチ」プロジェクトは、コストの面でもスケジュールの面でも要求を満たし、市場で成功を収めた。[13]

また、HP150は、パソコン（PC）の生産を試みた初期の製品であったが、あまり成功しなかった。HPがHP120（ミニコンのHP3000と一緒に利用するための端末機）を投入した翌日、IBMは最初のPCを投入した。HPは、HP120の後継機としてのHP150のプロジェクト目標を変えることでこれに対処した。たんなる端末としてでなく、150は十分にスタンドアロンの計算能力を持ったマシンとなり、MS—DOSをサポートするものとして期待された。開発チームが直面した問題の一つは、ターゲットとなる顧客が新しいことであった（図7—3の横軸のさらに右）。だが、HP3000の端末としてのみ利用する製品という、HP150の元のマーケティング・プランは、変更されていなかった。このように、製品開発チームは、顧客が本来支持する機能を最大化し続けた。端末としてHP150は、非常にうまくいった。だがパソコンとしては、まったく利益を上げることはできなかったのである。[14]

これら双方のケースにおいて、開発者は、顧客の反応を確かめるという方法でユーザー・ニーズを把握した。また競争相手がいることで、開発チームは相手と同等以上のものを将来的に設計するための方向づけをすることができた。設計する際の明確なベンチマークが存在したのだ。インタビューで、右側のユーザーを規定することは困難だった。このプロセスは、パソコンの場合よりも、スペクトラム・アナライザーの場合のほうがずっと容易だった。というのも、アナライザーの顧客は、HPの次の製品に関して必要なものがたいへん明瞭だったからだ。対照的に、パソコンの黎明期に、端末ユーザーは、まだ集権化されたパワフルなシステムに執着していた。彼らは、メインフレームに接続した次のマシンのニーズに対してはたいへん明瞭だった。要するに彼らは分散処理のガイド役として、先見性はなかったのである。

**②開発者主導の開発（既存のニーズに対する新しい解決）**

顧客が自分たちの感じたニーズを提案する能力は、図7─3縦軸の上にいくほど減少する。自分たちのニーズと所与の技術の潜在能力の関係が満足いくものになるかどうかは、上にいくに従って徐々に曖昧になるからだ。ユーザーが特定の技術進歩について知らないなら、自分たちが想像できないようなニーズを持っているかもしれない。ユーザーは、技術者の目を通して世界を見ることはできない。だからユーザーは、技術がもたらすソリューションや機能や特徴や、あるいはケイパビリティがどんなものかはわからない。技術の潜在能力について知らないのだからソリューションも探りようがないのだ。だが、市場の現行のニーズは、たんに現行のコストや機能の障害を知るだけで（直接の競合社や顧客の要求がなくても）、開発者にとって明白になる可能性がある。開発者は、ユーザーの実情をよく知っているので、表現されていないようなニーズでも吟味できるのだ。

開発者は、競合他社が意図せず、また、ユーザーも直接要求しないようなパフォーマンスを飛躍させて、顧客を「喜ばす」ことを決意するかもしれない。現行の技術上の障壁を超えるというチャレンジはたいへん重要なものになる可能性がある。八〇年代の初頭、HPは、古い成熟した市場である、ガスのクロマトグラフのリーダーであった。一九八三年頃、アナライザー部門のマネジャーたちは、大胆なターゲットを定めた。それは、現行モデルの三分の一の部品を使い、三倍の品質を持ったクロマトグラフを三分の一の価格で販売することだ。そうした製品は、現行のクロマトグラフのたんなる論理的な強化ではない。その設計には、パフォーマンスの大幅な飛躍が求められる。実際、それは「同じ価格／パフォーマンス・カーブ上にすらない」が、開発者は「心の中では」顧客がそれを欲しているのを「知っている」のである。[15] ユーザーの実情を観察するために顧客のフォーラムやサイトを訪問することは、重要な製品特性を規定するのに役立つ。期待どおり、この製品は伝統的な市場だけでなく、新しいアプリケーションの分野でも、その低価格ゆえに大きな成功を収めた。それは、現行の顧客群に届いただけでなく、新しい顧客へと拡大した。

**③ユーザーの文脈での開発（隠れたニーズへの新しい解決）**

ユーザー・ニーズは、技術的なソリューションが提示される何年も前から存在するかもしれない。たとえば、紙の束にメモをつけるためにクリップを使うという伝統的な慣習に従っていた秘書がいつもフラストレーションを抱いていたが、この時すでに３Ｍの有名なポスト・イットのニーズが存在していたのは明らかである。だが彼女は一時的に貼りつけて、しかも後が残らない粘着材のことなど考えつかなかった。だから、製品のガイド役にはまったくなり得なかった。ポスト・イットのケースでは、ユーザー・ニーズは隠されていた。ユーザーは、製品開発をガイドするだけのコミュニケーション能力を持っていない。というのも、彼らはいったい何が可能かわからないのだ。既存の技術的なシステムが存在しないと、人々は、その形態や機能についてほとんど想像できない。一般大衆は決してコンピュータを要求していなかった。一〇年前でさえ、カーソルを動かすマウスの形態や機能についてほとんど語れなかったのである。

こうしたケースでは、新製品に利用される二種類の知識は、自らそれらを相互作用させようとしなければ、分離したままである。開発者が自らユーザーの環境に入り込むことは、ユーザーの文脈を引き継ぐことになり製品開発を促進する可能性がある。

### ④新しいアプリケーションないし技術の組み合わせ（規定されたニーズへの新規の解決）

この四番目の状況は、市場の需要ではなく技術の潜在能力が製品開発を促進するという点で、二番目のものと似ている。だが、二番目の状況では、ターゲットは現行のユーザーであった。④の状況では、成熟してよく知られた技術をまったく違うものに、つまりまったく新しいユーザーに対して応用する。これは、業界を超えた技術移転を伴う場合が多い。

たとえば、折れた骨をセットするためのポリウレタン・キャストのケースを考えてみよう。この技術は、もともと屋根用のポリウレタン・コーティングを生産していた企業から生まれた。いったん固まると、泡は軽いが耐久性があり、断熱効果もあるので、いろいろなものから屋根を保護する。そして、特に温暖な気候にある平らな屋根では人気があった。この特許を持つ素材の応用先を探していたマネジャーたちは、その医学的な応用に目をつけた。だが、企業はこの市場に進出した経験もなく、流通も持たず、そもそも、まったく慣れない分野のビジネスに進出に関心はなかった。したがって、軽量でフレキシブルという大きな優位性を持つその技術の特許を、医療機器を供給する大きな企業に譲渡した。

また、軍事から商用に技術移転した例として、湖や海で魚の群れの位置を知らせてくれる魚群探知機があり、釣り人たちに支持されている。基礎となった技術は、潜水艦の位置をピンポイントで探り当てる、軍事上のアプリケーションとして開発された。最初の魚群探知機は、ヒース・キットとして入手可能だったが、それは組み立てや操作が容易ではなかった。テックソニック・インダストリーは、一九七一年、最初のモデルを投入し、直ちに市場での成功を得た。最初は非常に単純だった製品も、いまや他社製の液晶ディスプレイなどを備え、とても洗練された装置になった。

### ⑤技術と市場の共進化（不確実なニーズへの進化的な解決）

時として技術者は、誤った市場をターゲットにしたアプリケーションを開発することで、消費者をまったく等閑にして突き進んでしまう。発明ないし発見の、こうしたアドホックなプロセスは、明らかに金がかかるし効率が悪いが、一方で、最も革命的で、結果的に静電写真法のような、かつてないほど利便性の高い製品を生むことがある。技術は、いつも現在の認識や商品化されたもの以上の可能性を提供してくれる。血液サンプルを用いたDNAテストによる父親の判定（これはDNA発見の最も明白な応用ではない）から、ホログラフのグリーティング・カード（これもホログラフの最も深遠な応用ではない）まで、その例は幅広い。

こうしたケースは、しばしば（軽蔑を込めて）「テクノロジー・プッシュ」（訳注：技術が新たな市場を創出するという考え）と呼ばれているが、この考えの背景としては技術の潜在能力が、ユーザー・ニーズに先行するという事実認識がある。研究所や個人発明家の部屋には、まだ知られていない問題に対する、失敗したソリューションがあふれている。だが、否定的な印象を与えがちなこのフレーズは、次の二点で間違っている。まず、ユーザーがニーズを実感も表現もしていないが、技術として具体化されていない製品が市場にはある。七〇年代に売られた、悪名高い「ペット・ロック」（ペットの岩）は、「買い手の」プッシュを例証している。第二に、出始めの頃にはユーザーの需要はないが、静電写真法やポスト・イットのような今日では多くの需要がある発明も、よく知られているとおりだ。

時としてニーズとソリューションは、共に進化する。IBMにおいてまったく違う形態で生まれた、広く利用されている二つの技術は、試行錯誤と企業内の淘汰と市場との荒々しい後押しによって形成されたものだ。遠隔聞き取りシステムは、旅行中のマネジャーが電話でタイピストに照会できるようにするために設計された。この今日どこにでもあるボイス・メール・システムは、もともとIBMで生まれた。最初、いわゆる「高度聞き取りシステム」は、期待されたようには利用されなかった。マネジャーも文書を用意する事務員もそれを嫌った。だが、人々は、やがてそのシステムを利用している秘書にメッセージを返信し始めた。そして、結果的に「音声聞き取りシステム」と改められた。七〇年代の最初、このシステムは、「スピーチ・ファイリング・システム」になり、後のボイス・メールの原形になったのだ。[16]

ＲＩＳＣ（縮小命令セット・チップ）もまた今日広く利用されているが、同じように当初はまったく違う形態だった。七〇年代の最初、コンピュータと電話が徐々に融合していくと予想されていたが、ＩＢＭの研究者は、デジタル・コンピューティング技術を、電話用のデジタル・スイッチングに応用するニーズが明らかにあると見ていた。そうしたスイッチは非常に寿命が長いので、コンピュータ・ソフトは、構造化される必要があった。さらに、ハードウエアは、拡張性を兼ね備える必要もあった。この必要性を満たすために発明されたコンピュータ・アーキテクチャは、ＩＢＭのビジネス上の決定により本来の目的には利用されず、もっと全般的な利用のために一般化され拡張された。七〇年代中頃、これが、今日ＲＩＳＣアーキテクチャとして知られるものの基礎になった。[17]

図７―３の五番目の状況では、「目利き」が大きな要素となっている。[18] そして、それに必要なシナジーが起こるには、技術的な潜在能力と市場のニーズが、時と場所の両方で一致しなくてはならない。企業は、何とかしてそれらを一致させようとするかもしれないが――つまり、まったく新しい製品を出して市場をつくり出すかもしれないが――、それはリスクの高いビジネスである。ＰＤＡ（パーソナル携帯情報端末）が世に出ようとしていた頃、アップルのニュートンは、ファンもいないのにファンファーレを鳴らして市場に投入された。アップル側は、一年間で、最

低二五万売る見込みだったが、初期モデルが一九九三年八月上旬に出された後、わずか八万〜九万しか売れなかった[19]。だが、こうした機器が技術的に実現可能であることを世に知らしめたことで、他企業が市場をつくり出すのを後押しした。

## 2——市場からの知識の導入

「顧客に耳を傾ける」ということが多くの企業でマネジメントの呪文になっているが、同時に、市場との相互作用のメカニズム、特に新製品開発のガイドを得ようとすることは非難を浴びるようになった。市場調査業界の売上げは、八〇年代の間、年平均八％で成長した後、九〇年代の初めには、インフレ修正後の金額で二四〇億ドルに落ち込んだ[20]。業界のエキスパートたちは、この成長の失速を、多くのトレンドからくるものと見ている。第一に、一時的に家族団欒を邪魔するような「五分間」の調査用紙への質問でさえ嫌がるアメリカ人が増えたことである。さらに警戒すべきことは、秘教的でコンピュータ化されたマーケティング手法が、呆れるほど実態を示す情報を提供していないという点である。

だが、製品コンセプトが既存の製品ラインのマイナーな拡張であれ、研究室におけるまぐれ当たりの製品であれ、市場から知識を導入することは絶対に必要である。

先に述べたそれぞれの新製品開発の状況には、それぞれの市場との相互作用が必須となる。情報収集活動の根底には、何を強調するかによって異なる。製品コンセプトとユーザー側のコミュニケーションは、ますます困難になってきているし、商品化の状況が「市場との提携」（図7―3の左下の象限）から離れて「市場の創造」に近づくほど、それは潜在的に高価なものになる。以下の項では、まず製品ラインがよく確立されていて顧客の基盤が十分わかっている際の、相互作用について論じる（図7―3の①の状況）。次に、技術ないしは市場が不確実な、②と④の状況および、両者の不確実性が中程度の場合の③について説明する。最後に、顧客基盤が不確実で技術も未成熟な、「市場の創造」、つまり⑤の状況について検討する。

## (1) 市場調査のテクニック：一般的な調査

よく確立された製品ラインの拡張のために現行の顧客をターゲットにした場合（図7―3の①の状況）、主に、一般的な調査を行えばよい。これは、伝統的な市場調査の領域であり、特に、アンケート調査とフォーカス・グループというツールは強みを発揮している（後に論じるように、こうしたツールは他の状況でも用いることができるが、**図7―4**が示すように、市場の知識が最も構造化されているところで一番有用である）。

### ①アンケート調査、フォーカス・グループ、店頭調査

顧客が既存の製品について言及する時、自分たちの好みに関してたいていの質問に答えられるし、彼らの反応は、新製品開発に対して十分信頼性のあるガイド役になる。だから、アンケート

調査やフォーカス・グループは、有用な情報を提供してくれるのだ。新製品ないしはプロトタイプをショッピング・モールに並べて消費者の反応を引き出したりテストを行ったりする、いわゆる店頭調査は、より野心的だが広く用いられているテクニックである。

製品が市場にすでに存在し、ユーザーもその機能に親しんでいるという理由で、彼らは容易に自分たちのニーズを認識し、改良点を示唆することができる。たとえばドライバーは、自分がどんな車を好きか知っているし、好みを非常に明快に表現できる。だから、自動車会社は、たとえばヤッピー向けや高齢の退職者向けといった異なるマーケット・セグメントを正確に知るという、とても洗練された市場調査のエキスパートなのである。そうした市場調査は、数十年の経験をかけて築き上げられたものだ。消費者は、サイズやコストという問題から、エンジン音やステアリングのタイトさや、道路でのフィーリン

**図7−4◉市場からの知識の導入：どの伝統的な市場調査を使うか**

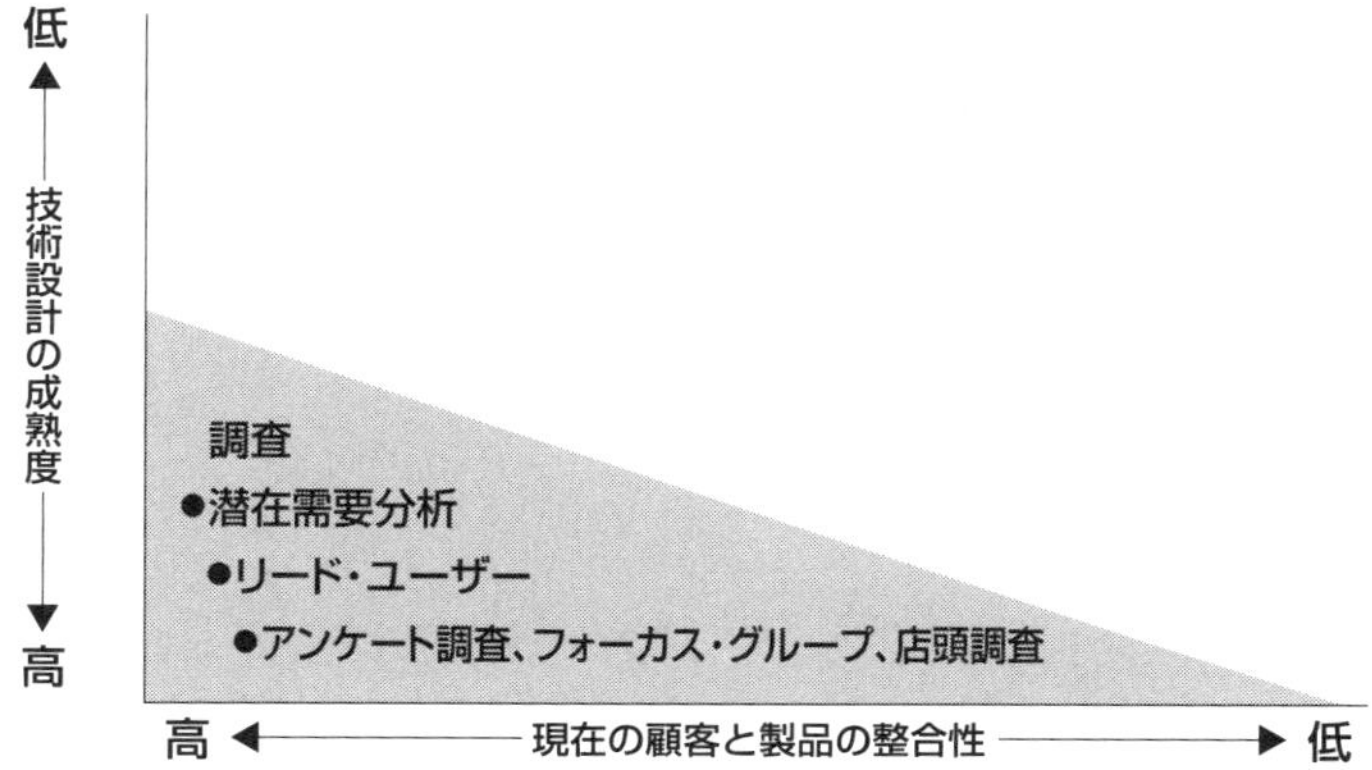

グといった些細な問題まで質問に答えることが可能である。日産デザイン・インターナショナル（以下ＮＤＩ）のデザイナーは、日米の臭覚の好みに合ったデザインを行うために、いろいろな皮の臭いの消費者テストさえ行った。インフィニティーＪ30向けの本皮のテストでは、デザイナーたちは、かなりきつい香りの皮を通して臭いを嗅ぎ分けた。そして、鼻孔を通る感覚から香りを分節化できることを発見した。「苦い皮の香りがあります」とＮＤＩのジェラルド・ハーシュバーグは説明する。「甘い皮の香りがあります。牛の下に残されたような香りがあるのです[21]」。

先端的なコンピュータ・シミュレーションによる優れた能力を用いれば、リサーチャーは、消費者個々人が望んでいる車に関する大量の詳しい情報を、二時間以内で得ることすら可能になった。「情報アクセサレーター」が広告を流し、顧客になりそうな人（意見をくれた人の中から選ばれた）にコンピュータが「インタビュー」し、ショールームに「訪れ」、マウスの操作によって、ダッシュボードのアップなども含めて、車をあらゆる角度から見ることが可能になる。この人ができない唯一のことは、実際に試し運転することだけである。このインタラクティブなコンピュータ・プログラムは、読書時間やどんなタイプの宣伝を見ているかといったことから、車の選択に対する情報提供者まで、あらゆる情報を集めている[22]。

こうしたインタビュー・テクニックの凄まじいまでの洗練化にもかかわらず、彼らが明らかにできるのは、情報提供者が気づいており表現できるニーズと欲求だけなのだ。もちろんだからといって、エキスパートのデザイナーが、平均的なユーザーが気づかないような人間工学や機能の問題について改良点を思いつかないというわけではない。だから、そうした専門性は、図７―４

を通じて、図7―2の左下のセグメントにおいてでさえも役に立つ。ポイントは、製品のガイド役としてのユーザーの相対的な能力が、製品カテゴリーがすでに存在している時には、より大きいということである。[23]

## ②リード・ユーザー

どんなテクニックを用いようと質問する顧客の代表を注意深く選ぶことで、開発者は未来へのステップをさらに踏み出すことができる。フォン・ヒッペルは、移ろいやすいハイテク業界（この世界では新モデルは旧モデルと根本的に異なることがある）で新製品を世に出すためには、いわゆるリード・ユーザーが開発のガイド役になる可能性を示唆している。リード・ユーザーには、次のような二つの特性がある。①彼らは「これから市場で一般的になるニーズに直面している。そして、②彼らは、そうしたニーズに対するソリューションを得るのに、有利な所に位置している」。[24]フォン・ヒッペルは、このコンセプトを、高密度でプリントされる回路基板用のCADのニーズを予測するのに応用した。リード・ユーザーの好みに基づいたそれらのシステムの記述を開発した後、フォン・ヒッペルは、この記述を一七三のユーザーに送った。回答者は、当時のライバル製品よりも高いにもかかわらず、リード・ユーザー・グループによって生まれたこの設計をとても気に入った。

リード・ユーザーとの対話は、これまで述べた他のテクニックの狭間にある。少なくとも、製品の第一世代は、すでに市場に存在していなくてはならない（あるいは、関連した製品が存在しなくてはならない）。リード・ユーザーとは、すでに存在している技術を実際に利用している人でなくてはならないのだ。彼らは、現行の製品に関して自分たちの体験に基づいて改良点を示唆してくれる。さらに、こうしたリード・ユーザーのニーズは、全体のなかで特別なものではなくて、未来の買い手を何らかのかたちで代表していなくてはならない。たとえば、カリフォルニアにおいて太陽エネルギーで給湯するパネルが再び売られた際、燃料がたくさんあって安かった時期をとうに過ぎた後も、最初の購入者は、極端な環境保護主義者（自主的に最小限の燃料しか使わない「シンプル・ライフ」にコミットしていた）[25]か、非常に特殊なニーズの持ち主（健康上の理由で毎日泳ぐ必要があり、プライベート・プールを暖める必要があった等）だった。これらの初期採用者のいずれも、大きな潜在的なマーケットを代表していないし、リード・ユーザーとして役に立っているわけではない。

### ③潜在的なニーズの分析

ユーザーのニーズを直接的でないかたちで探るように設計されたテクニックもある。それによって、潜在的な、まだあまり明確にされていないニーズを発見できるというわけだ。一例としては、質的なデータを収集・分析するために構造化されたブレインストーミングを行う、ＫＪ法がある。これは、日本の有名な人類学者・川喜多二郎によって開発され、日米において質的改良のプログラムに応用された。また、マサチューセッツ州・ケンブリッジのクオリティー・マネジメント研究所において、「コンセプト・エンジニアリング」にも応用されている。[26]もう一つの体系的にニーズを引き出す例としては、デザイン事務所やデザイン・コンソーシアムなどで用いられている、クライアント企業におけるユーザーから株主まで広いスペクトラムから潜在的な欲求を発見するための、バリュー・マトリクスがある[27]。

現行の顧客は、シンボルや形態に対する心理的・文化的な反応に自分自身気づいていないため、自分が望んでいる製品の属性を明確にできないことが多い。近年、大学の研究者、ジェラルド・ザルトマンは、明確にされていない（おそらく無意識の）顧客の好みを発見するテクニックを発明した。この「ザルトマンの比喩抽出法」は、言葉だけでなく視覚的イメージを通じて、フィーリングや考えや意図を表してもらうことで、顧客の思考や行動からメタファーやメンタル・モデルを導き出し、それらを規定するテクニックである。このツールは、「顧客が必ずしも気づいていない、あるいは表現することが難しいアイデアや情報をもたらしてくれる[28]」。こうした調査テクニックによって、無意識の突端にまで近づくこともできる。

### (2) 市場調査テクニック：共感的手法

図7―3における左上から右下へ斜めに降りていくあたりに位置する状況（開発者主導の開発、ユーザーの文脈での開発、新しいアプリケーションないしは技術の組み合わせ）では、マーケティングの講義では通常教えられていないテクニックを必要とする。製品が受け入れられなかった時には「テクノロジー・プッシュ」として非難されることが多いが、これらの状況は、既存の技術知識を新しいやり方で利用する大きなチャンスを提供してくれる。古い市場と慣れ親しんだ顧客向

けの新技術を利用して開発された製品（開発者主導）、中程度に成熟した技術を新しい（もしくは進化中の）顧客に適用したもの（ユーザーの文脈での開発）、そして、異なる製品における具体化を通じて更新された古い技術（新しいアプリケーション）――これらの三つのすべてが、コア技術ケイパビリティの開発とその基盤に大きく寄与する可能性がある。

　これらの三つの状況すべてにおいて、直接類似した製品は、まだ市場には現れていない。しかし、潜在的なユーザーを規定することはできる。すでに知られた技術の潜在能力が市場のニーズに合うかどうかを探るさまざまなテクニックを、私は一括して「共感的手法」という名で呼ぶことにする。**図7―5**の膨らんだ部分でわかるとおり、そして、以下の頁で議論していくが、共感的手法は、製品強化の開発を後押しするものとして位置づけられる。しかし、たいていこうした状況において、技術をまだ明確にされていないが観察可能なニーズを満たすものに変

**図7－5◉市場からの知識の導入：共感的手法を使う**

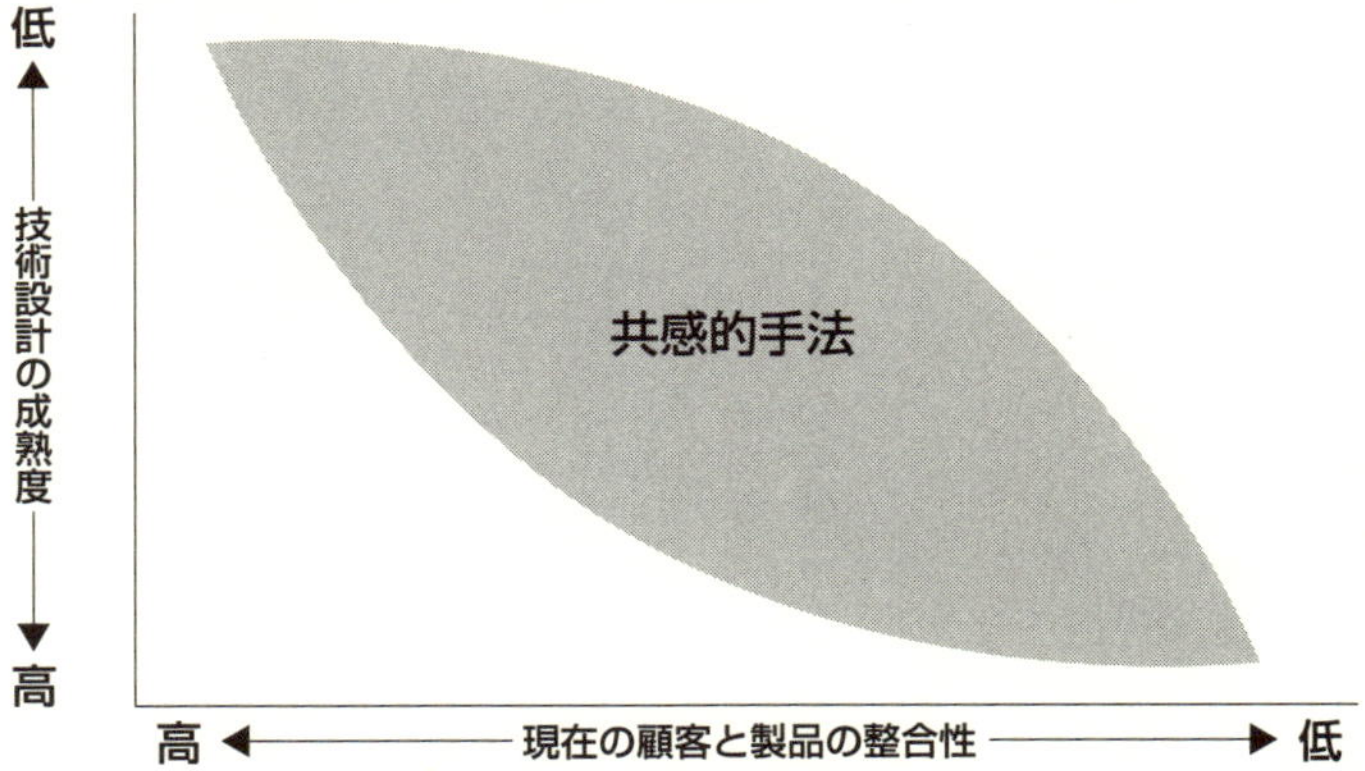

えていく機会がある。共感的手法は、ターゲットとなる市場が非常によく知られている場合（このようなケースでは、ユーザーに直接質問すればよい）や、ユーザーの存在自体がまだ確認されていない場合（このようなケースでは、観察者は誰に対して共感を持って開発すべきかわかっていない）には、あまり適用できない。だが、こうした極端な場合においてすら、共感を持つことが重要な時がある。また後で論じるが、すでに論じた伝統的な市場調査のツールは、共感的手法を増幅するために利用されている。共感的手法を通じて開発された製品コンセプトは、顧客のフィードバックを通じてテストされ、洗練されなくてはならない。別の言葉で言えば、伝統的市場調査のツールと共感的手法の境界は、図7―4と図7―5で示したほどはっきりしたものではない。

共感的手法とは、明確にされていないユーザーのニーズの深い（共感的な）理解に基づいた、製品やサービスのコンセプトの創造である。[29] 深い理解はさまざまなやり方で生み出される。そのいくつかについては以下に述べていくが、共感的手法は、次の三つの重要な特徴において、他の市場「調査」とは異なる。

①製品コンセプトは、実際に観察された顧客の行動に基づいている（そう思われている行動や顧客が自分で報告した行動や意見ではない）。そこで、市場調査は、全般的に、態度より行動に目を向けている。「本来の位置にいる」ユーザーを観察することで、ユーザーの「システム」全体が観察可能なのだ。つまり、ユーザーが操作したり、ユーザーの他の人たちや装置や雰囲気や物理的な環境との相互依存性両方の文脈が決定できる。さらに、顧客が調査され

ている時ですら、この種の顧客に対する干渉は、観察が終わって初めて成される。

②共感的手法は通常、企業の技術ケイパビリティを深く理解している人（エンジニアやデザイナーのような開発者）と、製品ユーザーの間の直接的な相互作用を通じて行われる。以下に示す例にあるように、時として製品開発者以外の人が顧客の行動を観察していることがある。しかし、これらのコミュニケーションは、量的というよりは質的形態において行われ、（マーケターによって噛み砕かれたものではない）生のデータとして示されることが多い。重要なのは、ユーザー環境が、技術の潜在能力を深く理解している人によって吸収されているという点である。

③共感的手法は、すでに存在している技術ケイパビリティを引き出し、新しい製品や市場のビジネスにおいて、それを再び配置することができる。もちろん、潜在的なユーザーが発明に必要

**図7－6◉市場からの知識の導入：共感を誘発するメカニズムの3タイプ**

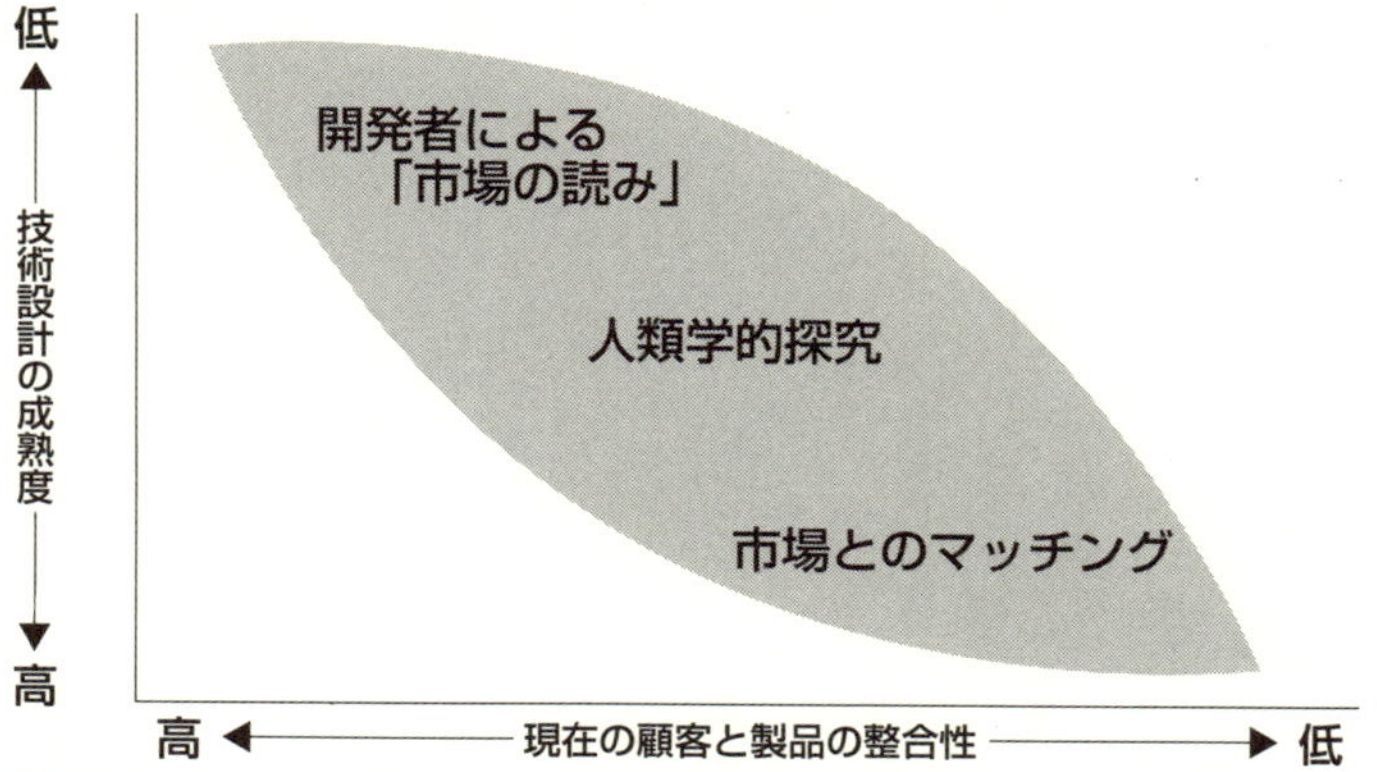

なソリューションを思いつくことは可能だ。しかし、観察者は技術知識を持つ人もいるから、その新しいコンセプトがまったく実現の可能性のないものか、企業の所与の技術ケイパビリティで実現可能かどうかわかる。

製品開発者がユーザーに抱く共感のメカニズムは、意図しないものから慎重なものまで範囲が広い。ここでは、後者の頻度を増加させるやり方を規定することに力を注ぐ。**図7―6**が示すように、共感を誘発するメカニズムは、主に三つのタイプがある。それぞれのタイプについて、以下で述べていこう。

**①開発者による「市場の読み」**

市場のウォンツや将来のニーズ（図7―6左上）に対して優れた「読み」を持つ技術者は、今日最も成功したビジネス（いくつかがブームと破産のサイクルを生き残った）に対して責任ある地位にある者もいる。マサチューセッツ工科大学のような技術をベースにした大学から、数え切れないほどのスピンオフしている事実によって、そうした直感を持ち向上させた技術者の楽観主義を証明している。[30)]

**A．ユーザー的な開発者**：ユーザーに対する技術者の共感は、両者が一体になった時、最も高いのは明らかだ。自分がつくった製品の潜在的ユーザーに偶然になった技術者は、ユーザーのニーズに対して技術の潜在能力を、自分一人の頭の中で統合できる。ある問題を経験した人々は、技術をそれを解くために適用する。[31] フォン・ヒッペルは、製品のユーザーが新しいツールやプロセスの主要な発明者になっている、数百ものケースを書いている。[32] 自分自身が同じツールを使っている者がその市場に向けて設計する企業では、開発者がその顧客と双子のようなものだから、市場調査の必要性は少ない。HPとDECでは、歴史的に、新製品のアイデアは、エンジニア自身がほしい装置から生まれている。すでに見たように、HPオリジナルの有名な計算機（一九七二年に登場したHP35）は、ヒューレットが「電子計算尺」をほしがったことから生まれた。[33] DECがサン・マイクロシステムズの支配に挑戦した、最初のワークステーションである3100コンピュータは、開発チームのメンバー自身が使いたいマシンを設計するところから生まれた。両社では、「次のベンチ」にいるエンジニアのための設計が、会社の基盤を数年間は固めるような、強力なエンジニアリング・ツールの流れをつくり出した。

マイクロソフトの創業者、ビル・ゲイツとポール・アレンは、非常に若い時期に（そして非常に深く）コンピュータに没頭し始めた。そのため、彼らはコンピュータ業界において効率的にビジネスを生み出すことができた。高校時代からコンピュータを使って遊んでいた（仕事をしていた）ので、彼らは骨の髄まで「ハッカー」であった。彼らは夜行性で、コンピュータ・ディスクの前で突っ伏して寝て、装置や食べ物が不足したり、不衛生になったりした時だけリアル・ワールドに現れる。マイクロソフトが最初の段階から成功したことについて、初期の従業員のスティーブ・ウッドは、次のように言っている。「これはマイクロソフトに関していつも当てはまっているのですが、本当のキー・ポイントは、僕たちが本当に効率的にマーケットを評価することができたということなんです。……僕たちは、いつも実際の需要の一、二年先を行っていたんです。けれども、その推測はたいてい合っていましたね。その多くは、ビルとポールの、物事の先を読む力によるものです[34]」。ゲイツとアレンは、市場に先駆けて、自分たちのソフトがどのような特徴や機能を持つべきか知っていた。彼らはすべての生産者や競合製品、そしてユーザーをよく知っていたのだ。

そうしたイノベーションを誘発するために、企業は何ができるのか。第5章で論じたように、その方法の一つは技術者たちをあたかも内部の市場として見立て、継続的に消費者のニーズと技術者の知識が交わる点を探すことである。たとえば、コダックの安価な水中カメラは、エンジニアが週末旅行に行ってカヤックで事故を起こしたことから生まれた。もし、彼がユーザーとして意見をフィードバックする見返りにただでフィルムをもらっていなかったら、そして濡れたフィルムを旅行から持ち帰らなかったら、このアイデアは決して実を結ばなかっただろう。

**B．業界のエキスパート**：業界のエキスパートは、ユーザー世界に対する別のレンズとして役に立つ。市場がシフトしたり、企業の開発者がまだ慣れていない市場に進出した時、以前のユーザーが潜在的な顧客を表す必要性が生じる。たとえば、HPでは、一般向けスペクトル測定器と赤外線分光システムの製品ライン・マネジャーは、一般向けスペクトル測定の専門知識を持つ、有機化学の博士号取得者を抱えていた。彼が述べているように、「我々のシニア・マネジャーのほとんどは、この（分析化学）業界で生まれ育った者です。……我々が顧客と話す時、その言葉の意味するところすべてを実感します。……我々は顧客の脈を感じることができるのです[35]」。

ユーザーの世界から雇われたエキスパートの抱える潜在的な問題は、彼らはあまりに日常のビジネスに絡め取られて、本来の先端的な感覚を徐々に失っていくことである。彼らの水晶玉が曇ってしまうのだ。だが、HPのケースのように、もし、ユーザーから開発者へ転じた者が以前の環境との結びつきを維持するなら、彼らは、ニーズとソリューションの、有用なインテグレーター（統合者）になる。彼らは、ユーザーに対して自然に共感を抱くことができる。

こうした豊かなパーソナル・データベースが、エキスパートの「直感」の基礎になる。彼らは、競合他社のケイパビリティや、科学における技術的な優位性についての情報を集める。市場がどちらの方向に向いているかを感じ取る能力は、ユーザーの世界に入り込むことに基づいている。したがって、ケイパビリティを開発するためのガイド役としての限界は、彼らが代表するユーザーのそれに似ている。彼らは先見性を失い、視野を非常に狭くし、ユーザーと同じ近視眼的な見方を採用してしまう可能性がある。つまり、彼らは、たんに「ユーザーと同じ」になってしまうかもしれないのだ。

業界のエキスパートを生み出すことの、もう一つのジレンマは、彼らの専門知識の多くが暗黙的で、記録もされていないことである。暗黙知は、アイデアが商品化されるまで五年から一〇年ほどかかってしまうので、財務上の評価が困難である。さらに、それをコード化したり、移転することも容易ではない。営業は、マーケティングを酷使しがちだ。とりあえず現金を獲得することが、市場の知識を導入する必要性に取って代わる。基盤となる現在の売上げのインパクトは、潜在的な売上げがもたらすインパクトよりも、ずっと明らかだし急を要する。だから、エキスパートは、自分が親しんでいる領域で売上げを後押しすることで自分の価値を迅速に証明しないと、間接コストとして削減の対象とされてしまう。かといって、もし彼らが売上げをあげるために忙しくしているようだと、本当に必要となる先見的なビジョンを開発する余裕がなくなってしまう。

### ②市場とのマッチング

企業は、ユーザーがニーズを持ちながらも、そのソリューションがわからない（彼らは技術的な潜在能力は知らないのだ）アプリケーションを規定することによって、その技術ケイパビリティを伸ばしていく（図7―6の右下）。技術者は、所与のユーザー環境（前述した魚群探知機のケースのような）に深く親しむことで、あるいは、そうした環境に親しむ者（ポリウレタン・キャストのケースのような）とパートナーを組むことで、市場のチャンスに気づくことが可能になる。しかし多くの企業は、そうした機会を探すことに関して比較的受け身である。市場とのマッチングは、その組織が積極的なサーチを奨励し、報酬を与えることで初めて起きる。

**A. 技術移転**：コンサルティング企業は、一つのクライアントのために開発した知識が貯蔵され、別の機会に役立つことを知っていた。しかし、必ずしも皆が同じように移転に熟達するわけではない。バージニアにあるカスタム・ソフトウエア・ハウス、アメリカン・マネジメント・システムは、一つの市場で開発されたノウハウを（そしてしばしば実際のコードを）、別の市場に適用することをルーティンにしている。もちろん、ソフトウエア開発における専門知識は、情報通信から製薬会社まで、多くの垂直的市場において利用が可能である。だが技術移転は、ソフトウエア言語やソフトウエア・アーキテクチャを理解するだけでは駄目だ。それらは、結局のところ、第1章で述べた「公共的」知識なのだ。むしろ、この企業は、他の二つのタイプの知識、つまり「企業固有の」知識を開発しており、そして、異なるクライアントにそれらを移転して提供するために、専門知識をソフトの中に封じ込め、一般原則やコンセプト、ソフトウエアのルーティンなどを解凍している。このために、たとえば金融機関のクレジット・カード用のシステムの効率性を増すために開発されたソフトに埋め込まれた、多くの専門知識は、カリフォルニア州の税収局のニーズにとても合っていることがわかった。

このケースのように、マーケット間で知識移転ができるメリットに、製造業ではあまり気づいていない。そんななか、ハリス・コーポレーションは顕著な弾力性を持つ企業で、数年の間に、伝統的な印刷プレスの製造からエレクトロニクスの会社へと変貌した。[36] 七〇年代後半から八〇年代初頭にかけて、エレクトロニクスのケイパビリティを成長させるパワフルなソースの一つは、軍事用に開発され、そして民生用製品に移転した技術だった。実際、ハリスは、既存の（あるいは将来の市場をターゲットにした）製品ラインに関連して初めて、政府の仕事を請け負った。

ハリスにおける最初の電子的ニュースルームの支局は、ベトナム戦争中に開発された戦場へのメッセージ送信技術部門からスピンオフしたものだった。ハリスのレーザー・ファクシミリは、海軍の衛星・船舶間通信の請負のもと開発された技術を基にしている。ハリスがニューヨーク・タイムズ誌のために電子ニュースルームを設置した時、手に負えない問題を解決するために、政府のシステム・グループが呼び寄せられた。防衛の仕事を盛んに請け負っていた当時の社長、ジョン・ハートリー・ジュニアは、そうした知識移転をサポートするマネジメント・システムを固める必要性に関して、前任者と同様にはっきりしていた。「技術移転は自然に起こるプロセスではないのです。いったん部署をつくると、そこには壁ができて、社員たちはその部署の利益だけを追求します。もしマネジャーたちに、昇進や給与や懲罰が技術移転できるかどうかで決まると言わなければ、何も起こらないのです」[37]。ハリスのマネジメントは、政府システム部門において、軍事技術を民間に流用することを理解することが、トップへのルートであると、最高の報酬を与えることで強調した。そして毎年、上位二〇人くらいを民間部門に移した。そして通常、その才能の宝庫は会社のリーダーを輩出した。マネジメントにおいて明快なシグナルを出してきた結果、技術は部署の壁を超えて流れ、新しい製品と、時として新しい市場を生み出しているのである。

**B. 顧客とのパートナーを組む**：技術ケイパビリティを市場のニーズに一致させるもう一つのテクニックは、市場とパートナーを組むことである。家にいる顧客をユーザーの世界へ引っ張り出してくるよりも、顧客とのパートナーシップを通じて、自分たちの基盤技術を商品化する企業もある。アルザ・コーポレーション（以下アルザ）は、その伝統的でない薬品投与システム、つまり一定の間隔で血流の中へ投与するやり方で有名である。この会社は、皮膚を貫通するバッチと、広く多様な投薬に利用できる遅いリリースのカプセルを特許化した。アルザは、特定の薬品向けにカスタマイズされた投与システムを設計するために、特殊な顧客とパートナーを組んだ。たとえば、ジャンセン製薬は皮膚を貫通するバッチを売っているが、そのためにアルザは癌患者の鎮痛剤を投与するための被膜を仕立てた。同様に、アンギナ（訳注：喉の炎症）の治療用の薬品を産出するために、ファイザーとパートナーを組んだ。この薬品は、三回の代わりに一日に一度取られるかもしれない。このような顧客とのパートナーシップは、（第2章と第6章で述べたように）あるリスクを冒している。つまり顧客によって、技術の商品化が、狭い自己充足的なニッチに追いやってしまう危険がある。だが、もし顧客の多様性が選択されるなら、パートナーシップによって、多彩な市場において基盤技術を広く強化することができる。

**③人類学的探求**

通常ほとんど見られないが、おそらく最も見込みのあるユーザー世界を深く理解するオプションは、ちょうど人類学者が村落に住んで観察を続けるのと同じように、開発者自身が、ユーザー環境に入り込むことである。ユーザーが開発者に転換することに次いで、そうした人類学的探求（図7—6の真中）は、共感的手法にとって最も強力な手助けになる。デザイナーないし開発者は、技術の潜在能力に関して徹底した知識を持って、ユーザー環境に十分な期間入り込み、その環境に共感を抱きながら理解していく。ユーザーが、不便で効率の悪い不明瞭なツールにいかに対処するのか、そして、その種のあえて言葉にはしないような問題を解決するためにどのように考えるのかを観察していくのだ。このプロセスから生まれた製品コンセプトは、機能性と使いやすさ、そして、（自分自身では問い質さなかったような）その他の便益を持つユーザーを表すことができる。いくつかの異なるタイプの人類学的探求を以下で述べていこう。

**A．ユーザーの実情の観察**：スウェーデンの道具メーカーのトップ企業、サンドヴィクは、毎年、そのR&D部門の社員が、生産だけでなく製品とプロセス開発の専門家と共に将来問題を探求するため、顧客と一緒に二、三週間過ごすようにしている[38)]。アメリカ史において、最も有名な工業デザイナーの一人、ヘンリー・ドレイファスは、部下のデザイナーに、どんなツールであれ、自分がデザインするものと一緒に暮らすように、よく言っていた。そこで、彼らは、トウモロコシ採取機に乗って、工場をうろついた。同じように現代では、HPの医療部門の開発者は、集中治療室や診療所で時間を過ごしている。こうして現場を訪問することで、任務中、看護婦がうっかり手術用モニターを遮ってしまうやり方に気づく（以前、内科医は、このモニターを複雑な仕事のガイドにしていた）。内科医は、一時的に視界が遮られるのを、手術のルーティンの避けられないものとして容認しており、その必要性をあえて問い直すことはしなかった（問題の一つとして認識すらしていなかった）。共感的手法を用いて、開発者は、内科医が思いつかなかったソリューションを生み出すために、彼女の観察をコンピュータ技術に結びつけた。製品設計者は、直接画像をコンスタントに見るために、手術用のヘルメットの上に小さなスクリーンを載せることを思いついたのだ。

あるいは、人類学的な探求は、最も広大な可能性を秘めた共感的手法テクニックである。図7―5と図7―6で描かれた共感的手法のゾーンの形状が示すように、市場がかなり馴染みのある場合やまったく未知の場合には適用しづらいが、このテクニックは、このように両極端のケースにおいても、製品コンセプトの開発に役立つ可能性はある。

たとえば、テルモの電気グリル誕生のエピソードは、いかに人類学的探求が、既存の市場カテゴリーにおける製品開発においても洞察を与えてくれるかを示している。同社のライフスタイル・チームは、伝統的なフォーカス・グループを用意するだけでなくて、チーム・メンバーは家々を回り、バーベキューの様子をビデオテープに収めた。驚いたことに、お父さんがいつもグリルにへばりついて仕事をしているのではなく、徐々にお母さんが仕事をしているのがわかった。さらに多くの調理をすることで、ゴミやにおい、木炭を焼いた煙などが大量に発生するので、高価なパティオ・デッキに乗せる、(機能的なだけでなく)魅力的なモノをほしがっていた。チームがテルモの本社に戻った時、その製品コンセプトは、当時同社が市場に出しているものとまったく異なっていた。チームが実際の利用環境で実際の人々を観察したことで、彼らは、製品ではなく顧客に焦点を当てるようになった。そして、後者に着目することで、ガス・グリルが備えつけられたありきたりの黒い箱と、斬新で格好のよい電化製品の違いがわかった。この例は、また、共感的手法の別の特徴を示している。つまり、この職能横断的な観察チームは、以前は解けなかった問題を解決するために、コア技術ケイパビリティを引き出すチャンスを認識したエンジニアを含んでいるということである。以前の電気グリルは、十分な温度にはならなかった。だから、肉を焼くというより温める程度にしかならず、外で調理をする目的を台なしにしていた。緊急に設計しなければならないのは、網焼きの味を出すために、グリルの温度を十分に上げて、食料をきちんと焼ける温度を維持することであった。テルモのエンジニアたちは、この目的を二つのやり方で達成した。第一に、加熱ロッドを直接グリルに取りつけた。第二に、テルモのコア技術ケイパビリティ(真空技術の知識)を引き出した。つまり、グリルの熱気を逃がさないようにする、ドーム状になった真空のフタをつくり出したのである[39]。

人類学的探求の異なるタイプとして、ゼロックスは、一般の人が複雑なコピー機を実際どのように操作しているかを探るため、人類学者と行動科学者を雇い入れ、彼らの発見したことを会社全体に報告した。社会科学者は、観察と製品開発の時間を分けているのではなく、開発者の目と耳として機能した。伝統的な市場調査から得られるものとは根本的に違った、市場の知識が製品開発チームにフィードバックされた。行動科学者は、野生動物の行動を観察する動物学者のメンタリティを持って、ユーザーの領域でキャンプ生活をした。彼らは、人々が何をしているか（邪魔をせずに）眺め、その行為が終わってからなぜそうしたのかを尋ねた。人類学者は、一種のコミュニティが存在するのを発見した。つまり、機器を利用するにあたって、ルーティンやアプローチを共有する仲間集団が存在していた。これらの探求によって、ユーザーの考えについての知識が集まり、そして以前は体系的に集められなかった、設計に適したメンタル・モデルを得ることができた[40]。

**B. 実情をフィルム（ビデオ）に撮る**：ユーザーの行動をとらえるためにカメラを用いることもできる。この優位性は二重にある。①行動が映像に蓄積され、それを引き出して提示することができる。②新たな発見のため、あるいは確認のために、ユーザーにそれを見せることができる。日産デザイン・インターナショナル（ＮＤＩ）のデザイナーたちは、ある写真家がニューヨークのギャラリーに展示した、全米中の車に乗ったありのままの人々の拡大写真を見て圧倒された。人々の行動を集めた写真は、行為の背後に残された断片を雄弁に物語っていた。車の中で人は、雑誌を読んだり、昼寝をしたり、おもちゃで遊んだり、要するに想像しうるあらゆることをしていた。ＮＤＩは、その写真家にいくつか大都市を旅して、デザイナー用の生のデータ（人々が自分たちの車をどのように使っているか）をとらえるように依頼した。彼が戻った時、デザイナーは、写真を壁に貼りつけ、それが何を意味しているか吸収し始めた。彼らが気づいたことの一つは、多くの人々が車の中で夕食をとっていることだった。[41]

ある医療器具の企業では、軍事用の移動可能な手術室を設計している開発チームが、この種の観察法を一歩推し進めた。実際の戦場に適したものにするために、外傷を抱えたメンバーが緊急コールを頼んでいる部隊にアプローチした。そして実際の動作を撮る許可を得たのだ。最初、準医療者は懐疑的で、設計者に実際の患者がいなくても十分デモンストレーション可能だと言い張った。だが結局、彼らは撮影を許すことになった。フィルムによって驚くべきことが明らかになった。緊急事態では、生命の危機に直面した準医療者は、多くのルールを破っていた。標準的な手続きや装置の利用法が治療を遅らせそうな場合、彼らはそれらのやり方を外していた。それを研究することで、設計者は取り除くべき障害をはっきりさせることができた。外傷を抱えた部隊のメンバー自身も、プレッシャーがかかった実際の行動としようと思っている行動（他の人（と自分自身）にそうするように言っている行動）との違いに驚いていた。

**C．将来のロール・プレイ**：将来を見据えるために、行動の観察をロール・プレイに結びつけるという人類学的手法に類似した手法を用いている開発者もいる。未来の老人ホームの装置を設計している開発者は、あたかもそこにいる老人になったつもりで、即興で演じてみた。この共感的エクササイズを通じて、技術が冷たいものにならないように理解しながら、自分たちの洞察をクライアントのニーズに結びつけた。

インターバル・リサーチでは、製品開発者は、保険の営業マンや、老人ホームに隠居した人や、美容師と一緒に数日過ごしている。彼らは、参与者の行動をノートに取り、またビデオに撮っている。インターバルに戻った時、彼らは、「将来の情報社会に生きようとする」人たちの一日を、その人たちの代わりにロール・プレイする。演じるべき人があまりに年をとっている時は、リサーチャーは錘をつけて行動を遅くしたり、分厚いレンズの眼鏡をかけて視界を曇らせたりする。リサーチャーは、そうした「インフォーマンス」("Information performance"の意味）の間、質問をする。デジタル通信機器を利用した美容師や、インタラクティブ・ビデオ上でお互いに「訪問」したことのある老人を想像しようとする[42]。これは、いかにして共感的手法が、図7—2から図7—6におけるマトリクスの一番右上にまで該当し得るかという例である。だが、これを適用する際、直接観察を行うのは実際のユーザーではなく、必然的にアクター（役者）か将来のユーザーを演じる人になる。

### (3) 共感的手法を伝統的な市場調査と結びつける

以上述べてきたように、共感的手法は、（テストするのではなく）新製品コンセプトを生み出すプロセスにおいて、たいていの場合有用である。右で述べた共感的手法のすべてのモードは、まだ明らかになっていないユーザーのニーズをどのようにして満たすかという問題にオープンな気持ちで取り組もうとするものである。カギとなる活動は、直接質問するというカセを取られた自由な観察である（製品開発者が顧客インプットのために聞く前に、質問は創造的に振り返ることを妨げてしまう）。だが、いったんコンセプトが規定されると、潜在的な顧客によるフィードバックは重要だ。

つまり、共感的手法によって、ユーザー自身が要求していないさまざまな可能性が明確になると、より伝統的なテクニックはそのコンセプトを精緻化し、テストするのに役立つ。コンセプトが現行の市場では比べる製品がない場合もあるので、プロトタイプは、この過程でほぼ確実に必要不可欠なものとなる。このようなプロトタイプは、場合によってはビデオで利用をシミュレーションしたり、他のテクニックを用いて顧客に未来のイノベーションに向き合う方法を提示する必要がある。

### (4) 市場調査のテクニック：新しい市場の創造

技術も顧客も不明な場合、質問もユーザーの観察も不可能である。技術がどんな形態の製品を生み出すかは技術者でさえわかっていないのだから、質問することは無理である。また、同様の理由で、使える比喩がないので、顧客のアイデンティティそのものが疑わしい。したがって、市場からの情報は、現在の状況からありそうな未来を創造したり、あるいは、試行錯誤を通じて探すことによって取得しなくてはならない（**図7―7参照**）。

**①トレンドの推定**

社会的、技術的、環境的、経済的、あるいは政治的なさまざまなトレンドを推定することで、開発者は、現行市場のユーザーが、予測が難しい将来に何を必要とするか予見しようとする。業界と社会的トレンドの双方を理解する者には、ニーズ自体はかなり明白かもしれない。だが、タイミングという問題は、非常に不明瞭だ。いつ十分な数のユーザーが現れるのか。いつ補完技術が生まれるのか。あるいは、いつ開発を正当化する適切なインフラが整うのか。さらに当然のことながら、トレンドは相互作用する。たとえば、コンピュータが日用品になり、通信がワイヤレスに向かう技術トレンドに関して、社会の需要が早ければ早いほど、より直接的なコミュニケーション手段が求められる。

HPの研究者は、未来の先ぶれになるような多くのトレンドを追跡した。光ファイバーが現実になるずっと前に、あるいは光信号技術が市場に出る前に

図7－7◉市場からの知識の導入：新しい市場を創造する市場調査のテクニック

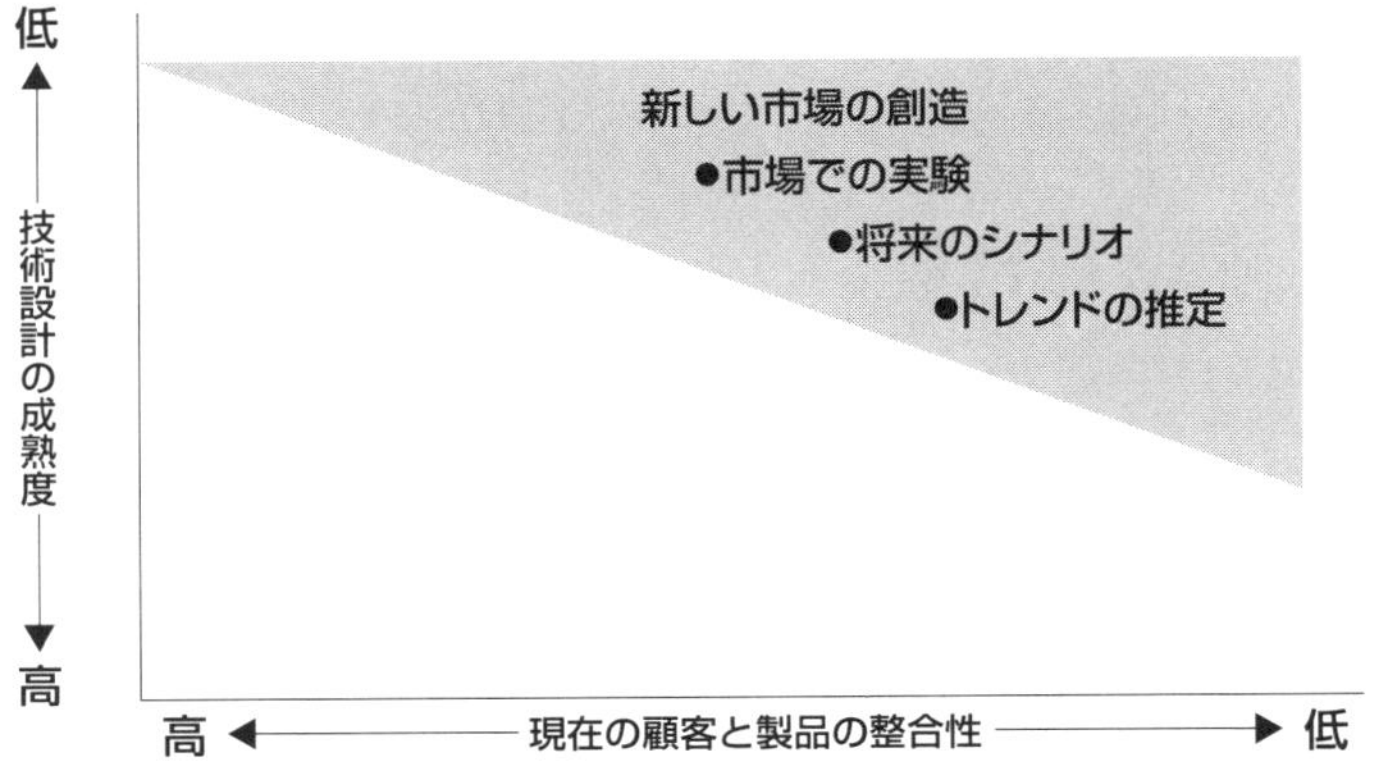

光信号測定器を開発していた。[43]

### ②将来のシナリオ

きちんとしたシナリオ作成テクニックは、将来像を描くことで、政治、社会、環境問題などの異なる方向性のトレンドを推定する。[44] こうしたシナリオの意図は、将来の状態を正確に予測するというより、不明瞭な将来に対する考察を刺激し、「型にはまらない」思考（直線的なトレンド・ラインから思考を切り離すような）を強いる点にある。だが、マーケット・シナリオは、それらが何らかの根拠をもって将来を予測するのではなく、あり得そうなことをたんに描き出す点では限界がある。

しかしそれらは、製品設計の思考に刺激を与える点では有用な場合もある。たとえば、ガーデニングのメール・オーダー・ビジネスを行うスミス＆ホーケンが、七〇年代後半、将来像を考察する際、シュワルツは同社にいかにして焦点を絞るかを教えた。それは、次の三つのシナリオを作成することである。①「同じことをもっと多く、けれどもよりよい状態」、②「いまより悪い状態」（衰退と不況）、③「いまとは違うが、よりよい状態」（基盤の変化）。同社は、最初の二つのシナリオが、ダイレクト・メールがベストのアプローチであることを示していると判断した。というのも一般の人は、カネはあっても店に行く暇はないし、市場は移ろいやすいので、資本を集中した小売業務は危険性が高いからだ。基盤の変化を描くシナリオ③は、環境問題の関心が高まり、道具の使い捨てはいけないと思い始めることが描かれている。八〇年代は、結局、この三つのシナリオの混合であることがわかった。つまり、アメリカでは裕福なヤッピーと貧しいホームレスがいて、環境問題に対する関心が高まった。いずれのシナリオも正確には上演されなかったが、マネジャーたちがさまざまな状況下で取るべきステップを考えていたので、同社はその地位を改善できた。[45)]

**③市場での実験**

短いリード・タイムのアイテムは迅速に製造できるから、多くの企業は、単純に水晶玉に投資しない。むしろ、（汚い話だが）スパゲティーの調理テストと同じように、彼らはパスタを壁に投げつけ、何かくっつくかを見る。実際の市場に、十分な機能を備えた製品をテストする大きな価値は、もちろん受け取る情報の有効性にある。本物の（real）ユーザーがリアル・タイムに本物（real thing）に反応する。将来に向けたプロモーションや広告、製品の改善の情報を得るのに、他にもっとよいガイドがあるだろうか。[46)] 比較的安価な製品ラインを持つ企業にとって、限定された地域のテスト・マーケティングは、いつもマーケターの大切な武器だった。だが近年、このように限定されたテストは危険だと感じ始めた企業もある。競合他社が模倣する余裕があり、市場からのフィードバックが歪められるからである。たとえば、ある企業がテストを行うのと同時に、競合他社が電撃的にプロモーションを行ったり、クーポン券を発行したりすると、新しい製品に対する顧客の反応は、実際の長期にわたる購買意図と合致しないかもしれない。

ＰＤＡ市場は、市場実験の必要性を例証した。一九九三年、ジョン・スカリー（当時のアップル・コンピュータのCEO（最高経営責任者）が、アップルのメッセージ・パッドに基づくニュートン・アーキテクチャを、「情報社会の技術を規定し、コンピュータと通信と家電が収束する中心になる」製品と発表した時[47]、すでに市場では多くの競合製品が存在していた。それぞれのベンダーが、消費者に自分たちが提供する製品が正真正銘のPDAであると説得しようとしていた。だが、草創期に提供された製品は、価格も機能も大幅に異なっていた。AT&TのEO４００と８８０のように、通信機能を強調したものもある。これは、内蔵されたマイクとスピーカーにより、声でメモを取ることができた。そして、モデムも内蔵され、データの送受信が可能だった。さらに、オプションの携帯電話モジュールを使えば、「ワイヤレス通信システムが完成した[48]」。HPの９５LXや１００LXのような他のPDAは、ロータス１２３を内蔵するなど、計算機能を強調した。HPは、その製品を「旅行するビジネスマンの武器」と宣伝した。しかし、どんな特徴がマーケットを決めるのかだれもはっきりとはわからなかった。だれがそれを使うのか。何のために、ユーザーはいくら払うのか。

技術の不確実性によって、市場の不確実性も増した。たとえば手書き認識のように、技術的にまだ非常に未成熟なものもあり、専門家の判断では、これは七〇%しか判断できなかった。さらに、どんなOSがスタンダード戦争を勝ち抜くのか、だれもはっきりとわかっていなかった。アップルのニュートン？　ジオ・ワークスのGEOS？　かなり遅れたマイクロソフトのウィン・パッド？　また、AT&Tの新しいホビットから在庫のある普及品まで、異なる半導体のチップがセット可能だった。すべてが渾沌としていて、市場調査も限界があった。何らかの製品が実際に入手可能になる前に、リサーチャーは、巨大市場を予測するのに、携帯電話やコンピュータや計算機のユーザーから推定するしかできなかった。[49]

この勃興しつつあった市場を生み出そうとした企業は、非常に異なる実験の戦略を採用した。それは、主として三つに分けられるだろう。これらの三つ、つまり「ダーウィン的淘汰」「製品のモーフィング」「代理実験」の枠組みは、**図7―8**のように表される。時間をかけて（図全体の垂直軸で表されている）、企業は、それまでの設計の特徴に沿ってさまざまなポジショニング（これは三つのそれぞれの枠における上部の矢印によって示されている）を行った製品群を試した。図の水平軸は、持ち運びができる程度やOSのタイプやコミュニケーションのリッチネスなど、何らかの設計の特徴や機能の一つを示している。最初の二つの枠（ダーウィン的淘汰と製品のモーフィング）は、一つないし二つ以上の設計に沿ってさまざまな製品を試した、ある企業を示している。一方、

**図7―8◉3種の市場実験における戦略**

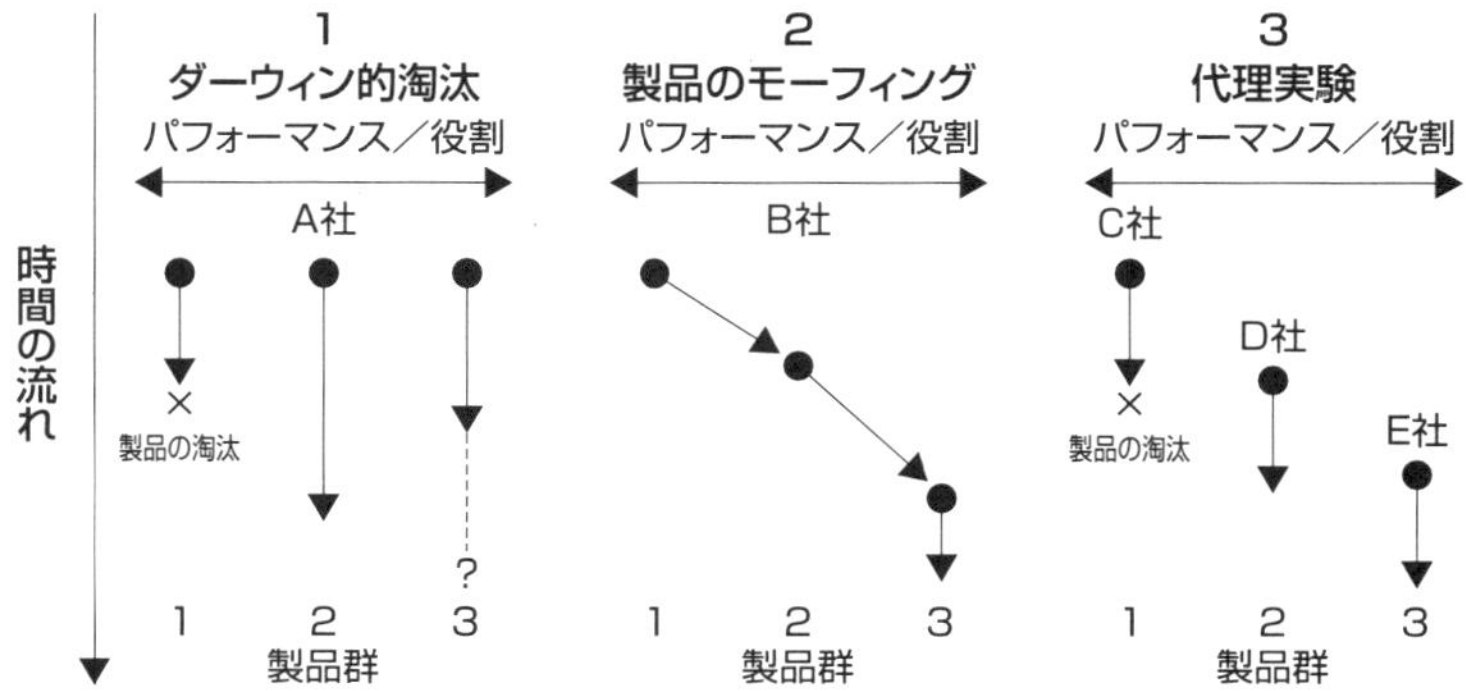


出典：Benjamin Gomes-Casseres and Dorothy Leonard-Barton, "Alliance Clusters in Multimedia: Safety Net or Entanglement?" Paper presented at The Colliding Worlds Colloquium, 6-7 October 1994, at Harvard Business School, Boston, 22a.

三番目は、いくつかの異なる企業の戦略を描いている。

**A．ダーウィン的淘汰**：ダーウィン的淘汰を戦略として用いる企業は、どのモデルが市場において価値を持つのかを見るために、並列的に多くのモデルを市場に投入することを試みる。一九九三〜九四年、独自のOSでPDA分野に進出したシャープは、ザウルスの一部としてそれを日本で発売した。シャープは、また、エキスパート・パッドの生産のため、直接の競合者であるアップルからニュートン・アーキテクチャのライセンスを買い、GEOSをベースにしたPDAに移植した。将来プランには、マイクロソフトのウィン・パッドや、最終的にドミナントになるチャンスを持ったOSのいずれかを試すことも含まれていた[50)]。

**B．製品のモーフィング**：HPとアップルは、初期市場に参加するリスクの度合いは違っていたものの、両者の実験戦略は類似していた。つまり、スタート・ポイントこそ違うが、最初の製品から得られる市場のフィードバックにより、次の製品を変えていくやり方、すなわち、徐々に「モーフィング」しながらビジネスに生育するやり方を選んだ。アップルの二番目のメッセージ・パッドは、通信機能を強調した。一方、HPの200LXは、パーソナルなオーガナイズ機能を強調した。

**C．代理実験**：代理実験とは、先進企業に最初のアクションを起こさせておいて、その失敗から学ぶというやり方である。IBMは、一九九二年秋のコムデックスにPDAを展示したが、二年間経っても、まだ製品は市場に現れなかった。似たように、モトローラとコンパックも、製品のアナウンスを行った後も参入を遅らせていた。

これら三つの戦略のなかでシャープのダーウィン的淘汰は、ステレオタイプ的だが日本的であるように見える[51]。日本は、「製品を掻き回す」ことで知られている。つまり、あり得る限り多くの製品を出しておいて、最も多くの顧客に好まれたものに収斂していくというやり方である。日本では、年に一〇〇〇種類ぐらいの新しいソフトドリンクが売り出され、そのほとんどが一年以内に消えていく[52]。ソニーは、ウォークマンに関して、数多くのモデルを試してみたが、多くは使いものにならなかった。シャープは、だれがそれを使うのか不確実な状況であるにもかかわらず、二つのCDスロットを備えたCDプレーヤーを最初に売り出した。答えは、二つのCDをミキシングして自分自身の音楽をつくっていくティーンエイジャーが、それを買ったのだった。

アメリカの企業には、このような「壁に投げつけて何がくっつくかを見る」態度には馴染まない。だが、かといって忍耐強く、製品のモーフィングを行っているわけでもない。PDA市場の初期参入者であるEOは、製品が適切な位置を得るまで、数回反復することを想定していた。CEOのボブ・エバンスは、次のように述べている。「もし最初の製品でヒットを出し成功するなら、それは素晴らしいことだ。だが一般には、顧客の経験が必要なのだ[53]」。EOは、ちょうどマネジャーたちが市場のニーズをわかり始めた頃、閉鎖された[54]。

最初の二つの実験は、非常に高価な消費者アイテムや、パワープラントやタービンのような簡単には入手しづらい産業製品を生産している企業にとって、コストがかかり不可能だ。だが、市場のフィードバックから迅速に製品を改善していこうとする企業にとって、それらは、コスト面で効率的に情報を集める方法である。

## 3——製品コンセプトを共進化させるプロトタイプの利用

市場にある実際の製品は、市場の知識を集める究極的なプロトタイプであるが、最終製品にはまだまったく至っていないモデルやプロトタイプは、多くの異なる用途で役に立つ。第3章で述べたように、それらは、かけ離れたグループの反応を引き出し、問題解決を行う際の視点を統一する。第5章では、組織上のプロトタイプの潜在能力について述べた。一つの側（製品の強化）における設計のガイドから、もう一方の側（市場の創造）における製品進化のシミュレーションまで、市場の知識を導入することにおいても、プロトタイプは、同じように重要な役割を担っている。というのも、技術の設計が成熟しないと、開発者は、技術の潜在能力を正確に探り当てることができないからである。

たとえば、一九八六年に発表されたHPの継続的周波数計測器は、開発者が、現行の顧客で売上げを伸ばすチャンスを見出したことに端を発する。さまざまな波長をモニターするための伝統的な周波数計測器は、周波数を生み出すトランスミッターが正確性を増すにつれ、徐々に時代遅れのものになっていた。あるHPのエンジニアは、オシロスコープとの類比から、一つの計測器を思い描いた。それは、デジット（数字）のつながりとして継続的に周波数を読み、ディスプレイにプロットし、周波数信号の流れを追跡できるものだ。だが、この類比を用いても、将来のユーザーとのコミュニケーションを手助けすることにはならなかった。この新しいコンセプトのもとにマーケティングを行ったが、ユーザーの見込みとなる人たちはあまり関心を示さなかった。現行のニーズが（不明瞭かもしれないが）実は存在していると確信して、エンジニアたちは、機能のついたプロトタイプを作成した。そして彼らは、マーケティング部門の社員を説得して、それを現場に持っていったのだ。皆幾分驚いた様子だったが、顧客はめったに見せない熱心さでそれをいじった。ユーザーたちは、多くのエンジニアが思いつかなかったような多くの応用例を見つけた。ある顧客は、レーダー・システムに取りつけ、それがきちんと機能しているかどうか計測したがっていた。その製品は大きな成功を収め、売上げはその部署の一五％に達した。そして最も大切なことは、この製品によってＨＰが再び元気づけられたことである。

市場から情報を求めるのにプロトタイプが重要な理由の一つは、ユーザーがしばしば類比によって新製品のコンセプトを理解しようとするためである。彼らの想像力は、現行の製品から引き出した類比によって描かれる傾向がある。つまり最初、彼らはラジカルな製品コンセプトでさえも、慣れ親しんだアイテムと十把一絡げにしてしまうのだ。「人間は、新しいものに対して、すでに見ている他の新しいものに対してふるまったのと同じようにふるまうだろう」[55]ということを、リサーチャーは以前から知っていた。こうした類比は誤った判断を招きやすい。マイクロソフトが、子供向けにマルチメディアの教育用ソフトを最初に発表した時、子供たちはそれをテレビ・ゲームと比較し、継続的な刺激が不足していてゲームにあるような瞬間的なフィードバックが欠けていると感じた。したがって子供たちは不満だった。こうしたケースではターゲットとなるユーザーから助言となるフィードバックを得るために、製品開発者はユーザーが、その類比が適切かどうか考えるように仕向けなければならない。この例が示すように、顧客の視点を変える手助けになるが、それでも再教育することが必要かもしれない。

プロトタイプのもう一つの利用法は、市場需要をシミュレーションすることである。つまり、消費者に、実際の製品を市場に投入することなく、将来の製品について考えてもらうのだ。先に述べたように、市場をつくり出さなければならない時、その技術がほしいモノかどうか、またもしほしいとしてもどんな形態かを評価する前に、ユーザーがそれについて考えるのは難しい。リサイクル・プラスチックへの関心を起こし、またそれによる製品が魅力的であることを証明するために、GEプラスチックは、マサチューセッツ州ピッツフィールドに、調理台や屋根にリサイクル・プラスチックを用いた「未来の家」を建てた。投資は莫大であったが、立体的に、機能をデモンストレーションすることは、顧客が理解するのに必要なものである。[56)]

## 4――要約

企業を刷新する最も重要なエンジンの一つは、新製品開発である。開発プロジェクトは、既存の技術ケイパビリティを引き出し、それを強化するだけでなく、新しいケイパビリティを生み出すように動機づける。市場からの知識の導入は、ある範囲（現行の需要を満たすものと将来の顧客ニーズを吟味するものを含む）の製品ラインにおいては、明らかに必要不可欠な活動である。

市場の知識を導入するための伝統的なツールは、それなりの価値を持つが、ユーザーが技術の潜在能力を理解できないような状況では限界がある。つまり、ユーザーは、技術の適用についてはわからないので、ソリューションは思いつかないがニーズを持っているのだ。こうした状況において、きちんと注意深く質問を構造化している伝統的な市場調査のツールは、新しい製品コンセプトのためのマーケット情報を得るチャネルとしてはあまり価値を持たない。というのも、質問はユーザーが明確にすることのできるニーズしか引き出すことができないからだ。

本章では、新製品の機会を規定するための質的なツールの数々を紹介した。私が「共感的手法」と名づけたツールは、他の質的なメソッドとは、次の三つの点で区別される。①この手法は、実際に観察された顧客の行動に基づいている。②それは通常、企業の技術ケイパビリティを深く理解している人と、潜在的ユーザーの間で直接的な相互作用を通じて行われる。③それは、新しい製品や市場のビジネスにおいて既存の技術ケイパビリティをとらえ直し、再配置する。以上、さまざまな伝統的テクニックに取って代わり、強化するさまざまなタイプの共感的手法について、多くの例を挙げて検討し説明してきた。

技術が進化し、そしてまた潜在的ユーザーが不確実な時、企業は市場実験を行わざるを得ない。これは限定された市場実験と同じではなく、技術の潜在能力に関して消費者を教育するため、そして新製品が実際の生活でどのように使われるかを観察するために、本当の製品を世に出すことを含んでいる。ダーウィン的淘汰戦略に従って、一度に多くのテスト製品を送り出す企業がある。一方で、特定の製品を選び、市場のフィードバックを得ながら、もっと受け入れられる製品にするために、繰り返し「モーフィング」していく企業もある。あるいは、先進企業がおいしい場所を探し出すのをただ待っている企業もある。ＰＤＡ市場で競合する企業が取る緒戦略は、異なるタイプの市場実験を表した。

開発されている製品が既存ラインのちょっとした強化であろうと、抜本的に新しい付加であろうと、プロトタイプは、ユーザーのフィードバックを引き出すのにとても役立つ。正確な類比が市場に存在せず、製品開発者が新製品の潜在能力を十分に探り当てられない時に、プロトタイプは最も強力な武器になる。

ある企業が「他人の後についていく」戦略に頼らず、新しい市場をつくり出すためにコア技術ケイパビリティを利用すればするほど、市場からの知識を導入するにあたって、マネジャーが適切なツールを利用できるかどうかが重要になる。市場を創出するからといって、本当のユーザーのニーズに対する責任から、企業が開放されるわけではない。だが、市場を探ることは、多くの企業がすでに得ているものや、マーケティングの授業で教えられているものとは、まったく異なるスキルを要するのだ。

# 第8章

# 絶えざる泉

近年、嵐のような環境のなかで、改めてナレッジ・マネジメントと、スキルやシステムや価値の有機的な貯蔵庫としての組織が強調される機会が増えた。我々が将来を見通すかぎり、この嵐のような状態は、当分収まりそうにない。社会的、技術的変化は、さらなる「創造的破壊の嵐」を呼ぶ[1]と予想される。

マネジャーは、自分たちが直面する不確実性に対してある種の安定性を求めている。このようにしてコア技術ケイパビリティの考えが注目されるようになった。それは変化の最中にあって永遠性を示唆している。つまり、それは表面の急速な流れや組織を巻き込む渦ではなく、もっとゆっくり確実に流れる深い潮流なのだ。ケイパビリティは、プロジェクトやマネジメント・プログラム、あるいは製品ラインなどよりも、もっとゆっくり変化する。だが、ケイパビリティでさえも、他の条件に対応して、時にはチャネルをシフトしなければならない。数世代にわたる産業界の歴史を追った研究によれば、突然の不連続性は常に訪れることがある。これは、多くは新しい技術や破壊的な競争によって引き起こされる[2]。多くの企業が創設され、ほんのわずかしか生き残らない。生き残っているのは、一度だけでなく何度か自分のケイパビリティを変えて、全体を刷新することができた企業だ。

刷新のプロセスにおいて、人間の精神は最もフレキシブルであり、それは最も硬直した企業の資産である。人は、直感的に驚くべき飛躍をすることができると同時に、取るに足らない細かいことや非生産的なルーティンに頑固に執着する。

こうした理由で、本書はコア技術ケイパビリティに焦点を当てながらも、人間の行動に多くの記述を割いた。すでに見たように技術ケイパビリティは、本質的に技術情報というよりは、技術知識を生み出す活動とシステム全体に基づいている。そして、その活動やシステムが新しいものを採択し、古いものを創造的に破壊していくのである。

## 1――フラクタルとしての組織

自らを変えていくことができる活気ある組織の特筆すべき点は、どんな階層やどんな部署で分析しても、ある特徴が一貫していることである。社員同士の話し合い、プロジェクト・ミーティング、重役会議――、活気ある組織では特定のテーマが何度も何度も繰り返される。組織は、もちろん、完璧に一貫しているわけではない。実際、個々の社員は違うし組織は自律的に業務を行うものである。私は、個人やグループの絶対的な同一性や均質性を意味しているのではない。むしろ、あらゆるレベルで観察可能で、組織に一定の性格を与えるような思考パターンと行動を意味しているのだ。

この特徴のパターンは日常の活動に浸透している。そしてこのパターン自体は、組織を見る見方を抜本的に変えるものではない。ここでは幾何数学のフラクタル[3)]がよいメタファーを提供してくれる。「フラクタルは、幾何的な規則性を持った物や形態を記述するのに、非常にコンパクトな方法論を提供してくれる。これはスケール・インバリアンスとか、自己相似性として知られているものだ。もしこれらのモノを違うスケールで検証するなら、同じ基本要素にくり返し出くわすだろう」[4]。いろいろなレベルで観察される自然界の一見混乱したように見える形態も、その根底には、数学的に記述でき可視化できるリズムとパターンを持っている。シダ、海岸線、昆布床。これらはすべて数学的には非常に単純なアルゴリズムの繰り返しから得られる、特筆すべき類似した形態を持っている。フラクタルな形態は、とても複雑で入り組んでいるので、そのパターンを確かめるのは難しい。しかし、「それらの複雑さは、単純な規則の繰り返しから生まれるものである」[5]。フラクタルの究極的な形態は、初期値や初期条件にとても敏感であるが、ほんの少しの数学的手続きを何度も繰り返すことで、さまざまなバリエーションが得られ洗練されていく。

組織に関しても同じことが言える。ちょうどシダの一部が葉全体を映し出すように、あるいは小枝が枝や木を映し出すように、各個人や小さなグループの行動も、組織が知識創造を行い、それをコントロールしていく行動を反映している。この意味で個人は組織に責任を持つ。そして、逆もまた言える。

我々が見ている複雑さは、本書が対象としたナレッジ・マネジメントの活動に関する、ほんの小さな特徴ある行動の繰り返しから生まれる。このように組織内の小さな行動の繰り返しは、これまで見てきたポジティブ、ネガティブ両面に浸透しており、学習する組織を停滞した組織から分け隔てている。これらの特徴により継続的に泉を新しく生み出す企業と、たった一つの知識ツールによって生きている（そして死ぬ）企業とを分けているのだ。

## 2——継続的に刷新する組織の特徴

本書では、コア技術ケイパビリティの本質（物理的システム、スキルと知識、マネジメント・システム、価値の四つの局面）を深く検証した。そして我々は、ケイパビリティを生み出し維持する四つの活動——創造的な問題解決、革新的な方法や業務ツールの活用、実験、知識の導入——について検討してきた。また、そうした活動を阻害する、逆機能的な態度や行動についても議論した。この章を締めくくるにあたって、これらのカテゴリーを横断しながら継続的な刷新の環境をつくる諸特徴（これは組織中で繰り返されて、マネジャーの行為のなかに埋め込まれてる）を手短に概観しよう。

### (1) 知識に対する熱心さ

最初に挙げる特徴は、知識に対する熱心さである。つまり、あらゆる活動における知識に対して熱心に追求することである。そのようなマネジャーは、決められた業務として知識の蓄積に対して責任を持ち奨励している。この学習への愛好は、内部の障壁を越えた問題解決であろうと、実験を通じた知識創造であろうと、外部からの導入であろうと、あるいは他の場所や他の国への移転であろうと組織中に織り込まれている。コア技術ケイパビリティの構築に意識的に従事している人には、好奇心がある。彼らは情報の探究者なのだ。こうした仕事にはある意味で楽しさがある。好奇心に満ちた軽やかなステップにより、知識構築活動におけるセンスを磨くだけでなく、それを楽しいものにする。従業員が持っている熱心さとは、プロフェッショナル精神と遊びのブレンドである。もちろん、仕事は真面目なものだ。だが同時に、あまり真面目にもやっていられない時もある。明日には予想もしない変化が起こり、現在ベースにしているスキルも時代遅れになる恐れがあるのだから。結局、唯一の根本的に重要なスキルとは、学習する能力である。

我々は本書で、よりよいタイミングを求めて努力するチャパラルのライン・オペレーターの熱心さをすでに見た。そして、我々はこうした熱心さを日産でも見た。そこではアメリカのデザイナーは、日本人のものの見方に悩みながらも、デザインに関して素晴らしい答えを出してきた。また我々は、ヒューレット・パッカード（以下HP）のエンジニアが、マイクロスコープにおけるまったく新しい製品を積極的に開発しようとする熱心さも見た。あるいは、クォンタムが、ジョイント・ベンチャーを通じて、マツシタコトブキ・エレクトロニクス（MKE）の製造に関する専門知識を懸命に吸収しようとするのを見た。そして我々は、好奇心の欠如、言い換えれば必要な知識を自分たちは持っているという比較的受け身な態度が、いかにしてE―LプロダクトやGEプラスチックスの認識能力や先見性や探求心を駄目にしているかを見た。

### (2) 知識に前向きであり続けるという思い

一番目のものに関係するが、二番目の特徴は、技術イノベーションの波に乗るために、知識に関して前向きであり続けるという思いである。自分の職業の知識において「トップであり続けること」について人が語る時、彼らが意味しているのはこのことである。トップであり続けることは、所与の技術を最初に商品化すること、最初に市場に参入することと同義ではない。むしろ、それは、そうすることが競争上不可欠として市場に参入するケイパビリティを持つことを意味している。言い換えれば、実験に関する最新かつ最良の知識や、創造性を刺激したり技術を移転する知識を持ち続けることを意味している。第6章や7章で論じたように、こうした欲求により、組織に最新かつ最良の知識がどのぐらい浸透しているか継続的なモニタリングが推進される。シャープが、明らかにPDA市場の多くの側面でリードしていたにもかかわらず、アメリカ企業とライセンス契約を結んだのは、こうした動機による。同様の理由でチャパラルは、世界中に技術をサーチする社員を派遣している。こうした特徴を備えた企業やマネジャーは、共感的手法を用いて、顧客の需要を探り、顧客が気がついていないような市場情報を分析しようとする。それがどこで生まれたかにかかわらずに最新かつ最良の知識を評価しようとする思いを持つことで、人は耳を傾け続ける。そしてこれは、もう一つの絶対に重要なスキルなのだ。前向きであり続けるという思いはまた、マネジャーに将来のビジョンを与えてくれる。ちょうど車を運転する時のように、前をしっかりと見据えること、そして直接視界に入ってくるものだけでなく、トレンドを見抜こうとすることは突然の事故に対する安全装置になる。

### （3）補完的スキルを緊密に結びつける

三番目の特徴は、補完的スキルを緊密に結びつけることである。言い換えれば、スキル間のインターフェースを探し出し、そしてそれを注意深くマネジメントすることである。内部の障壁を取り除き、チーム単位で業務を行おうという、現代の大きなトレンドは、健全でありまた望ましいものである。それと同時に、我々は、技術ケイパビリティの基になる知識とスキルの貯蔵庫を枯渇させないようにするべきである。言い換えれば、全員をゼネラリストにするべきではない。また、インターフェースを超えてマネジメントするために、橋渡し役や、T型・A型のスキルを持つ者を必要とする。我々は、それぞれのスキルを分離したままにすべきではないのだ。

貯蔵された知識の性質は、疑いなく将来には変化するだろう。現存するディシプリンや職務の優れた部分は、分断されたままでは他の専門性にいずれ道を譲ってしまうだろう。今後、組織にある境界はもっと流動的なものになり、多くの組織においてビジネス・ニーズに突き動かされてチームが再編成されながら、プロジェクトが日常のビジネスを動かすだろう。だが、それでも我々は、特定の知識に集中し向上させているスペシャリストやグループを必要とする。コア技術ケイパビリティを育成するにあたって、知識は豊かだが独立しているグループや個人を、組織は継続的かつ緊密にコーディネートする必要がある。我々は、専門知識が浸透するように緊密に結びつけることと、相互作用を柔軟に生みだすようにルーズに結びつけることとを、うまくバランスを取る必要がある。このようなマネジメント能力により、専門の知識がリサーチ部門から、製品開発部門へと流れていくことが可能になる。リサーチャーが、企業の研究所、シンクタンク、国立研究所、大学、パートナーを組んだ相手企業の研究所のいずれにいようと同じだ。タイトに専門知識を結びつけることで、技術融合に基づいた製品開発ができる。この際、自分の知識以上に、他の知識に敬意を払うことを忘れてはならない。

### (4) 活動の繰り返し、再帰的ループ

四番目の特徴は、すべての活動の、繰り返し起こる再帰的なループの性質を理解することである。コア・ケイパビリティを開発するのに成功しているマネジャーは、自分がパーフェクトだと考える活動から決して離れない。自分の仕事は、まるで一八世紀の理神論が規定するような神（この考えでは、世界は一瞬一瞬で生起し消滅する）のせいだと考えるマネジャーもいる。だが、コア・ケイパビリティを開発することは、ブロックの壁を組み立てることよりも、造園に似ている。企業の活動とプロジェクトは、フレッシュな洞察、経営資源という肥し、マネジメントという日光を必要とする。そして時には、監視を離れた夜の息抜きも必要だろう。仕事が成された（done）からといって、仕事が終わった（finish）とは考えられない。

我々は、HPが他の企業がうまく利用している原理が役立つことに気づき、新たに再設計された製品開発プロセスをテストするのを見た。クォンタムが、アメリカでの製造が変わるのを許容しつつ、MKEとの関係を維持するのを見た。日産デザイン・インターナショナルが、それまで発見された方法には満足せずに、ユーザー世界を見るための新しい方法を実験しているのを見た。そして、製品開発プロセスにおいても、一歩後退しては二歩進んでいくという失敗しながら進んでいくマネジャーを見た。活動が非線形的に実行されるのは、まさにフィーリングだ。我々は、自分の考えのいくつかを再検討することができる。実験し、改定することができる。繰り返しを

認識する最も明らかなものは、本書で取り上げたさまざまな種類のプロトタイプ（製品プロトタイプ、工程プロトタイプ、組織上のプロトタイプ）だろう。プロトタイプに埋め込まれた「挑戦し、学ぶ」という態度は、コア・リジディティを生む傲慢さを未然に防ぐ。

### (5) 高次の学習

非線形性の認識と密接に関係するが、本書で概括したすべての活動を通じてあてはまる、高次の学習の強調である。もしマネジャーが、高次の学習を模索しないなら、彼らはいまある問題に吸収されてしまうだろう。「オペレーション・レベルの学習が、より高いレベルの学習に取って代わる[6]」。クリステンセンのディスク・ドライブ産業の研究で見たように、現行の顧客の言うことに熱心に耳を傾けすぎることで、まったく新しい市場へ変化する重要な兆候を見落としてしまう可能性がある。我々は、いくつかの企業がそうしていくのを見てきた。プロジェクト監査により高次の学習を強いる企業がある一方で、ある企業ではそうした監査が行われないか、おざなりで形式的なものでしかない。皮肉なことに、より高次の学習が最も必要な企業やマネジャーに限って、自己検証にまったく目を向けないのである。

うまくコア・ケイパビリティを開発しているマネジャーは、企業を将来に導くための、組織のメタ・ルーティン（通常のルーティンを超えたルーティン）を模索している。たとえば、部下が顧客の現場に出向くための出張届にサインをする時、彼らは、それによって生まれる知識の利用を考えている。いかにして、それは一個人の利用を超えて強化されるか。その情報を共有するためには、どんなメカニズムが存在するのか。そうした出張をどの程度広げるか。すべての活動において、マネジャーは、それがどんな知識構築の可能性があるかを問う。これは、私が注意を払うべき大きなパターンの一部なのか。もしそうでないなら、それをすべきか。もしそうすべきでないなら、なぜ私はそれを行っているのか。メタ・ルーティンを模索するマネジャーは、絶えず自分に問うている。これらの単純な質問は、深い意味がある。[7] 彼らは、また未来に手を伸ばしているる。「単純な質問」に対する答えを模索することは、反射的な行動でなく長期を見通す思考を活発にするだろう。

## (6) 耳を傾け学習するリーダー

最後に、上で論じてきたように、コア技術ケイパビリティを構築し、それを育て持続するためには、リーダーシップが必要不可欠である。コア技術ケイパビリティは、確かにトップ・マネジメントのサポートなしには起こり得ないが、リーダーシップとは、トップ・マネジメントのことだけを意味しているのではない。組織内のあらゆる階層のマネジャーを意味しているのである。その影響力や権力がどのようなものであれ、知識構築における意思決定の重要性を強調したり、最小化したりする可能性がある。プロジェクト監査は、不毛で無益なものにも、進化途上の豊かなものにもなりうるが、それはマネジャーの態度にかかっているのである。市場とのコミュニケーションは、既存の傾向の退屈な確認にすぎないこともあれば、新しいフロンティアのエキサイティングな探求になることもある。マネジャーは、知識を導入する際の障壁となることもあれば、門を開けて、積極的に走査する環境をつくり出すこともできる。技術をベースにしたリーディング・カンパニーにおいて、あらゆる階層のマネジャーが、自社の技術に詳しいのは偶然ではない。これらのマネジャーは、右で述べた諸特徴を具体化する傾向がある。彼らは、熱心な学習者なのだ。

多くの産業で、長期間の均衡状態を中断させる数々の破壊的技術に関する研究の流れは、もう一つの興味深い事実を発見した。生きのびてきた企業は、何度か方針が転換され、再構築された企業だったのだ。その方向転換は、NCRやIBM、コダック、DECなどの例で見たように、まったく新しいチームによって指揮されることが多い。だが、同様の苦痛を伴う方針の転換が、同じトップ・マネジメントによっても行い得るはずだし、実際行われた。たとえば、ミニ・コンピュータ業界の半分ぐらいは、そうした企業である。[8]

インテルのメモリー・チップ・ビジネスからの撤退は、リーダーが取ることができる興味深い事例である。当時のCOO（最高執行責任者）であるアンドリュー・グローブは、次のように回想する。「我々がDRAMにおいて大した存在ではなくなったということが事実なのです。私は、CEOのゴードン・ムーアに会いに行って、彼に、我々が主流でなくなったら、トップ・マネジメントは何をすべきかを聞いたのを覚えています。その答えは、DRAMから出ていくという明瞭なものでした。そこで私はゴードンに、我々は回転ドアを通り、また元の場所に戻り、一人でそれをやるようなものだと言いました」[9]。DRAMビジネスから撤退するために、グローブとムーアは、第2章で述べた数々の抵抗（コア・ケイパビリティと結びついている）に打ち勝たなければばならなかった。DRAMは、当時インテルが最も多く生産している製品で、顧客の多くが、ロジック・チップと同様にメモリー・チップを購入できること（コンビニエンス・ストアのように気軽に買える半導体の店）を期待していた。組織中のマネジャーが、その技術をインテルのコア・コンピタンスだと見なしており、DRAMに対して、成功の絶頂をもたらしてくれた製品として感情的に執着していた。DRAMからの撤退は、あるミドル・マネジャーが言うには、「フォードが車から撤退を決定するようなものだ」[10]。だが、インテルは効果的に、その市場を海外の生産者にすでに譲渡していた。同社の将来は、明らかにロジック・チップと共にあった。幸いなことに、ミドル・マネジャーたちは戦略的即興を行い、ロジック技術をサポートするために必要とされる技術ケイパビリティに大きな投資をした。その泉は適所を得て、トップ・マネジメントは、企業のエネルギーをそこから汲み出すように水路を再編したのだ。

## 3——コア技術ケイパビリティの開発：継続的プロセス

以上述べた六つの特徴は、いずれも「ロケット・サイエンス」のような派手なスキルを意味しているのではない。そうではなく、コア技術ケイパビリティを生み出すことは、むしろ組織という船の進路の舵をとりながら、漸進的だが安定した将来への投資を意味している。マネジャーが継続的に位置や方向性をチェックし、本書を通して示唆したような技術的な浅瀬に乗り上げないように、競合社に接近しながら、海岸線を探っていれば、こうした舵取りはそれほどドラスティックなものにならない。３Ｍ、モトローラ、ＨＰ、ＧＥなどのアメリカを本拠とする巨大企業は、新製品とプロセスの継続的な流れを継続的に生み出すために、ケイパビリティをマネジメントしているように見える。他方、ＡＴ＆ＴやＩＢＭといった企業は、ドラスティックな手術を経験し、根底にある技術力を回復した。こうした産業界の巨人がマスコミを賑わしている間、チャパラル、アルザ、クォンタム、テルモなど、本書で言及したもっと小さな企業は、メディアではあまり取り上げられないような分野でケイパビリティを構築している。

知識の源泉は、企業内で供給されるだけでなく、他の多くのソースからも供給される。もしすべての従業員が、組織が知識の制度だと気づき、それを育てるように注意するならば、彼らはそれを持続させるケイパビリティに貢献するだろう。組織の環境が現在どうであれ、あらゆる階層におけるマネジメントは、この章で取り上げた諸特徴を促進するのに重要な役割を担っている。さらに、企業の知識資産がもっと複雑になるにつれ、社員か知識に投資するように促す能力はもっと重要なものになるだろう。

立証されてきた。（中略）Deveny 1994を引用。

42. Kirkpatrick 1994, 78ページ。

43. Miles 1989.

44. たとえば、Schwartz 1991を参照。

45. Schwartz 1991.

46. Moore（1982）。（以下略）

47. "First Newton" 1993を引用。

48. Slater and Gwennap 1992, 12〜13ページ。

49. Chicago CorporationのR. Martinは、1993年のAmerica Onlineの企業報告において、以下のように指摘している。PDAsと他の「携帯端末」の市場は、1991年のゼロから1996年には約650万台に成長するだろう（Gomes-Casseres and Leonard-Barton 1994）。

50. Gomes-Casseres and Leonard-Barton 1994.

51. Itami with Roehl（1987）は、他の種類の市場実験を擁護する。（以下略）

52. "What Makes Yoshio Invent" 1991.

53. 1994年9月7日の個人的インタビュー。

54. Gomes-Casseres and Leonard-Barton 1994を参照。

55. Stefflre 1965, 12ページ。

56. Freeze and Leonard-Barton 1992を参照。

## 【第8章】

1. Schumpeter 1942.

2. Virany; Tushman, and Romanelli 1992; Tushman and Anderson 1986.

3. IBM Thomas J. Watson Researchのブノワ・マンデルブローは、1975年にフラクタルという言葉を造った。（以下略）

4. Jurgens, Peitgen, and Saupe 1990, 60ページ。

5. McGuire 1991, 92ページ。（以下略）

6. Levinthal and March 1993, 101ページ。

7. さまざまな研究者たちが、個人や組織の刷新におけるカギとなる要素として、この高次学習について論じている。Argryisのダブル・ループ学習は、マネジャーが、行為を導く最もベーシックな仮説を検証することを要求している。Argryis 1982参照。Fiol and Lyles（1985）は、低次の学習と、高次のそれとの違いについて論じている。

8. Virany; Tushman, and Romanelli 1992.

9. Burgelman 1994, 43ページからの引用。

10. Burgelman 1994, 41ページからの引用。

10. Christensen 1992b, 114〜115ページ; 原書では、イタリック体。
11. Christensen 1992b, 150ページ。
12. Itami with Roehl 1987.
13. 本章でのHewlett-Packardの例の多くは、Leonard-Barton, Wilson, and Doyle 1994を参照。
14. Leonard-Barton, Wilson, and Doyle 1994.
15. 1992年10月23日のHewlett-Packardの分析グループ、R&DマネジャーのDr. James Serumとのインタビューより引用。
16. 1992年11月2日のHP研究所副所長、Dr. Joel Birnbaumとのインタビューより。
17. 1992年11月2日のHP研究所副所長、Dr. Joel Birnbaumとのインタビューより。
18. 思わぬ発見という語は、1754年1月28日に Horace Walpoleが、私が「思わぬ発見」と呼んでいる偶然の発見についてHorace Mann氏に書いた手紙によって（Mann氏への1800通の手紙の１つである）つくり出され、定義された。(以下略)
19. Arnst with Cortese 1994.
20. Landler 1991.
21. "Infiniti Betting Smell Sells" 1992, G11を引用。
22. Serafin 1993; Hauser, Urban, and Weinberg 1993.
23. 回答者の製品についての知識レベルと彼らのコンセプトを評価する能力の間の関係の議論については、Reidenback and Grimes 1984を参照。
24. Von Hippel 1988, 107ページ;原書では、イタリック体。
25. Leonard-Barton 1981.
26. Shiba他. 1991.
27. このようなテクニックは、ユーザーの要望がエンジニアの専門家に変形させるような品質機能の配置プロセスのためのフロントエンド（front end）としてしばしば用いられる。Hauser and Clausing 1988を参照。
28. Zaltman and Higie 1993, 1ページ; また、Coulter and Zaltman 1994を参照。
29. その語は、Leonard-Barton 1991bから編み出された; また、Leonard-Barton, Wilson, and Doyle 1994を参照。(以下略)
30. （前略）Eliashberg, Lilien, and Rao 1994を参照。
31. もちろん、ユーザーの製品コンセプトがハイテクを必要としない場合がある。(以下略)
32. Von Hippel 1988.
33. 395ドルの計算機は、三角関数、対数関数、指数関数の機能があった。(以下略)
34. Wallace and Erickson 1992, 135ページを引用。
35. 1992年10月23日のHewlett-PackardのDr. James Serumとのインタビューは、Leonard-Barton, Wilson, and Doyle 1994, 14ページを引用。
36. （前略）企業買収の歴史については第６章を参照。
37. Flaherty 1980, 46ページ。
38. Gold 1987で報告。
39. Dumaine 1993.
40. Brown and Newman 1985.
41. このトレンドは、サーベイにとって

43. 暗黙知の議論については、Polanyi 1967を参照。その技術移転の例についての特別な役割については、Gibson and Rogers 1994を参照。
44. Niederkofler 1991, 245ページ。
45. Gibson and Rogers 1994, 548ページ。
46. Niederkofler 1991.
47. Harrigan 1985, 347ページ。
48. Clark and Fujimoto 1991.
49. Ellison, Clark, and Fujimoto 1994, Fujimoto 1994a（19）を引用。
50. Chryslerの非常に有名なミニバンのデザインは、破産を免れるものとなったが、それもまた、Jeepの獲得による知識の移転に負うものである。
51. Fujimoto 1994b.
52. Fujimoto 1994a.
53.（前略）Redmond and Smith 1977を参照。
54. Redmond and Smith 1977.
55. Forrester 1982.
56. Redmond and Smith 1977, 53ページ。
57. Redmond and Smith 1977, 59ページを引用。
58. Forrester 1982.
59. Gibson and Rogers 1994。(以下略)
60. Gibson and Rogers 1994, 542ページ。
61. espoused価値対enacted価値の例については、Argyris 1993を参照。
62. Harrigan 1985, 341ページ。
63. Cohen and Levinthal 1990, 128ページ。
64. または、Niederkofler 1991, 244ページを参照。
65. Gibson and Rogers（1994）は、確かなビジョンが「第一級のレベル」の有力者によって吹き込まれるが、「有能な第二レベルの有力者は、そのようなビジョンを作業レベルで実演することを必要とする」ことを記述した。(以下略)
66. Hof 1991, 86ページ。
67. Harrigan 1985.
68. Harrigan 1985, 342ページ。
69. Lyles 1988.
70. Niederkofler 1991, 252ページ。または、Doz 1988; Radtke, Fast, and Paap 1987を参照。
71. Lyles 1988.

## 【第７章】

1. Cooper 1986, 16ページ。
2. Booz-Allen and Hamilton 1982.
3. Cooper 1986, 17ページ。
4. Cooper and Kleinschmidt 1986.
5. たとえば、Hopkins and Bailey 1971; Cooper 1986; Canlantone and Cooper 1979; Souder 1987; Gupta and Wilemon 1990を参照。
6. ドミナント・デザインとどうやってそれらが現れたかの優秀な例証の議論については、Utterback 1994を参照。
7. Clark 1985, 243ページ。
8. Suris 1994、Woodruff, Armstrong, Carey 1994を参照。
9. 次世代の自動車、Saturn、の生産においてでさえ、General Motorsのマネジャーは、デトロイトから組織的、地理的に生産を分割し、非常に異なる開発手順を設定したことを考慮すべし。

16. Henderson 1995.
17. Christensen 1992a, 346ページ。
18. Christensen 1992a.
19. Leonard-Barton and Sviokla 1988; Kaewert and Frost 1990.
20. この種の技術についてのさらなる議論は、Pisano and Mang 1993を参照。
21. Harrigan 1988. また、Kogut (1988) によるアメリカの148のジョイント・ベンチャーについての研究では、ほとんどが合意から5、6年目で終了し、Coopers and Lybrand and McKinseyによる、ジョイント・ベンチャーの離婚率が約70%であったという研究 (Gomes-Casseres 1987を引用) も参照のこと。
22. Kogut (1988) は、Honeywellと L. M. Ericssonの間の5カ年の関係を、それが解消したにもかかわらず、成功例として詳述している。(以下略)
23. 1993年に、アメリカで行われた基礎研究の半分以上を大学が占め、11%が大学のナショナルリサーチセンターで行われた。産業界においては、たった18%である。大学の基礎研究への投資が大学で実行されるリサーチ全体に占める割合は、1970年の77%から1993年は66%に減少したが、ナショナルリサーチセンターでの基礎研究への配分の割合は、同じ時期に36.5%から53.8%に上昇し、大学での減少を補う以上のものであった。産業において、全体の研究に占める基礎研究支出は、比較的一定であった:1970年には3.3%、1993年には、4.2%であった (National Science Board, National Science Foundation 1993, 333-34)。アメリカの大学が発行した特許は、1981年の434から1991年には1,306に増加した (Buderi 1993, 78ページ)。
24. Personal communication, Alex Laats, Technology Licensing Officer, Massachusetts Institute of Technology, 2 August 1994. Parker (1993) によると、たった25%のカリフォルニアとマサチューセッツの大学におけるライセンスが、大学にお金を戻したと報告されている。
25. 個人的な会見による、Alex Laats 1994。
26. Wyatt 1992.
27. Gibson and Rogers 1994.
28. Coy 他. 1994.
29. Link and Bauer 1989.
30. Pope 1994, B4.
31. Hamilton 1985を参照。
32. Harrigan 1985.
33. MacAvoy 1989.
34. Rosenbloom 1988.
35. "Technology Transfer's Master" 1977, 120ページを引用。
36. Granstrand 他. 1992.
37. Gibbons 1992.
38. Allen 1977.
39. 興味深く、潜在的に重要で、探求されていない問題とは、そのような自動化され、標的にされた探求が、ゲートキーパーの創造力、そして、結果として、組織全体のイノベーションに与える効果である。(以下略)
40. Doz 1988; Kanter 1983; Niederkofler 1991.
41. Doz 1988.
42. Pisano and Mang 1993, 125ページ。

44. Hogarth and Makridakis 1981, 120ページ。

45. Einhorn 1980.

46. Wheelwright and Clark 1992を参照。

47. Leonard-Barton, Wilson, and Doyle 1994において、このプロジェクトについて記述している。

48. 1970年代初め、サセックス大学は、新製品の市場での成功を導く要因を決定するための研究を実行した。（中略）Rothwell 他、1974を参照。

49. この情報は、エンジニア、中間マネジャー、R&D、マーケティング、製造部門のマネジャー、ゼネラル・マネジャーに向けたインタビューとアンケートの双方を通じて集められた。（以下略）

50. ユーザーのニーズを製品に反映させることについては、第7章で扱われている。

51. Sloan Foundationの基金による追跡研究で、調査対象を他の5企業（IBM、GE、GM-Delco、MotorolaとXerox）に拡大した。Bacon他、1994を参照。

## 【第6章】

1. Cohen and Levinthal 1990, 128ページ。

2. Cohen and Levinthal（1990）は、吸収能力（absorptive capacity）の語を造り出した。（以下略）

3. Clark 1994.

4. Gomes-Casseres 1993.

5. 供給同盟（supply alliances）における知識の波及の例は、製品開発者が購買する部品に体現された専門的技術を獲得するだけではなく、彼らが構成要素をプロダクト・デザインに統合するので、基礎となる科学について何かを学習する。positioning alliancesにおいて、販売とサービス人員は、パートナーの製品についてかなりの技術的詳細を学習するかもしれない。

6. Pryzbylowicz and Faulkner 1993, 32ページ。

7. McCullough 1987, 58ページ。

8. Leonard-Barton 1987b.

9. 第1章における2タイプのケイパビリティ間の区別を参照。

10. Pryzbylowicz and Faulkner 1993.

11. Kearns and Nadler 1992.

12. たとえば、GEがRCAを獲得した時、GEはSarnoff Laboratory to a nonprofit research concern, SRI Internationalに寄付した。（以下略）

13. 1980年から1991年の期間に、R&Dに対する連邦政府の支援は、年平均成長率で8.1%（1980～1985）から－1.7%（1986～1991）に減少し、産業界の支援は、約7.3%の成長から1.3%となった。それゆえ、この期間、アメリカのR&D支出は、外国に後れを取っていた（National Academy of Sciences, Nation-al Research Council 1992）。

14. Armstrong 1994, 10・11ページ。

15. 技術的イノベーションに関する文献は豊富にあり、ここでは概観できない。この議論は、特に次の文献による：Tushman and Anderson 1986（コンピテンスの向上または破壊について）；Foster 1982 and 1986（S字カーブについて）。

5. Kanter 1988; March 1978; Levitt and March 1988; Sitkin 1992; and Levinthal and March 1981を参照。(以下略)
6. Hamel and Prahalad 1989.(以下略)
7. Leonard-Barton and Pisano 1990, 1ページを引用。
8. Koenig 1990, 1ページ。
9. FDAがアメリカにおいて自由に投薬することを承認した時でさえ、酪農産業は戦い続けた。McFarling 1994を参照。
10. Murray and Leonard-Barton 1994.
11. Mahon 1982 and 1983を参照。
12. Badaracco 1979を参照。
13. 戦略的な即興は、「自律的な」戦略プロセスに類似している(Burgelman 1991)。(中略) また、ベンチャーのトップダウン対ボトムアップの擁護についての議論については、Day 1994を参照。
14. ベンチャーが、ハイコスト、ハイリスクであればあるほど、トップ・マネジメントにおいて、だれかがそれを擁護する必要がますます高まる。(Tushman and Romanelli 1985).
15. Kanter 1988.
16. Burgelman 1983と1994を参照。
17. このことは、HPのリーダーたちが、いつも機会を認識していると言っているのではない。Pinchot (1985) は、悲惨なCharles Houseの経験、すなわちHPでの電子レンズの擁護者であるイントプレナーの経験を挙げた。(以下略)
18. Hewlett-Packardの書類。
19. Vogel 1992.
20. Vogel 1992.
21. Andy Grove. Burgelman 1994. 38ページを引用。
22. Burns and Stalker 1961.
23. 最も知られているものの1つに、Kanter 1983がある。
24. Van de Ven and Polley 1992.
25. Sitkin 1992; Levinthal and March 1993.
26. Cleese 1988, 126ページ。
27. Sitkin (1992) は、聡明な (intelligent) 失敗の5つの特質を提示している。(以下略)
28. Schon (1967a) は、リスクと不確実性との間の区別を行っている。(以下略)
29. Leonard-Barton 1992b, 32ページを引用。
30. 例外は、個人、ビジネスの破産に対するアメリカ人の寛容性である。
31. Macfarlane 1984.
32. Chase 1993.
33. Stalk 1988.
34. Maidique and Zirger 1985, 299ページ。
35. Maidique and Zirger 1985, 306ページ。
36. (前略) Levinthal and March (1993) が、記述しているように、成功は探求心を減少させ、失敗はそれを増大させる。
37. 著者との個人的な会見による。1994年11月9日。
38. Dumaine 1993, 104ページ。
39. Schon and Wiggins 1992, 68ページ。
40. Schrage 1993, 63ページ。
41. Leonard-Barton 1987a.
42. Chew, Leonard-Barton, and Bohn 1991.
43. Leonard-Barton 1990.

を好む」と結論づけた（158ページ）。

**35**. 1993年12月10日のインタビュー。

**36**. 1994年9月6日のインタビュー。

**37**. 1989.

**38**. この点の議論については、Leonard-Barton 1991bとSchrage 1993を参照。

**39**. Star and Griesemer 1989, 393ページ。

**40**. Wheelwright and Clark 1992, 149ページ。

**41**. Schrage 1993, 57ページ。原書ではイタリック体。

**42**. Clark and Fujimoto 1990, 109ページ。

**43**. 製品コンセプトの役割についてのさらなる議論については、Leonard-Barton, Braithwaite, Bowen, Hanson, Titelbaum, and Preuss 1994を参照。

**44**. White and Suris 1993, 1ページ。

**45**. Clark and Fujimoto 1990, 113ページ。

**46**. Bowen, Clark, Holloway, Leonard-Barton, and Wheelwright 1994.

**47**. Leonard-Barton, Braithwaite, Bowen, Hanson, Titelbaum, and Preuss 1994.

## 【第4章】

**1**. 1993.

**2**. 相互的な適応（mutual adaptation）のプロセスは、Leonard-Barton（1988）による10のプロジェクトの研究で最初に記述された。

**3**. Coch and French 1948を参照。最近では、Locke and Schweiger 1979を参照。

**4**. この知識の分離と情報の「粘着性（stickiness）」によって生じる問題については、von Hippel 1994の議論を参照。

**5**. このケースでは、ソフトウエアの実行が、AlphaとBeta企業研究において検討されている2つの企業のうちの1つを含む; 第5章187ページを参照。

**6**. Doll and Torkzadeh 1989.

**7**. ユーザーの関与についての議論は、Leonard-Barton and Sinha 1993を参照。

**8**. Von Hippel（1994）は、ASIC（セミ・カスタマイズド・チップ） の創設における職業区分を詳述した。(以下略)

**9**. 組織のルーティンの解凍については、Lewin and Grabbe 1962を参照。

**10**. Keil 1992, 20ページ。

**11**. デザイン・ヒエラルキーの議論については、Clark 1985と第7章を参照。

**12**. Tyre and Orlikowski 1994.

**13**. （前略）仕事に関係した燃え尽きについての文献のレビューについては、Cordes and Dougherty 1993を参照。

**14**. Goldstein and Klein 1988.

## 【第5章】

**1**. Boeker（1989）は、戦略的変化が、新しい技術と環境の変化のプレッシャーからだけではなく、「組織内の支持者の関心の結果」としても生じることを指摘した（510ページ）。

**2**. この章は、技術実験をカバーしている。市場での実験の議論については、第7章を参照。

**3**. Hayes 1985; Hamel and Prahalad 1989; and Mintzberg 1990を参照。

**4**. この状況は、大きなソフトウエア・プログラムをつくり出す際の伝統的な実践に類似している。(以下略)

ジ。

5. Simon 1969; Howard 1987; Rumelhart 1980.

6. Allen and Marquis 1965.

7. Schon 1967a.

8. Schein 1990を参照。

9. 論者たちは、新しい技術の「デスキリング」効果 すなわち、人間のスキルが技術システムに体現される程度について、長い間議論してきた。(以下略)

10. 変化への抵抗や採用は、もちろん、他の要素にも依存し、変化が導入される方法と個人の一般的な自尊心を含んでいる。しかし、自尊心は署名スキルに少なくても一部は、基礎がおかれているかもしれない。そのため、2つは相互依存している。

11. Van Maanen and Barley (1984) は、「職業上のコミュニティ」について述べている。(以下略)

12. 1990 (377〜379ページを参照)。

13. Cox and Roberts 1994, A-1を引用。

14. Cox and Roberts 1994, A-1を引用。

15. Schein 1987を参照。

16. Leonard-Barton 1987a.

17. 各部の「思考世界」によって刺激される新製品の開発における、ディシプリンを超えたコミュニケーションの問題については、Dougherty 1992を参照。

18. Christensen and Leonard-Barton 1990, 4ページ。

19. Kodama (児玉) は、Fanucが機械の製造者から、機械ツールのためのコンピュータ化された数値制御において世界のリーダーとなったことを、企業が機械における専門的技術を電子工学と人材開発と成功裏に融合した例として指摘した。(以下略)

20. Coy 他. 1994.

21. Gross 1992または、Bowonder and Miyake 1994を参照。

22. Hof 1993, 73ページを引用。

23. Keirsey and Bates 1978, 17ページ。原書では、イタリック体。

24. Keirsey and Bates 1978, 18〜19ページ。

25. 発明プロセスについて、Weber and Perkins (1992) は以下のように記述している。(以下略)

26. 1994年2月28日のインタビュー。

27. 1994年11月16日のインタビュー。

28. Hampden-Turner 1981. しかし、左脳と右脳の活動についての記述は、生理学的に精密であるというよりは、隠喩的であることに気をつけたい。

29. Leonard-Barton 1985.

30. Granstrand 他 (1992) は、3つの製品ライン (携帯電話、光ファイバーシステム、冷蔵庫) の研究で、以下のことを発見した。(以下略)

31. Iansiti 1993, 139ページ。

32. 1つのかなり長年にわたる例外は、システム・エンジニアリングの職である。(以下略)

33. Allen (1977) は、以下のように主張する。(以下略)

34. 多くの異なるデモグラフィックにおけるテストに基づいて、Myers with Myers (1980) は、感覚づけ (sensing) を好む人々は、「彼らに一定の事実の流れを扱わせる職業に引きつけられる。一方、直観は彼らが可能性を見ている状況

**28**. Levitt and March 1988, 322ページ。
**29**. Cohen and Levinthal 1990.
**30**. Wrubel 1992, 50ページ。
**31**. Benioff and Rosenbloom 1990.
**32**. Replogle 1988.
**33**.スピーディな製品の変化が，顧客の不利益を構成しているさまざまな状況の議論については、Dhebar 1994を参照。
**34**.不連続性の実証研究については、Tushman and Anderson 1986を参照。
**35**. Loomis 1993.
**36**. Loomis 1993, 39ページを引用。
**37**. Martin 1975.
**38**. Rosenbloom（1988）は、1960年代においてさえ、Daytonでは、R&Dは機械工学的な機械が優勢であったと指摘している。
**39**. Anderson with Truax 1991, 174ページ。
**40**. Anderson with Truax 1991, 186ページ。
**41**. Anderson with Truax 1991, 206〜208ページ。
**42**. Anderson with Truax 1991, 204ページ。
**43**. Anderson with Truax 1991, 183ページを引用。
**44**. Anderson with Truax 1991, 198ページ。
**45**. Anderson with Truax 1991, 176ページ。
**46**. 磁気コア記憶装置を発明したWhirlwindプロジェクトについては、第6章を参照。
**47**. Anderson with Truax 1991, 199ページ。
**48**. Schumpeter 1942.
**49**. Lohr 1994の1ページを引用。
**50**. Holusha 1994のD1を引用。
**51**. Kehoe 1992の30ページを引用。
**52**. Cafasso 1994の8ページを引用。
**53**. Cohen and Levinthal 1990.
**54**. Chew, Leonard-Barton, and Bohn 1991.
**55**. Ohmae 1989.
**56**. Leonard-Barton 1992a; Leonard-Barton, Braithwaite, Bowan, Hanson, Titelbaum, and Preuss 1994.
**57**. Wilke 1991のB4を引用。
**58**. Zachary 1993.
**59**. Wilke 1992.
**60**. Rogers and Larsen 1984を参照。
**61**. Von Hippel 1987, 293ページ。
**62**. Kimberly 1987.
**63**. Anderson with Truax 1991, 261ページ。
**64**. Sherrid 1983, 45ページ。
**65**. Grady 1992.
**66**. McClelland, Joseph, and Bolander 1993.
**67**. Ohmae 1989, 129ページ。
**68**. Morone 1993.

## 【第3章】

**1**. Cyert and March（1963）は、人々が過去の経験に基づいて自分の問題を定義するする際、問題解決において不確実で局所的な探索を行うことを詳述した。
**2**. Duncker 1945.
**3**. Birch and Rabinowitz 1951; Adamson 1952.
**4**. Birch and Rabinowitz 1951, 125ペー

る科学（logy）の両方を意味する。

**31**. Iansiti 1993.

**32**.どのように、暗黙的で、適応の際に特殊な知識のロスが、技術システムをたんに無駄なものにするかという辛辣な例は、30年にもわたる宇宙旅行で集められたデータである。たとえば、火星へのヴァイキング旅行からの3000以上のイメージは、処理されなかった。データ・エントリー手続き（したがって、アクセスへのカギを含む）を記述したNASAの書類は、技術的ジャーゴンで書かれていたため、多くの人は理解できず、解読する試みが行われたのは20年後のことであった（Blakeslee 1990を参照）。

**33**. Hopper 1990, 118ページ。

**34**. Bowen他1994を参照。

**35**. Kimberly 1987.

**36**. Schein 1984, 4ページ。（以下略）

**37**. Aguilar and Bhambri 1983を参照。

**38**. Hewlett-Packardのはからいによる文献より。

**39**. Barney 1986.

**40**. 一般的な悪循環と好循環については、Wender 1968を参照。

**41**. Brown 1992, 25ページ。

**42**. Thiessen 1965.

**43**. Slutsker 1989.

## 【第２章】

**1**. この用語は、Leonard-Barton（1992a）によってつくられた。しかしながら、他の学者たちたちも、同様の現象を議論してきた。Levinthal and March（1993）は、コンピタンスの罠を議論した。個人レベルにけるコンピタンスの罠についての議論は、Argyris 1993を参照。

**2**. Loomis 1993, 40ページを引用。

**3**. Loomis 1993, 39ページを引用。原書ではイタリック体。

**4**. Mike Dore, Hays 1994, 8.を引用。

**5**. Wilke 1991のB4を引用。

**6**. Ohmae 1989, 126, 129ページ。

**7**. Clark and Fujimoto 1991, 95ページ。

**8**. Fujimoto 1994b, 50ページ。

**9**. Fujimoto 1994b, 50ページ。

**10**. Wheelwright and Clark 1992.

**11**. Ellison, Clark, Fujimoto and Hyun 1995.

**12**. Fujimoto 1994a, 21ページ。

**13**. Clark and Fujimoto 1994, 304ページ。

**14**. Fujimoto 1994a, 21ページ。

**15**. Clark and Fujimoto 1994.

**16**. Miller 1990, 3ページ。

**17**. Day 1994.

**18**. Arrow 1962 and Breshnahan 1985を参照。

**19**. Pfeffer 1981を参照。

**20**. Morison 1966.

**21**. Nelson and Winter 1982; Dougherty 1992; Day Forthcoming.

**22**. Boeker 1989.

**23**. Graham 1986.

**24**. Hannan and Freeman 1977; DiMaggio and Powell 1983.

**25**. Levinson with Hass 1994.

**26**. 不注意さ（mindlessness）のトピックについては、Langer 1989、そして、Sitkin 1992を参照。

**27**. Christensen 1990を参照。

として考えられ（Duncan and Weiss 1979）、知識創出の動機を引き出すことになるかもしれない。ItamiとRoehl（1987）は、組織の現状に挑戦するために創造された「オーバーエクステンション（overextensions）」と「ダイナミック・インバランス（dynamic imbalances）」が、最も成功した日本の製造企業を特徴づけていると論じている。

**11**．ここで提案されたそれぞれの活動は、学習する組織の特徴として定義されている。（1）問題の規定と解決（たとえば、Hutchins 1991）、（2）内部情報の統合（たとえば、Duncan and Weiss 1979）、（3）実験（たとえば、Bohn 1988）、そして（4）外部情報の入手と活用（たとえば、Huber 1991）。

**12**．（中略）日本のトップ企業における知識創造の研究から、Nonaka（1992）は、「組織のすべてのメンバーが、問題を出し、その解決策を提案すべきである」と結論している（44ページ）。

**13**．「最終品に近い形」（Near net-shape）とは、赤熱の金属を最終製品の形に近づけるよう形づくるための鋳型を通して、スチールを注ぐことである。スチールをnear net-shapeに鋳造することによって、スチールをローラーにかけなければならない時間数を減らす。

**14**．非常に相似した哲学は、Basadur（1992）によって、日本の4つの企業で確認された。（以下略）

**15**. Von Glinow（1985）は、高度なスキルを持つ者を引きつけ、保持するための最も効果的な報酬システムは、「統合された文化」であると主張している。（以下略）

**16**. Dumaine 1992, 88ページを引用。

**17**. Snow and Hrebiniak 1980; Hitt and Ireland 1985; Prahalad and Hamel 1990; Hayes, Wheelwright, and Clark 1988; Pavitt 1991; Hofer and Schendel 1978; Itami with Roehl 1987を参照。

**18**. 1974.

**19**. Hayes 1985, 118ページ。

**20**. Hayes 1985; Quinn 1980.

**21**. Mintzberg 1990.

**22**. Stonham 1993, 152ページを引用。

**23**. Schumpeter 1942.

**24**. Henderson and Clark 1990.

**25**. Prahalad and Hamel（1990）の主張による。

**26**. Hof 1993, 72-75ページの随所に。

**27**.コンサルタントのStalk, Evans, and Shulman（1992）は、Prahalad and Hamel（1990）の言うコンピテンスとケイパビリティとの区別を行った。（中略）私は、この文献におけるコンピタンスとケイパビリティ両方の定義が不完全であること感じている。知識マネジメントの全システムは、コア・ケイパビリティであり、技術的な知識でも、ビジネス・プロセスのみのどちらでもない。

**28**. Leonard-Barton 1992aと1992bを参照。

**29**. たとえば、Teece, Pisano, and Shuen 1990を参照。

**30**. Nelson（1982, 467）が記したように、合成語である技術（technology）とは，情報が個人的に保有される傾向にあるテクニック（tech）と公共財であ

# 注

## 【第1章】

1. Hamelは、コア・コンピタンス（ケイパビリティ）を規定する3つの重要なコンセプトを定義している。もし、その能力が、（1）「顧客の利益」に基づいて説明できないならば、それはコアではない。そのようなコンピタンスを規定することは、現行の活動を列挙する問題ではなくて、（2）競争優位性を創造的に考察するという問題なのである。いったん企業がコア・コンピタンスを規定すれば、マネジャーはそこに立ち戻り、（3）そのコンピタンスを構成する個々のスキルと技術を明確に定義する必要がある（Stonham 1993）。

2. Pryzbylowicz and Faulkner（1993）は、銀ハロゲン化物に関するコダックの幅広い知識、すなわちそのような材料がさまざまな領域のスペクトルに感光性を与える技術を、コア・ケイパビリティとして注目する。（以下略）

3. もちろん、学習すべてが、生産性と向上を促進するわけではない。たとえば、組織にいる人々は、事実を隠すこと、意思決定を避けること、顧客だますことを学ぶことができる。しかしながら、ここで、我々は、継続的に知識を蓄積し、積極的に学ぶことで組織メンバー間のよりよいコミュニケーション、改善された組織パフォーマンスに結びつけることに興味がある。私は、もし「その情報処理を通じて、組織の潜在的行動の幅が変化するならば」、学習が起こると仮定する（Huber 1991, 89ページ）。（以下略）

4. この章におけるChaparral Steelの説明は、主にLeonard-Barton 1991aに基づいている。

5. Argyris and Schon 1978.

6. このテーマについての多くの文献に現れているが、それらは、組織学習（organizational learning）が、個人の学習を集めたもの以上のものであることが強調されている（たとえば、Hedberg 1981を参照）。

7. Senge（1990）は、成功しているリーダーは、システム思考の持ち主であり、「物事そのものではなくその相互関係、各断片ではなくプロセス」を見ることができると説得的に論じている（15ページ）。（以下略）

8. 学者たちは、「学習が生じるには、ある一定量のストレスが必要」（Fiol and Lyles 1985）であり、複雑で不確実な環境は、分権化された横のつながりを持つ組織が必要であると理論化している（Duncan and Weiss 1979）。

9. Kantrow 1986, 96～97ページ。

10. 学習への刺激として、このように目標を拡張することの効用は、他の研究者たちによっても示唆されている。そのような目標は、「パフォーマンス・ギャップ」

They Work? And Who Will Buy Them?" *Business Week*, 30 May, 104-14.
●Wrubel, Robert. 1992. "The Ghost of Andy Carnegie?" *Financial World*, 1 September, 50.
●Wyatt, Edward A. 1992. "Another Breathtaking Breakthrough: U. S. Alcohol Stirs the Speculative Juices." *Barron's* 72 (10 February): 27-28, 37-38.
●Yates, JoAnne. 1989. *Control through Communication: The Rise of System in American Management*. Baltimore: Johns Hopkins University Press.
●Yates, JoAnne. 1990. "For the Record: The Embodiment of Organizational Memory, 1850-1920." In *Business and Economic History*, edited by William J. Hausman, 172-82. Vol. 19. Williamsburg, Va.: Business History Conference, College of William and Mary.
●Zachary, G. Pascal. 1993. "Climbing the Peak: Agony and Ecstasy of 200 Code Writers Beget Windows NT." *Asian Wall Street Journal*, 27 May, 1, 24.
●Zahra, Shaker A., and Diane Ellor. 1993. "Accelerating New Product Development and Successful Market Introduction." *SAM Advanced Management Journal* 58 (January): 9-15.
●Zaltman, Gerald, and Robin A. Higie. 1993. "Seeing the Voice of the Customer: The Zaltman Metaphor Elicitation Technique." Report 93-114. Cambridge, Mass.: Marketing Science Institute.
●Zhao, Liming, and Arnold Reisman. 1992. "Toward Meta Research on Technology Transfer." *IEEE Transactions on Engineering Management* 39 (1): 13-21.

*Review* 32 (1); 49-58.
●Von Glinow, Mary Ann. 1985. "Reward Strategies for Attracting, Evaluating and Retaining Professionals." *Human Resource Management* 24 (2): 191-206.
●Von Hippel, Eric. 1986. "Lead Users: A Source of Novel Product Concepts." *Management Science* 32 (July): 791-805.
●Von Hippel, Eric. 1987. "Cooperation between Rivals: Informal Know-How Trading." *Research Policy* 16:291-302.
●Von Hippel, Eric. 1988. *The Sources of Innovation*, New York: Oxford University Press. (「イノベーションの源泉―真のイノベーターはだれか」ダイヤモンド社、1991年)
●Von Hippel, Eric. 1994. "'Sticky Information' and the Locus of Problem Solving: Implications for Innovation." *Management Science* 40 (4): 429-39.
●Wallace, James, and Jim Erickson. 1992. *Hard Drive*. New York: Wiley.
●Weber, Joseph. 1989. "Going over the Lab Wall in Search of New Ideas." *Business Week*, special issue, 132.
●Weber, Robert J., and David N. Perkins. 1992. *Inventive Minds: Creativity in Technology*. New York: Oxford University Press.
●Weitzman, Martin L., and Douglas L. Kruse. 1990. "Profit Sharing and Productivity." In *Paying for Productivity*, edited by Alan S. Blinder, 139. Washington, D. C.: The Brookings Institution.
●Welch, Lawrence S. 1985. "The International Marketing of Technology: An Interaction Perspective." *International Marketing Review* 2 (spring): 41-53.
●Wender, Paul H. 1968. "Vicious and Virtuous Circles: The Role of Deviation Amplifying Feedback in the Origin and Perpetuation of Behavior." *Psychiatry* 31:309-24.
● "What Makes Yoshio Invent." 1991. *The Economist*, 12 January, 61.
●Wheelwright, Steven, and Kim Clark. 1992. "Creating Project Plans to Focus Product Development." *Harvard Business Review*, March-April, 70-82. (「派生・革新・基盤・探索研究の分類で、開発プロジェクトの優先順位を決める　プロジェクト・マッピング法」DIAMONDハーバード・ビジネス・レビュー、1992年7月号)
●Wheelwright, Steven C., and Kim B. Clark. 1992. *Revolutionizing Product Development: Quantum Leaps in Speed, Efficiency, and Quality*. New York: Free Press.
●White, Joseph B., and Oscar Suris. 1993. "New Pony: How a 'Skunk Works' Kept Mustang Alive—On a Tight Budget." *Wall Street Journal*, 21 September, 1, 12.
●Wiegner, Kathleen K. 1990. "Good-bye to the HP Way?" *Forbes*, 26 November, 36-37.
●Wilke, John R. 1991. "Digital Equipment Inching Forward in Uneasy Search for Olsen's Successor." *Wall Street Journal*, 4 November, 1, B4.
●Wilke, John R. 1992. "Digital's Offer to Employees Proves Popular." *Wall Street Journal*, 1 June, B6.
●Wind, Yoram, and Vijay Mahajan. 1988. "New Product Development: A Perspective for Re-examination." *Journal of Production Innovation Management* 5 (4): 304-10.
●Woodruff, David, with Larry Armstrong and John Carey. 1994. "Electric Cars: Will

Strategic Partnering and Licensing Decisions." *Interfaces* 18 (May-June): 46-61.
●Teece, David J. 1989. "Inter-organizational Requirements of the Innovation Process." *Managerial and Decision Economics* 1-2:35-42.
●Teece, David J., Gary Pisano, and Amy Shuen. 1990. "Dynamic Capabilities and Strategic Management." Working Paper 90-8, Consortium on Competitiveness and Cooperation, Center for Research in Management, University of California at Berkeley.
●Thiessen, Arthur E. 1965. *A History of the General Radio Company.* West Concord, Mass.: General Radio Company.
●Thill, George, and Dorothy Leonard-Barton. 1993. "Hewlett-Packard: Singapore (A),""Hewlett-Packard: Singapore (B)," and "Hewlett-Packard: Singapore (C)." Cases 694-035, 694-036, and 694-037, Harvard Business School, Boston.
●Thunman, Carl G. 1988. *Technology Licensing to Distant Markets: Interaction between Swedish and Indian Firms.* Stockholm: Amnqvist & Wiksell International.
●Tichy, Noel, and Ram Charan. 1989. "Speed, Simplicity, Self-Confidence: An Interview with Jack Welch." *Harvard Business Review* 67 (September-October): 112-20. (「ＨＢＲ対訳シリーズ（28） ＧＥ会長ジャック・ウェルチが語る経営革新の原理 スピード・簡素・自信」DIAMONDハーバード・ビジネス・レビュー、1990年1月号)
●Tushman, Michael, and Philip Anderson. 1986. "Technological Discontinuities and Organizational Environments." *Administrative Science Quarterly* 31:439-65.
●Tushman, Michael, and Elaine Romanelli. 1985. "Organizational Evolution: A Metamorphosis Model of Convergence and Reorientation." In *Research in Organizational Behavior,* edited by Barry Staw and Larry L. Cummings, 171-222. Vol. 7, Greenwich, Conn.: JAI Press.
●Tyre, Marcie J., and Wanda J. Orlikowski. 1994. "Windows of Opportunity: Temporal Patterns of Technological Adaptation in Organizations." *Organization Science* 5 (1): 98-118.
●Urrows, Elizabeth, and Henry Urrows. 1986. "Campbell Soup Company." *PC Week,* 3:57.
●Utterback, James. 1994. *Mastering the Dynamics of Innovation.* Boston: Harvard Business School Press.（「イノベーション・ダイナミクス」有斐閣、1998年）
●Van Andel, Pek. 1992. "Serendipity: 'Expect also the Unexpected.'" *Creativity and Innovation Management* 1 (March): 20-32.
●Van de Ven, Andrew, and Douglas Polley. 1992. "Learning while Innovating." *Organization Science* 3 (February): 92-116.
●Van Maanen, John, and Stephen R. Barley. 1984. "Occupational Communities: Culture and Control in Organizations." *Research in Organizational Behavior,* edited by Barry Staw and Larry L. Cummings, 287-365. Vol.6. Greenwich, Conn.: JAI Press.
●Virany, Beverly, Michael L. Tushman, and Elaine Romanelli. 1992. "Executive Succession and Organization Outcomes in Turbulent Environments: An Organization Learning Approach." *Organization Science* 3 (1): 72-91.
●Vogel, Carl. 1992. "30 Products That Changed Our Lives." *R&D* 34 (11): 42.
●Von Braun, Christoph-Friedrich. 1990. "The Acceleration Trap." *Sloan Management*

●Sitkin, Sim B. 1992. "Learning through Failure: The Strategy of Small Losses." In *Research in Organizational Behavior*, edited by B. M. Staw and L. L. Cummings, 231-66. Vol.14. Greenwich, Conn.: JAI Press.
●Slater, Michael, and Linley Gwennap. 1992. "EO Announces First Personal Communicator." *Microprocessor Report* 12:12-16.
●Slutsker, Gary. 1989. "To Catch a Particle." *Forbes*, 23 January, 88-89.
●Snow, Charles C., and Lawrence G. Hrebiniak. 1980. "Strategy, Distinctive Competence, and Organizational Performance." *Administrative Science Quarterly* 25:317-35.
●Souder, William. 1987. *Managing New Product Innovations*. Lexington, Mass.: Lexington Books.
●Springer, Sally P., and Georg Deutsch. 1981. *Left Brain, Right Brain*. San Francisco: Freeman.（「左の脳と右の脳」医学書院、1985年）
●Stalk, George, Philip Evans, and Lawrence E. Shulman. 1992. "Competing on Capabilities: The New Rules of Corporate Strategy." *Harvard Business Review*, March-April, 57-69. (「ウォルマートの流通業界制覇の秘密　戦略行動能力に基づく競争戦略」DIAMONDハーバード・ビジネス・レビュー、1992年7月号)
●Stalk, George, Jr. 1988. "Time—The Next Source of Competitive Advantage." *Harvard Business Review*, July-August, 41-51. (「ＦＭＳ時代の競争優位の源泉　時間を武器とする競争戦略」DIAMONDハーバード・ビジネス・レビュー、1988年11月号)
●Star, Susan Leigh, and James R. Griesemer. 1989. "Institutional Ecology, 'Translations' and Boundary Objects: Amateurs and Professionals in Berkeley's Museum of Vertebrate Zoology, 1907-39." *Social Studies of Science* 19:387-420.
●Starbuck, William H. 1983. "Organizations as Action Generators." *American Sociological Review* 48:91-102.
●Stefflre, Volney. 1965. "Simulation of People's Behavior toward New Objects and Events." *American Behavioral Scientist* 8:12-16.
●Stonham, Paul. 1993. "The Future of Strategy: An Interview with Gary Hamel." *European Management Journal* 11 (June): 150-57.
●Sun, Lin. 1990. "China Follows the Long Road to Telecom Growth." *Telephony*, 28 May: 22-30.
●Suris, Oscar. 1994. "Californians Collide with Folks in Detroit over the Electric Car." *Wall Street Journal*, 24 January, A1.
●Sviokla, John. 1990. "An Examination of the Impacts of an Expert System on the Firm: The Case of XCON." *Management Information Systems Quarterly* 14 (June): 127-40.
●Sykes, Hollister B. 1986. "The Anatomy of a Corporate Venturing Program: Factors Influencing Success." *Journal of Business Venturing* 1 (3): 275-93.
● "Technology Transfer's Master." 1977. *Business Week*, 10 October, 120-24.
●Teece, David J. 1977. "Technology Transfer by Multinational Firms: The Resource Cost of Transferring Technological Know-How." *The Economic Journal* 87:242-61.
●Teece, David J. 1988. "Capturing Value from Technological Innovation: Integration,

●Schein, Edgar. 1984. "Coming to a New Awareness of Organizational Culture." *Sloan Management Review* 25 (winter): 3-16.
●Schein, Edgar. 1987. "Career Anchors: Discovering Your Real Values." Available from University Associates, Inc., 8517 Production Avenue, San Diego, Calif. 92121.
●Schein, Edgar. 1990. *Organizational Culture and Leadership*. San Francisco: Jossey-Bass.
●Schon, Donald A. 1967a. "The Fear of Innovation." In *Uncertainty in Research, Management and New Product Development*, edited by Raymond M. Hainer, Sherman Kingsbury, and David B. Gleicher, 11-25. New York: Reinhold Publishing Corp.
●Schon, Donald A. 1967b. *Technology and Change: The New Heraclitus*. New York: Delacorte Press.
●Schon, Donald A., and Glenn Wiggins. 1992. "Kinds of Seeing in Designing." *Creativity and Innovation Management* 1 (2): 68-74.
●Schrage, Michael. 1993. "The Culture(s) of Prototyping." *Design Management Journal* 4 (1): 55-65.
●Schumpeter, Joseph A. 1942. *Capitalism, Socialism, and Democracy*. New York: Harper. Reprint edition, London: Unwin Paperbacks, 1987.
●Schwartz, Peter. 1991. *The Art of the Long View: Planning for the Future in an Uncertain World*. New York: Doubleday Currency.
●Sen, Falguni, and Albert Rubenstein. 1989. "External Technology and In-House R&D Facilitative Role." *Journal of Product Innovation Management* 6 (2): 123-38.
●Senge, Peter. 1990. "The Leader's New Work: Building Learning Organizations." *Sloan Management Review* 32 (1): 7-23.
●Serafin, Raymond. 1993. "The Information Accelerator and Me." *Advertising Age*, 22 March, 47.
●Shahrokhi, Manuchehr. 1987. *Reverse Licensing: International Transfer of Technology to the United States*. New York: Praeger.
●Shapiro, James, Jack Behrmann, William Fischer, and Simon Powell. 1991. *Direct Investment and Joint Ventures in China*. New York: Quorum Books.
●Shaw, Stephen M., and Johannes Meier. 1993. "'Second Generation' MNCs in China." *McKinsey Quarterly* 4:3-16.
●Sheridan, Thomas B. 1980. "Computer Control and Human Alienation." *Technology Review* (October): 61-73.
●Sherrid, Pamela. 1983. "Breaking away from the Bunch." *Forbes*, 5 December, 45.
●Shiba, Shoji, Richard Lynch, Ira Moskowitz, and John Sheridan. 1991. *Step by Step KJ Method*. CQM document no. 2. Wilmington, Mass.: Center for Quality Management, Analog Devices.
●Simon, Herbert A. 1969. *The Sciences of the Artificial*. Cambridge, Mass.: MIT Press.(「システムの科学」パーソナルメディア、第3版・1999年)
● "Sino-U. S. Joint Venture Develops New Product." 1993. *Xinhua General Overseas News Service*, 23 November.

●Quinn, Brian. 1980. *Strategies for Change: Logical Incrementalism.* Homewood, Ill.: Irwin.
●Radtke, M., N. D. Fast, and J. Paap. 1987. *Corporate Partnering in the 1980s. Venture Intelligence Focus Report.* Wellesley Hills, Mass.: Venture Economics.
●Redmond, kent C., and Thomas M. Smith. 1977. "Lessons from 'Project Whirlwind.'" *IEEE Spectrum* 14 (October): 50-59.
●Reich, Robert B., and Eric D. Mankin. 1986. "Joint Ventures with Japan Give Away Our Future." *Harvard Business Review*, March-April, 78-86. (「ハイテク分野では日本が生産工程を掌中に　米国の将来を譲り渡す対日ジョイントベンチャー」DIAMONDハーバード・ビジネス・レビュー、1986年7月号)
●Reidenbach, Eric R., and Sharon Grimes. 1984. "How Concept Knowledge Affects Concept Evaluation." *Journal of Product Innovation Management* 4:255-66.
●Remer, Theodore G., ed. 1965. *Serendipity and the Three Princes.* From Peregrinaggio of 1557. Norman: University of Oklahoma Press.
●Replogle, Douglas. 1988. "Guidelines for a Product Technology Strategy." *Planning Review* 16 (November-December): 12-18.
●Roberts, Edward B. 1980. "New Ventures for Corporate Growth." *Harvard Business Review*, July-August, 134-42. (「新ベンチャー戦略により企業成長機会の開拓」DIAMONDハーバード・ビジネス・レビュー、1980年12月号)
●Roberts, Edward B., and R. Mizouchi. 1989. "Inter-firm Collaboration: The Case of Japanese Biotechnology." *International Journal of Technology Management* 4 (1): 43-61.
●Rock, Stuart. 1990. "VolksChairman." *Director* (October): 69-72.
●Rogers, Everett M. 1983. *Diffusion of Innovations.* New York: Free Press. (「イノベーション普及学」産能大学出版部、1990年)
●Rogers, Everett M., and Judith K. Larsen. 1984. *Silicon Valley Fever.* New York: Basic Books. (「シリコン・バレー・フィーバー」講談社、1984年)
●Rosenbloom, Richard S. 1988. "From Gears to Chips." Presentation to the Business History Seminar: Technology, the Workplace, and Competition, 1880-1988, 15 February, at Harvard Business School, Boston.
●Rothwell, Roy, Christopher Freeman, A. Horsley, V. T. P. Jervis, A. B. Robertson, and J. Townsend. 1974. "SAPPHO Updated—Project SAPPHO Phase II." *Research Policy* 3:258-91.
●Rumelhart, D. E. 1980. "Schemata: The Building Blocks of Cognition." In *Theoretical Issues in Reading Comprehension*, edited by R. J. Spiro, B. C. Bruce, and W. F. Brewer, 33-58. Hillsdale, N. J.: Erlbaum.
●Rumelt, Richard. 1974. *Strategy, Structure, and Economic Performance.* Boston: Harvard Business School Press. Reprint edition, Harvard Business School Classics, Boston: Harvard Business School Press, 1986.
●Sagawa, Paul, and Dorothy Leonard-Barton. 1990. "The Carnegie Group." Case 690-033, Harvard Business School, Boston.

Process." Paper presented at Technology Strategies in the Nineties conference, 21 May, Rome.
●O'Brian, Bridget. 1993. "Hot Suitcase Brings Success—and Stress." *Wall Street Journal*, 27 September, B1.
●Ohmae, Kenichi. 1989. "Companyism and Do More Better." *Harvard Business Review*, January-February, 125-32.
●Olleros, Francisco-Javier. 1986. "Emerging Industries and the Burn-out of Pioneers." *Journal of Product Innovation Management* 3 (March): 5-18.
●Parker, Douglas D. 1993. "University Technology Transfers: Impacts on Local and US Economies." *Contemporary Policy Issues* 11 (April): 87-99.
●Pavitt, Keith. 1991. "Key Characteristics of the Large Innovating Firm." *British Journal of Management* 2:41-50.
●Peters, Tom. 1992. "Rethinking Scale." *California Management Review* 35 (1): 7-29.
●Pettigrew, Andrew. 1979. "On Studying Organizational Cultures." *Administrative Science Quarterly* 24:570-81.
●Pfeffer, Jeffery. 1981. "Management as Symbolic Action: The Creation and Maintenance of Organizational Paradigms." *Research in Organizational Behavior* 3:1-52.
●Pinchot, Gifford. III. 1985. *Intrapreneuring*. New York: Harper & Row.
●Pisano, Gary P., and Paul Y. Mang. 1993. "Collaborative Product Development and the Market for Know-How: Strategies and Structures in the Biotechnology Industry." In *Research on Technological Innovation, Management and Policy*, edited by Robert A. Burgelman and Richard S. Rosenbloom, 109-36. Greenwich, Conn.: JAI Press.
●Pitta, Julie. 1993. "It Had to Be Done and We Did It." *Forbes*, 26 April, 148-52.
●Plato. 1892. *The Dialogues of Plato*. Translated by B. Jowett. New York: Macmillan Company. Copyright renewed by Oxford University Press, 1920.
● "Plugged In." 1993. *Business China*, 31 May, 5-6.
●Polanyi, Michael. 1967. *The Tacit Dimension*. New York: Doubleday.（「暗黙知の次元—言語から非言語へ」紀伊國屋書店、1980年）
●Pope, Kyle. 1994. "Staid EDS Cuts Loose with Interactive Multimedia Push." *Wall Street Journal*, 25 March, B4.
●Power, Christopher. 1992. "Will It Sell in Podunk? Hard to Say." *Business Week*, 10 August, 46-47.
●Prahalad, C. K., and Gary Hamel. 1990. "The Core Competence of the Corporation." *Harvard Business Review*, May-June, 79-91. (「競争力分析と戦略的組織構造による　コア競争力の発見と開発」DIAMONDハーバード・ビジネス・レビュー、1990年9月号)
●Preuss, Gil, Dorothy Leonard-Barton, Marco Iansiti, and David Gibson. 1991. "MCC: The Packaging and Interconnect Program." Case 692-020, Harvard Business School, Boston.
●Pryzbylowicz, Edward P., and Terrence W. Faulkner. 1993. "Kodak Applies Strategic Intent to the Management of Technology." *Research-Technology Management* 36 (January-February): 31-38.

Emergent." *Strategic Management Journal* 6:257-72.
●Mirvis, Philip H., and Mitchell Lee Marks. 1992. "The Human Side of Merger Planning: Assessing and Analyzing 'Fit.'" *Human Resource Planning* 15 (3):69-92.
●Mitchell, G. R., and W. F. Hamilton. 1988. "Managing R&D as a Strategic Option." *Research Technology Management* 31 (May-June): 15-22.
●Moore, William L. 1982. "Concept Testing." *Journal of Business Research* 10:279-94.
●Morehead, John W. 1984. "Advantages of New Product Search." *Les Nouvelles* 19 (June): 100-2.
●Morgan, Gareth, and Rafael Ramirez. 1983. "Action Learning: A Holographic Metaphor for Guiding Social Change." *Human Relations* 37 (1): 1-28.
●Morison, Elting E. 1966. *Men, Machines and Modern Times*. Cambridge, Mass.: MIT Press.
●Morone, Joseph G. 1993. *Winning in High-Tech Markets: The Role of General Management*. Boston: Harvard Business School Press.
●Morton, J. A. 1971. *Organizing for Innovation: A Systems Approach to Technical Management*. New York: McGraw-Hill.
●Mowery, David C., and Nathan Rosenberg. 1991. *Technology and the Pursuit of Economic Growth*. Cambridge, England: Cambridge University Press.
●Murray, Kenneth L., and Dorothy Leonard-Barton. 1994. "Monsanto's March into Biotechnology (C)." Case 694-061, Harvard Business School, Boston.
●Myers, David G. 1987. *Social Psychology*. New York: McGraw-Hill.
●Myers, Isabel Briggs, with Peter B. Myers. 1980. *Gifts Differing*. Palo Alto, Calif.: Consulting Psychologists Press.
●National Academy of Sciences, National Research Council. 1992. Academy Industry Program, "Corporate Restructuring and Industrial Research and Development." Washington, D. C.: National Science Board Committee on Industrial Support for R&D, the Competitive Strength of U. S. Industrial Science and Technology: Strategic Issues (August).
●National Science Board, National Science Foundation. 1993. "Science and Engineering Indicators." Washington, D. C.: U. S. Government Printing Office.
●Nelson, Kelly. 1992. "A High Tech Success." *China Business Review* 19 (January-February): 36-38.
●Nelson, Richard, and Sidney Winter. 1982. *An Evolutionary Theory of Economic Change*. Cambridge, Mass.: Harvard University Press.
●Nelson, Richard R. 1982. "The Role of Knowledge in R&D Efficiency." *Quarterly Journal of Economics* 97 (August): 453-70.
● "Networking: Sourcing Goods and Parts." 1993. *Business China* 19 (5 April): 3-4.
●Niederkofler, Martin. 1991. "The Evolution of Strategic Alliances: Opportunities for Managerial Influence." *Journal of Business Venturing* 6:237-57.
●Nonaka, Ikujiro. 1992. "Managing Innovation as an Organizational Knowledge Creation

●MacMillan, Ian, Mary Lynn McCaffery, and Gilles Van Wijk. 1986. "Competitors' Responses to Easily Imitated New Products—Exploring Commercial Banking Product Introductions." *Strategic Management Journal* 6:75-86.
●Madeuf, B. 1984. "International Technology Transfers and International Technology Payments: Definitions, Measurement and Firms' Behavior." *Research Policy* 13 (3):124-40.
●Mahon, John F. 1982. "A Note on the Chemical Industry, Changing Public Perceptions, and Governmental Regulations." Case BU 741-101, Harvard Business School, Boston.
●Mahon, John F. 1983. "Superfund (A)—The Early Maneuvering." Case BU 741-102, Harvard Business School, Boston.
●Maidique, Modesto A., and Billie Jo Zirger. 1985. "The New Product Learning Cycle." *Research Policy* 16 (December): 299-313.
●Mansfield, Edwin. 1975. "International Technology Transfer: Forms, Resource Requirements and Policies." *American Economic Review* 65 (May): 372-76.
●March, James. 1978. "Bounded Rationality, Ambiguity and the Engineering of Choice." *Bell Journal of Economics* 9:587-608.
●Martin, Linda Grant. 1975. "What Happened at NCR after the Boss Declared Martial Law." *Fortune*, September, 100-4, 178-81.
●Maruyama, Magoroh. 1989. "Cultural Models of International Borrowing." *Human Systems Management* 8:213-16.
●Mathis, James F. 1992. "Turning R&D Managers into Technology Managers." *Research-Technology Management* 35 (January-February): 35-38.
●McAllister, Robert. 1992. "Avia Aims to Be on the Cutting Edge." *Footwear News* 48 (47): 19.
●McClelland, Kevin, Betsy Joseph, and Rick Bolander. 1993. "NCR's CEO Talks Shop." *Harbus* 57 (4 October): 1, 8.
●McCullough, Tim. 1987. "Six Steps to Selling A. I." *A. I. Expert* 2 (December): 55-60.
●McDonnell, John F. 1994. Speech to CEO Conference, 26 April, Amsterdam. Quoted in *Executive Speaker* 15 (July): 9.
●McFarling, Ursha Lee. 1994. "Hormones for Cows Create a Row." *Boston Globe*, 3 February, 21, 25.
●McGuire, Michael. 1991. *An Eye for Fractals*. Redwood City, Calif.: Addison-Wesley.
●McWilliams, Gary. 1993. "A Radical Shift in Focus for Polaroid." *Business Week*, 26 July, 66-67.
●Meyer, Michael. 1994. "Ripe for a Change." *Newsweek*, 29 August, 40.
●Miles, Gregory L. 1989. "Specialty Metals That Are Special Indeed." *Business Week*, special issue, 129.
●Miller, Danny. 1990. *The Icarus Paradox*. New York: Harper Business.
●Mintzberg, Henry. 1990. "Strategy Formation: Schools of Thought." In *Perspectives on Strategic Management*, edited by J. W. Fredrickson, 105-235. New York: Harper & Row.
●Mintzberg, Henry, and James A. Waters. 1985. "Of Strategies, Deliberate and

June, 52-53.
●Levinthal, Daniel, and James G. March. 1981. "A Model of Adaptive Organizational Search." *Journal of Economic Behavior and Organization* 2:307-33.
●Levinthal, Daniel, and James G. March. 1993. "The Myopia of Learning." *Strategic Management Journal* 14:95-112.
●Levitt, Barbara, and James March. 1988. "Organizational Learning." *Annual Review of Sociology* 14:319-40.
●Lewin, Kurt, and P. Grabbe. 1961. "Principles of Re-education." In *The Planning of Change: Readings in the Applied Behavioral Sciences*, edited by Warren G. Bennis, Kenneth D. Benne, and Richard Chin, 503-509. New York: Holt, Rinehart and Winston.
●Lewis, Jordan D. 1990. *Partnerships for Profit: Structuring and Managing Strategic Alliances*. New York: Free Press.
●Lieberman, Marvin B. 1989. "The Learning Curve, Technology Barriers to Entry, and Competitive Survival in the Chemical Processing Industries." *Strategic Management Journal* 10 (September-October): 431-47.
●Link, A., G. Tassey, and Robert W. Zmud. 1983. "The Induce versus Purchase Decision: An Empirical Analysis of Industrial R&D." *Decision Science* 14:46-61.
●Link, Albert N., and Laura L. Bauer. 1989. *Cooperative Research in US Manufacturing: Assessing Policy Initiatives and Corporate Strategies*. Lexington, Mass.: Lexington Books.
●Litterer, Joseph A. 1963. "Systematic Management: Design for Organizational Recouping in American Manufacturing Firms." *Business History Review* 37 (winter): 369-91.
●Locke, E. A., and D. M. Schweiger. 1979. "Participation in Decision-Making: One More Look." In *Research in Organizational Behavior*, edited by Barry Staw, 265-339. Vol. 1. Greenwich, Conn.: JAI Press.
●Lohr, Steve. 1994. "On the Road with Chairman Lou." *New York Times*, 26 June, section 3, 1.
●Loomis, Carol J. 1993. "Dinosaurs?" *Fortune*, 3 May, 36-42.
●Lowe, Julian F., and Nicholas K. Crawford. 1983. "New Product Development and Technology Licensing for the Small Firm." *Industrial Management and Data Systems* (September-October): 26-29.
●Lyles, Marjorie A. 1988. "Learning among Joint Venture Sophisticated Firms." *Management International Review (MIR)* (special issue): 85-98.
●MacAvoy, Thomas C. 1989. "Technology Strategy for a Diversified Corporation Note" and "Technology Strategy." Unpublished Papers, UVA-OM-0659 and UVA-OM-0656, Darden Graduate School of Business, University of Virginia, Charlottesville.
●Macfarlane, Gwyn. 1984. *Alexander Fleming: The Man and the Myth*. Cambridge, Mass.: Harvard University Press.
●Machalaba, Daniel. 1993. "Burlington Northern Shows Risks of Hiring an Outsider as CEO." *Wall Street Journal*, 6 April, 1.

●Leonard-Barton, Dorothy. 1992c. "Management of Technology and Moose on Tables." *Organization Science* 3 (4): 556-58.

●Leonard-Barton, Dorothy, H. Kent Bowen, Kim B. Clark, Charles A. Holloway, and Steven C. Wheelwright. 1994. "How to Integrate Work and Deepen Expertise." *Harvard Business Review*, September-October, 121-30. (「[米国製造業復活への原動力（２）] コダック社ファンセーバー・プロジェクトに学ぶ　コア能力と統合力の同時開発」DIAMONDハーバード・ビジネス・レビュー、1995年1月号)

●Leonard-Barton, Dorothy, Douglas Braithwaite, H. Kent Bowen, William Hanson, Michael Titelbaum, and Gil Preuss. 1994. "Guiding Visions." In *The Perpetual Enterprise Machine*, edited by H. Kent Bowen, Kim Clark, Charles A. Holloway, and Steven C. Wheelwright. New York: Oxford University Press.

●Leonard-Barton, Dorothy, and Brian DeLacey. 1987. "Skunkworks at Digital Equipment Corporation: The Tale of XCON." Case 687-051, Harvard Business School, Boston.

●Leonard-Barton, Dorothy, and William A. Kraus. 1985. "Implementing New Technology." *Harvard Business Review*, November-December, 102-10. (「実行責任者に求められるユーザー部門との連携　新技術実用化のカベをうまく突破する法」DIAMONDハーバード・ビジネス・レビュー、1986年3月号)

●Leonard-Barton, Dorothy, and Gary Pisano. 1990. "Monsanto's March into Biotechnology (A)." Case 690-009, Harvard Business School, Boston.

●Leonard-Barton, Dorothy, and Everett M. Rogers. 1981. "Horizontal Diffusion of Innovations: An Alternative Paradigm to the Classical Diffusion Model." Working Paper 1214-81, Sloan School of Management, Massachusetts Institute of Technology, Cambridge.

●Leonard-Barton, Dorothy, and Deepak Sinha. 1990. "Dependency, Involvement and User Satisfaction: The Case of Internal Software Development." Working paper 91-008, Harvard Business School, Boston.

●Leonard-Barton, Dorothy, and Deepak Sinha. 1993. "Developer-User Interaction and User Satisfaction in Internal Technology Transfer." *Academy of Management Journal* 36 (5): 1125-39.

●Leonard-Barton, Dorothy, and John Sviokla. 1988. "Putting Expert Systems to Work." *Harvard Business Review*, March-April, 91-98. (「高度な活用だけが使い道ではない　エキスパートシステムを日常業務で"働かせる"法」DIAMONDハーバード・ビジネス・レビュー、1995年1月号)

●Leonard-Barton, Dorothy, Edith Wilson, and John Doyle. 1994. "Commercializing Technology: Imaginative Understanding of User Needs." Technical note 694-102, Harvard Business School, Boston.

●Levine, Jonathan B. 1989. "Keeping New Ideas Kicking Around: HP's Free-Thinking Scientists Help Hone Its Market Edge." *Business Week*, special issue, 128-34.

●Levine, Jonathan B., and Leslie Helm. 1989. "HP: Now No. 1 in Workstations." *Business Week*, 24 April, 30.

●Levinson, Marc, with Nancy Hass. 1994. "Bound to the Printed Word." *Newsweek*, 20

た融合型技術開発が競争優位をもたらす」DIAMONDハーバード・ビジネス・レビュー、1992年11月号)
●Koenig, Richard. 1990. "Tricky Roll-Out: Rich in New Products, Monsanto Must Only Get Them on Market." *Wall Street Journal*, 18 May, 1, A1.
●Koestler, Arthur. 1964. *The Act of Creation*. New York: Dell.
●Kogut, Bruce. 1988. "Joint Ventures: Theoretical and Empirical Perspectives." *Strategic Management Journal* 9:319-32.
●Landler, Mark. 1991. "The 'Bloodbath' in Market Research." *Business Week*, 11 February, 73-74.
●Langer, Ellen. 1989. *Mindfulness*. Reading, Mass.: Addison-Wesley.
●Langowitz, Nan S., and Steven C. Wheelwright. 1986. "Plus Development Corporation (A)" and "Plus Development Corporation (B)." Cases 687-001 and 689-073, Harvard Business School, Boston. Joint copyright with Stanford University.
●Lavin, Douglas. 1993. "Straight Shooter: Robert Eaton Thinks 'Vision' Is Overrated and He's Not Alone." *Wall Street Journal*, 4 October, 1.
●Leonard-Barton, Dorothy. 1981. "The Diffusion of Residential Solar Equipment in California." In *Marketing of Solar Energy Innovations*, edited by Avraham Shama, 145-83. New York: Praeger Press.
●Leonard-Barton, Dorothy. 1985. "Experts as Negative Opinion Leaders in the Diffusion of a Technical Innovation." *Journal of Consumer Research* 11 (4): 914-26.
●Leonard-Barton, Dorothy. 1987a. "The Case for Integrative Innovation: An Expert System at Digital." *Sloan Management Review* 29 (1): 7-19.
●Leonard-Barton, Dorothy. 1987b. "A New CAE System for Shield Electronics Engineers." Case 687-081, Harvard Business School, Boston.
●Leonard-Barton, Dorothy. 1987c."New Technology at World Aluminum Corporation: The Jumping Ring Circulator." Case 687-050, Harvard Business School, Boston.
●Leonard-Barton, Dorothy. 1988."Implementation as Mutual Adaptation of Technology and Organization." *Research Policy* 17:251-67.
●Leonard-Barton, Dorothy. 1990. "Implementing New Production Technologies: Exercises in Corporate Learning." In *Managing Complexity in High Technology Organizations*, edited by Mary Ann Von Glinow and Susan A. Mohrman, 160-87. New York: Oxford University Press.
●Leonard-Barton, Dorothy. 1991a. "Chaparral Steel: Rapid Product and Process Development." Case 692-018, Harvard Business School, Boston.
●Leonard-Barton, Dorothy. 1991b. "Inanimate Integrators: A Block of Wood Speaks." *Design Management Journal* 2 (3): 61-67. Reprint 9123LEO61.
●Leonard-Barton, Dorothy. 1992a. "Core Capabilities and Core Rigidities: A Paradox in Managing New Product Development." *Strategic Management Journal* 13:111-25.
●Leonard-Barton, Dorothy. 1992b. "The Factory as a Learning Laboratory." *Sloan Management Review* 34 (1): 23-38.

Fractals." *Scientific American* 263 (2): 60-67.
●Kaewert, Julie W., and John M. Frost. 1990. *Developing Expert Systems for Manufacturing: A Case Study Approach.* New York: McGraw-Hill.
●Kanter, Rosabeth. 1983. *Change Masters: Innovation & Entrepreneurship in the American Corporation.* New York: Simon & Schuster. (『ザ・チェンジ・マスターズ』二見書房、1984年)
●Kanter, Rosabeth Moss. 1988. "When a Thousand Flowers Bloom: Structural, Collective, and Social Conditions for Innovation in Organizations." In *Research in Organizational Behavior,* edited by Barry M. Staw and L. L. Cummings, 169-211. Vol. 10. Greenwich, Conn.: JAI Press.
●Kanter, Rosabeth Moss, and Richard Ian Corn. 1994. "Do Cultural Differences Make a Business Difference: Contextual Factors Affecting Cross-Cultural Relationship Success." *Journal of Management Development* 13 (2): 5-23.
●Kantrow, Alan. 1986. "Wide-Open Management at Chaparral Steel: An Interview with Gordon E. Forward." *Harvard Business Review,* May-June, 96-102.
●Katz, Michael, and Janusz Ordover. 1990. "R&D Cooperation and Competition." *Brookings Paper: Microeconomics 1990* : 137-203.
●Kearns, David T., and David A. Nadler. 1992. *Prophets in the Dark: How Xerox Reinvented Itself and Beat Back the Japanese.* New York: Harper Business. (『ゼロックスの反撃―原点からの復活に賭けた巨大企業の軌跡』ダイヤモンド社、1993年)
●Kehoe, Louise. 1992. "Digital to Cut Costs by $1 Billion a Year." *Financial Times,* 2 October, 30.
●Keil, Mark. 1992. "Escalating Commitment : A Theoretical Basis for Explaining an IS Failure Phenomenon." Working paper CIS-92-03, College of Business Administration, Georgia State University, Atlanta.
●Keirsey, David, and Marilyn Bates. 1978. *Please Understand Me: Character & Temperament Types.* Del Mar, Calif.: Prometheus Nemesis Book Company.
●Kerr, Steven. 1975. "On the Folly of Rewarding A, While Hoping for B." *Academy of Management Journal* 18 (December): 769-83.
●Killing, Peter J. 1978. "Diversification through Licensing." *R&D Management* 3:159-63.
●Kimberly, J. R. 1987. "The Study of Organization: Toward a Biographical Perspective." In *Handbook of Organizational Behavior,* edited by J. W. Lorsch, 223-37. Englewood Cliffs, N. J. : Prentice-Hall.
●Kirkpatrick, David. 1994. "A Look inside Allen's Think Tank: This Way to the I-Way." *Fortune,* 11 July, 78-80.
●Kline, Stephen J., and Nathan Rosenberg. 1986. "An Overview of Innovation." In *The Positive Sum Strategy: Harnessing Technology for Economic Growth,* edited by Ralph Landau and Nathan Rosenberg, 275-302. Washington, D. C. : National Academy Press.
●Kodama, Fumio. 1992. "Technology Fusion and the New R&D." *Harvard Business Review,* July-August, 70-78. (「市場ニーズの把握、技術情報収集、共同研究をベースにし

●Hopper, Max D. 1990. "Rattling SABRE—New Ways to Compete on Information." *Harvard Business Review*, May-June, 118-25. (「アメリカン航空ＳＡＢＲＥの進化にみる情報技術活用新時代の生き残り戦略」DIAMONDハーバード・ビジネス・レビュー、1990年9月号)
●Hornstein, Harvey. 1986. *Managerial Courage*. New York: Wiley.
●Horwitch, Mel, ed. 1986. *Technology in the Modern Corporation*. New York: Pergamon Press
●Hout, Thomas, Michael E. Porter, and Eileen Rudden. 1982. "How Global Companies Win Out." *Harvard Business Review*, September-October, 98-108. (「３つの世界企業に学ぶ競争戦略の革新と実行」DIAMONDハーバード・ビジネス・レビュー、1983年2月号)
●Howard, R. W. 1987. *Concepts and Schemata: An Introduction*. London: Cassell Educational.
●Howard, Robert. 1992. "The CEO as Organizational Architect: An Interview with Xerox's Paul Allaire." *Harvard Business Review*, September-October, 106-19. (「再建の指導者ポール・アレアーが語る　ゼロックス復活の軌跡」DIAMONDハーバード・ビジネス・レビュー、1993年1月号)
●Huber, George. 1991. "Organizational Learning: The Contributing Processes and the Literatures." *Organization Science* 2 (1): 88-115.
●Hurstak, Johanna M., and Oscar Hauptman. 1990. "E-L Products (A)," "E-L Products (B)," and "E-L Products (C)." Cases 691-013, 691-014, and 691-015, Harvard Business School, Boston.
●Hutchins, Edwin, 1991. "Organizing Work by Adaptation." *Organization Science* 2 (1): 14-39.
●Hyatt, Josh. 1992. "Digital, Chairman Find a Rocky Road." *Boston Globe*, 27 April, 1, 6.
●Iansiti, Marco. 1993. "Real-World R&D: Jumping the Product Generation Gap." *Harvard Business Review*, May-June, 138-47. (「統合チームが新技術と新製品を円滑に結ぶ　全体最適を実現するシステム・フォーカスＲ＆Ｄ」DIAMONDハーバード・ビジネス・レビュー、1993年9月号)
● "Infiniti Betting Smell Sells." 1992. *Toronto Star*, 8 February, G11.
●Ingelbrecht, Nick. 1993. "Busy Signals All over Asia." *Asian Business* 29 (September): 57-59.
●Itami, Hiroyuki, with Thomas W. Roehl. 1987. *Mobilizing Invisible Assets*. Cambridge, Mass.: Harvard University Press.（『新・経営戦略の論理』日本経済新聞社、1984年）
●Ives, Blake, and Margrethe H. Olson. 1984. "User Involvement and MIS Success: A Review of Research." *Management Science* 30 (May): 586-603.
●Jelinek, Mariann. 1980. "Toward Systematic Management: Alexander Hamilton Church, Business History Review." *Business History Review* 54 (spring): 63-79.
●Jelinek, Mariann, and Claudia Bird Schoonhoven. 1990. *The Innovation Marathon: Lessons from High Technology Firms*. Cambridge, Mass.: Basil Blackwell.
●Jurgens, Hartmut, Heinz-Otto Peitgen, and Dietmar Saupe. 1990. "The Language of

●Hauser, John R., and Don Clausing. 1988. "The House of Quality." *Harvard Business Review*, May-June, 63-73. (「見えざる顧客満足をビジュアライズして、ニーズと製品開発を直結するハウス・オブ・クオリティ」DIAMONDハーバード・ビジネス・レビュー、1989年9月号)
●Hauser, John R., Glen L. Urban, and Bruce D. Weinberg. 1993. "How Consumers Allocate Their Time When Searching for Information." *Journal of Marketing Research* 30 (November): 452-66.
●Hax, Arnoldo C., and Nicholas S. Majluf. 1984. *Strategic Management: An Integrative Perspective*. New York: Prentice-Hall.
●Hayes, Robert. 1985. "Strategic Planning—Forward in Reverse?" *Harvard Business Review*, November-December, 111-19. (「HBR対訳シリーズ (6)　米国企業の戦略計画に迫られる逆転の発想と行動　こきざみな積み重ね方式が競争力を強化する」DIAMONDハーバード・ビジネス・レビュー、1986年3月号)
●Hayes, Robert. 1994. "Sino-American Shanghai Squibb Pharmaceuticals Ltd." Case 694-105, Harvard Business School, Boston.
●Hayes, Robert H., Steven C. Wheelwright, and Kim B. Clark. 1988. *Dynamic Manufacturing: Creating the Learning Organization*. New York: Free Press.
●Hays, Laurie. 1994. "Gerstner Is Struggling as He Tries to Change Ingrained IBM Culture." *Wall Street Journal*, 13 May, A1, 8.
●Hedberg, Bo. 1981. "How Organizations Learn and Unlearn." In *Handbook of Organizational Design*, edited by Paul Nystrom and William Starbuck, 3-27. Vol. 1. New York: Oxford University Press.
●Henderson, Rebecca. 1995. "Of Life Cycles Real and Imaginary: The Unexpected Long Old Age of Optical Lithography." *Research Policy*, November (Forthcoming).
●Henderson, Rebecca, and Kim B. Clark. 1990. "Architectural Innovation: The Reconfiguration of Existing Product Technologies and the Failure of Established Firms." *Administrative Science Quarterly* 35:9-30.
●Hitt, Michael, and R. Duane Ireland. 1985. "Corporate Distinctive Competence, Strategy, Industry and Performance." *Strategic Management Journal* 6:273-93.
●Hof, Robert D. 1991. "Quantum Has One Tough Hurdle to Leap." *Business Week*, 8 July, 84, 86.
●Hof, Robert D. 1993. "Hewlett-Packard Digs Deep for a Digital Future." *Business Week*, 18 October, 72-75 passim.
●Hofer, Charles W., and Dan Schendel. 1978. *Strategy Formulation: Analytical Concepts*. St. Paul: West Publishing.
●Hogarth, Robin M., and Spyros Makridakis. 1981. "Forecasting and Planning: An Evaluation." *Management Science* 27 (2): 115-33.
●Holusha, John. 1994. "New Kodak Strategy: Just Pictures." *New York Times*, 4 May, D1.
●Hopkins, D. S., and E. L. Bailey. 1971. "New Product Pressures." *Conference Board Record* 8:6-24.

●Gould, Stephen Jay. 1991. "Creativity in Evolution and Human Innovation." In *Creativity & Culture: The Inaugural Mansfield American-Pacific Lectures, 1989-1990*, 11-25. Helena, Mont.: Falcon Press.
●Grady, Barbara. 1992. "AT&T Says Acquisition of NCR Smooth One Year Later." *Reuter Business Report*, 15 September: 2-3.
●Graham, Margaret B. W. 1986. "Corporate Research and Development: The Latest Transformation." In *Technology in the Modern Corporation*, edited by Mel Horwitch, 86-102. New York: Pergamon Press.
●Graham, Margaret B. W. 1993. "Notes on Organizational Memory: Practice and Theory." Talk given at Xerox Palo Alto Research Center.
●Granstrand, Ove, Erik Bohlin, Christer Oskarsson, and Niklas Sjoberg. 1992. "External Technology Acquisition in Large Multi-Technology Companies." *R&D Management* 22 (2): 111-33.
●Gross, Neil. 1992. "Inside Hitachi." *Business Week*, 28 September, 92-100 passim.
●Gupta, Ashok, and David Wilemon. 1990. "Accelerating the Development of Technology-Based New Products." *California Management Review* 32 (winter): 24-44.
●Hakansson, Hakan, and J. Laage-Hellman. 1984. "Developing a Network R&D Strategy." *Journal of Product Innovation Management* 4:224-37.
●Hall, Bronwyn H. 1993. "The Stock Market Valuation of R&D Investment during the 1980s." *American Economic Review* 83 (May): 259-64.
●Hamel, Gary, Yves L. Doz, and C. K. Prahalad. 1989. "Collaborate with Your Competitors—and Win." *Harvard Business Review*, January-February, 133-39. (「ＨＢＲ対訳シリーズ（24）　パートナーから多くを学び、盗むライバルとの戦略的提携で勝つ法」DIAMONDハーバード・ビジネス・レビュー、1989年5月号)
●Hamel, Gary, and C. K. Prahalad. 1989. "Strategic Intent." *Harvard Business Review*, May-June, 63-76. (「日本企業の世界戦略　成功のカギ　ストラテジック・インテント」DIAMONDハーバード・ビジネス・レビュー、1989年11月号)
●Hamilton, David. 1993. "AT&T Steps Up Effort in Asia to Bolster Presence in Telecommunications Market." *Asian Wall Street Journal*, 28 June, 3.
●Hamilton, William. 1985. "Corporate Strategies for Managing Emerging Technologies." *Technology in Society* 7:197-212.
●Hampden-Turner, Charles. 1981. *Maps of the Mind*. New York: Macmillan.
●Hannan, Michael T., and John Freeman. 1977. "The Population Ecology of Organizations." *American Journal of Sociology* 83:929-84.
●Hannan, Michael T., and John Freeman. 1984. "Structural Inertia and Organizational Change." *American Sociological Review* 49 (April): 149-64.
●Harrigan, Kathryn Rudie. 1985. *Strategies for Joint Ventures*. Lexington, Mass.: Lexington Books.
●Harrigan, Kathryn Rudie. 1988. "Strategic Alliances and Partner Asymmetries." *Management International Review (MIR)* (Special issue): 53-72.

(『イノベーション－限界突破の経営戦略』TBSブリタニカ、1987年)
●Freeze, Karen, and Dorothy Leonard-Barton. 1991. "GE Plastics: Selecting a Partner." Case study, Design Management Institute, Boston.
●Freeze, Karen, and Dorothy Leonard-Barton. 1992. "Polymer Solutions: Tempest about a Teapot." Case study, Design Management Institute, Boston.
●Fujimoto, Takahiro. 1994a. "The Dynamic Aspect of Product Development Capabilities: An International Comparison in the Automobile Industry." Working paper 94-F-29, Faculty of Economics, Tokyo University (August).
●Fujimoto, Takahiro. 1994b. "Reinterpreting the Resource-Capability View of the Firm: A Case of the Development-Production Systems of the Japanese Auto Makers." Working paper 94-F-20, Faculty of Economics, Tokyo University (May).
●Gartner Group. 1993. "Mobile Hardware." Conference Presentation Report.
●Gerace, Thomas, and Dorothy Leonard-Barton. 1994. "Emerson Electric in China." Case 694-064, Harvard Business School, Boston.
●Geringer, J. Michael. 1991. "Strategic Determinants of Partner Selection Criteria in International Joint Ventures (IJV)." *Journal of International Business Studies* 22 (first quarter): 41-62.
●Geringer, J. Michael, and Colette A. Frayne. 1990. "Human Resource Management and International Joint Venture Control: A Parent Company Perspective." *Management International Review* (*MIR*) 30 (special issue): 103-20.
●Gibbons, Ann. 1992. "In Biotechnology, Japanese Yen for American Expertise." *Science* 258 (27 November): 1431-33.
●Gibson, David V., and Everett M. Rogers. 1994. *R&D Collaboration on Trial*. Boston: Harvard Business School Press.
●Gold, Bela. 1982. "Managerial Considerations in Evaluating the Role of Licensing in Technology Development." *Managerial and Decision Economics* 3 (4): 213-17.
●Gold, Bela. 1987. "Approaches to Accelerating Product and Process Development." *Journal of Product Innovation Management* 4 (2): 81-88.
●Goldstein, Sabra B., and Janice Klein. 1988. "Owens-Illinois: Streator 10 Quad," "Owens-Illinois: Atlanta 10 Quad," and "Owens-Illinois: 10 Quad." Cases 688-110, 688-109, and 688-108, Harvard Business School, Boston.
●Gomes-Casseres, Benjamin. 1987. "Joint Venture Instability: Is It a Problem?" *Columbia Journal of World Business* 22 (summer): 97-102.
●Gomes-Casseres, Benjamin. 1993. "Computers: Alliances and Industry Evolution." In *Beyond Free Trade*, edited by David B. Yoffie, 79-128. Boston: Harvard Business School Press.
●Gomes-Casseres, Benjamin, and Dorothy Leonard-Barton. 1994. "Alliance Clusters in Multimedia: Safety Net or Entanglement?" Paper presented at The Colliding Worlds Colloquium, 6-7 October, at Harvard Business School, Boston.
●Gomory, Ralph E. 1983. "Technology Development." *Science* 220: 576-80.

Organizational Design." *Research in Organizational Behavior* 1:75-123.
●Duncker, K. 1945. "On Problem Solving." Translated by L. S. Lees. *Psychology Monographs* 58 (270): 1-112
●Edstrom, A. 1977. "User Influence and the Success of MIS Projects." *Human Relations* 30:589-606.
●Edstrom, Anders, Bengt Hogberg, and Lars Erik Norback. 1984. "Alternative Explanations of Interorganizational Cooperation: The Case of Joint Programmes and Joint Ventures in Sweden." *Organizational Studies* 5 (2): 147-68.
●Ehretsmann, J., A. Hinkly, A. Minty, and A. W. Pearson. 1989. "The Commercialization of Stagnant Technologies." *R&D Management* 19 (3): 231-42.
●Einhorn, H. J. 1980. "Learning from Experience and Suboptimal Rules in Decision Making." In *Cognitive Processes in Choice and Decision Behavior*, edited by T. Wallsten, 1-20. Hillsdale, N. J. : Erlbaum.
●Eliashberg, Jehoshua, Gary L. Lilien, and Vithala R. Rao. 1994. "Minimizing Technological Oversights: A Marketing Research Perspective." Paper presented at the Technological Oversights and Foresights Conference, 11-12 March, at Leonard N. Stern School of Business, New York University.
●Ellison, David J., Kim B. Clark, Takahiro Fujimoto, and Young-suk Hyun. 1995. "Product Development Performance in the Auto Industry: 1990s Update." Working Paper 95-066. Boston: Harvard Business School.
● "Expert System Picks Key Workers' Brains." 1989. *Los Angeles Times*, 7 November, business, part D: 8.
●Fiol, Marlene, and Marjorie A. Lyles. 1985. "Organizational Learning." *Academy of Management Review* 10 (4): 803-13.
● "First Newton—The Message Pad—Hits the Market." 1993. *Business Wire*, 30 July.
●Flaherty, Robert J. 1980. "Harris Corp.'s Remarkable Metamorphosis." *Forbes*, 26 May, 45-48.
●Flam, Faye. 1992. "Japan Bids for US Basic Research." *Science* 258 (27 November): 1428-30.
●Ford, David. 1985. "The Management and Marketing of Technology." In *Advances in Strategic Management*, edited by Robert Lamb and Paul Shrivastava, 104-34. Vol. 3. Greenwich, Conn.: JAI Press.
●Fornell, Claes, Peter Lorange, and Johan Roos. 1990. "The Cooperative Venture Formation Process: A Latent Variable Structural Modeling Approach." *Management Science* 36 (10): 1246-55.
●Forrester, Jay. 1982. Tape-recorded talk in Dorothy Leonard-Barton's Management of Technology class, Massachusetts Institute of Technology.
●Foster, Richard. 1982. "A Call for Vision in Managing Technology." *Business Week*, 24 May, 24-33.
● Foster, Richard N. 1986. *Innovation: The Attacker's Advantage*. London: Macmillan.

March-April, 130-34.（「システム導入の混乱、非効率を防ぐ　経営戦略適合の『原則』」DIAMONDハーバード・ビジネス・レビュー、1989年9月号）
●Day, Diana. 1994. "Raising Radicals: Different Processes for Championing Innovative Corporate Ventures." *Organization Science* 5 (2): 148-72.
●Day, Diana L. Forthcoming. "The Curse of Incumbency: Cannibalism, Organizational Locations, and Innovativeness in Internal Corporate Venturing." *Organization Science.*
●DeLacey, Brian, and Dorothy Leonard-Barton. 1986. "Solagen: Process Improvement in the Manufacture of Gelatin." Case 687-020, Harvard Business School, Boston.
●Deutschman, Alan, 1994. "How H-P Continues to Grow and Grow." *Fortune*, 2 May, 90-92.
●Deveny, Kathleen. 1994. "Movable Feasts: More People Dine and Drive." *Wall Street* Journal, 4 January, B1.
●Dhebar, Anirudh. 1994. "'New-and-Improved' Products: Producer Speed and Consumer Recalcitrance." Unpublished paper, Harvard Business School.
●DiMaggio, Paul J., and Walter W. Powell. 1983. "The Iron Cage Revisited: Institutional Isomorphism and Collective Rationality in Organizational Fields." *American Sociological Review* 48 (April): 147-60.
●Doll, William J., and Gholamreza Torkzadeh. 1989. "A Discrepancy Model of End-User Computing Involvement." *Management Science* 35 (10): 1151-71.
● "Don't Get Off Yer Bike." 1988. *The Economist*, 16 April, 81-82.
●Dougherty, Deborah. 1992. "Interpretive Barriers to New Product Development in Large Firms." *Organization Science* 3 (2): 179-202.
●Dougherty, Deborah, and Trudy Heller. 1994. "The Illegitimacy of Successful Product Innovation in Established Firms." *Organization Science* 5 (2): 200-18.
●Doyle, John. 1985. "Commentary: Managing New Product Development: How Japanese Companies Learn and Unlearn." In *The Uneasy Alliance: Managing the Product-Technology Dilemma*, edited by Kim Clark, Robert Hayes, and Christopher Lorenz, 377-81. Boston: Harvard Business School Press.
●Doz, Yves L. 1988. "Technology Partnerships between Larger and Smaller Firms: Some Critical Issues." In *Cooperative Strategies in International Business*, edited by Farok Contractor and Peter Lorange, 317-38. Lexington, Mass.: Lexington Books.
●Dumaine, Brian. 1989. "How Managers Can Succeed through Speed." *Fortune*, 13 February, 54-74.
●Dumaine, Brian. 1992. "Chaparral Steel: Unleash Workers and Cut Costs." *Fortune*, 18 May, 88.
●Dumaine, Brian. 1993. "Payoff from the New Management." *Fortune*, 13 December, 103-4.
●Duncan, Jerome L. 1982. "Impacts of New Entry and Horizontal Joint Venture on Industrial Rates of Return." *Review of Economics and Statistics* 64 (2): 339-42.
●Duncan, Robert, and Andrew Weiss. 1979. "Organizational Learning: Implications for

Competing in the New Industrial Marathon." In *The Relevance of a Decade: Essays to Mark the First Ten Years of the HBS Press*, edited by Paula Barker Duffy, 287-322. Boston: Harvard Business School Press.
●Clark, Lindley H. 1994. "Intel to Sell Stake in VLSI, Partner in Chips." *Wall Street Journal*, 5 August, B3.
●Cleese, John M. 1988. "No More Mistakes and You're Through!" *Forbes*, 16 May, 126 ff.
●Coch, Lester, and John R. P. French Jr. 1948. "Overcoming Resistance to Change." *Human Relations* 1:512-32.
●Cohen, Wesley, and Daniel Levinthal. 1990. "Absorptive Capacity: A New Perspective on Learning and Innovation." *Administrative Science Quarterly* 35:128-52.
●Contractor, F. J., and P. Lorange, eds. 1988. *Cooperative Strategies in International Business*. Lexington, Mass.: Lexington Books.
●Cooper, Robert G. 1975. "Why Industrial New Products Fail." *Industrial Marketing Management* 4:315-26.
●Cooper, Robert G. 1983. "The Impact of New Product Strategies." *Industrial Marketing Management* 12:243-56.
●Cooper, Robert G. 1986. *Winning at New Products*. Reading, Mass.: Addison-Wesley.
●Cooper, Robert G., and Elko J. Kleinschmidt. 1986. "An Investigation into the New Product Process: Steps, Deficiencies and Impact." *Journal of Product Innovation Management* 3:71-85.
●Cooper, Robert G., and Elko J. Kleinschmidt. 1990. "New Product Success Factors: A Comparison of 'Kills' versus Successes and Failures." *R&D Management* 20 (1): 47-63.
●Cordes, Cynthia L., and Thomas W. Dougherty. 1993. "A Review and an Integration of Research on Job Burnout." *Academy of Management Review* 18 (October): 621-56.
●Coulter, Robin Higie, and Gerald Zaltman. 1994. "Using the Zaltman Metaphor Elicitation Technique to Understand Brand Images." *Advances in Consumer Research* 21:501-7.
●Cox, Meg, and Johnnie L. Roberts. 1994. "How the Despotic Boss of Simon & Schuster Found Himself Jobless." *Wall Street Journal*, 6 July, A-1, A-8.
●Coy, Peter, Neil Gross, Silvia Sansoni, and Kevin Kelly. 1994. "What's the Word in the Lab? Collaborate." *Business Week*, 27 June, 78-80.
●Crawford, C. Merle. 1979. "New Product Failure Rates: Facts and Fallacies." *Research Management* 22 (5): 9-13.
●Crawford, C. Merle. 1990. *New Products Management*. 3d ed. Homewood, Ill.: Irwin.
●Cyert, Richard M. 1985. "Establishing University-Industry Joint Ventures." *Research Management* 28 (January-February): 27-29.
●Cyert, Richard M., and James G. March. 1963. *A Behavioral Theory of the Firm*. Englewood Cliffs, N. J. : Prentice-Hall.
●Davenport, Thomas H., Michael Hammer, and Tauno J. Metsisto. 1989. "How Executives Can Shape Their Company's Information Systems." *Harvard Business Review*,

●Burgelman, Robert A. 1994. "Fading Memories: A Process Theory of Strategic Business Exit in Dynamic Environments." *Administrative Science Quarterly* 39:24-56.
●Burns, Tom, and George M. Stalker. 1961. *The Management of Innovation.* London: Tavistock Publications.
●Cafasso, Rosemary. 1994. "Gerstner to Staff: Don't Relax." *Computerworld,* 15 August, 8.
●Canlantone, R., and Robert G. Cooper. 1979. "A Discriminant Model for Identifying Scenarios of Industrial New Product Failure." *Journal of the Academy of Marketing Science* 7:163-83.
●Carstairs, Robert T., and L. S. Welch. 1982. "Licensing and the Internationalization of Smaller Companies: Some Australian Evidence." *Management International Review* 22 (3): 33-44.
●Caves, Richard E., and Sanjeev K. Mehra. 1986. "Entry of Foreign Multinationals into U.S. Manufacturing Industries." In *Competition in Global Industries,* edited by Michael Porter, 449-81. Boston: Harvard Business School Press.
●Chase, Marilyn. 1993. "Demand for MS Drug May Help Chiron Corp. Emerge from the Pack." *Wall Street Journal,* 1 September, 1.
●Chew, Bruce W., Dorothy Leonard-Barton, and Roger E. Bohn. 1991. "Beating Murphy's Law." *Sloan Management Review* 32 (3): 5-16.
● "Chinese, U. S. Managers Sell Xerox Products in Shanghai." 1990. *Xinhua General Overseas News Service,* 23 November.
●Christensen, Clayton M. 1990. "Continuous Casting Investments at USX Corporation." Case 391-121, Harvard Business School, Boston.
●Christensen, Clayton M. 1992a. "Exploring the Limits of the Technology S-Curve: Part I: Component Technologies." *Production and Operations Management* 1 (fall): 334-57.
●Christensen, Clayton M. 1992b. "The Innovator's Challenge: Understanding the Influence of Market Environment on Processes of Technology Development in the Rigid Disk Drive Industry." Ph.D. dissertation, Harvard Business School.
●Christensen, Clayton and Dorothy Leonard-Barton. "Ceramics Process Systems Corporation." 1990. Case 9-691-028, Harvard Business School, Boston.
●Clark, Kim B. 1985. "The Interaction of Design Hierarchies and Market Concepts in Technological Evolution." *Research Policy* 14:235-51.
●Clark, Kim B., and Takahiro Fujimoto. 1990. "The Power of Product Integrity." *Harvard Business Review,* November-December, 107-18. (「ホンダのベストセラーカー開発の秘密 製品統合性の構築とそのパワー」DIAMONDハーバード・ビジネス・レビュー、1991年3月号)
●Clark, Kim B., and Takahiro Fujimoto. 1991. *Product Development Performance: Strategy, Organization, and Management in the World Auto Industry.* Boston: Harvard Business School Press. (「実証研究　製品開発力—日米欧自動車メーカー20社の詳細調査」ダイヤモンド社、1993年)
●Clark, Kim B., and Takahiro Fujimoto. 1994. "The Product Development Imperative:

●Booz-Allen and Hamilton. 1982. *New Product Management for the 1980's*. New York: Booz-Allen and Hamilton.
●Bowen, H. Kent, Kim B. Clark, Charles A. Holloway, Dorothy Leonard-Barton, and Steven C. Wheelwright. 1994. "Regaining the Lead in Manufacturing" ("Development Projects: The Engine of Renewal," "How to Integrate Work and Deepen Expertise," "Make Projects the School for Leaders"). *Harvard Business Review*, September-October, 108-43. (「[米国製造業復活への原動力（2）] コダック社ファンセーバー・プロジェクトに学ぶコア能力と統合力の同時開発」DIAMONDハーバード・ビジネス・レビュー、1995年1月号)
●Bowen, H. Kent, Kim B. Clark, Charles A. Holloway, and Steven C. Wheelwright, eds. 1994. *The Perpetual Enterprise Machine*. New York: Oxford University Press.
●Bower, Joseph, and Thomas M. Hout. 1988. "Fast-Cycle Capability for Competitive Power." *Harvard Business Review*, November-December, 110-18. (「組織的な時間凝縮は競争優位を生む　ファーストサイクル企業への道」DIAMONDハーバード・ビジネス・レビュー、1989年5月号)
●Bowonder, B., and T. Miyake. 1994. "Globalization, Alliances, Diversification and Innovation: A Case Study from Hitachi Ltd." *Creativity and Innovation Management* 3 (1): 11-28.
●Braverman, H. 1974. *Labor and Monopoly Capital*. New York: Monthly Review Press.
●Bresnahan, Timothy. 1985. "Post-entry Competition in the Plain Paper Copier Market." *American Economic Review* 75 (May): 15-19.
●Brockhoff, Klaus. 1991. "R&D Cooperation between Firms: A Classification by Structural Variables." *International Journal of Technology Management* 6 (3, 4): 361-73.
●Brown, John Seely, and Susan E. Newman. 1985. "Issues in Cognitive and Social Ergonomics: From Our House to Bauhaus." *Human-Computer Interaction* 1:359-91.
●Brown, Kathi Ann. 1992. *Critical Connection: The MSS Story*. Rolling Meadows, Ill.: Motorola University Press.
●Browning, Robert. "Andrea del Sarto" (called "The Faultless Painter").
●Buchanan, D. A., and D. Boddy. 1983. "Advanced Technology and the Quality of Working Life: The Effects of Computerized Controls on Biscuit-Making Operators." *Journal of Occupational Psychology* 56 (June): 109-19.
●Buderi, Robert. 1993. "American Inventors Are Reinventing Themselves." *Business Week*, 18 January, industrial/technology edition, 78-82.
●Buell, Barbara, Robert D. Hof, and Gary McWilliams. 1991. "Hewlett-Packard Rethinks Itself." *Business Week*, 1 April, 76-79.
●Burgelman, Robert A. 1983. "A Process Model of Internal Corporate Venturing in the Diversified Major Firms." *Administrative Science Quarterly* 28:223-44.
●Burgelman, Robert A. 1991. "Intraorganizational Ecology of Strategy Making and Organizational Adaptation: Theory and Field Research." *Organization Science* 2 (3): 239-62.

●Bacon, Glenn, Sara Beckman, David Mowery, and Edith Wilson. 1994. "Managing Product Definition in High Technology Industries: A Pilot Study." *California Management Review* 36 (3): 32-56.
●Badaracco, Joseph L. 1979. "Allied Chemical Corporation (A)." Case 379-137, Harvard Business School, Boston.
●Baranson, J., and R. Roark. 1985. "Trends in North-South Transfer of High Technology." In *International Technology Transfer: Concepts, Measures and Comparisons*, edited by Nathan Rosenberg and C. Frichtak, 24-42. New York: Praeger.
●Barker, Robert. 1985. "Bringing Science into Industry from Universities." *Research Management* 28 (November-December): 22-24.
●Barker, Virginia, and Dennis O'Connor. 1989. "Expert Systems for Configuration at Digital: XCON and Beyond." *Communications of the ACM*, 32 (March): 298-318.
●Barney, Jay B. 1986. "Organizational Culture: Can It Be a Source of Sustained Competitive Advantage?" *Academy of Management Review* 11 (3): 656-65.
●Barrett, Randy. 1993. "A Day at Sandia Puts Technology Transfer in Far Sharper Focus." *Technology Transfer Business* (spring): 12-18.
●Basadur, Min. 1992. "Managing Creativity: A Japanese Model." *Executive* 6 (2): 29-42.
●Bean, Alden S. 1989. "Competitive Pressures and the Structure of the R&D Portfolio in the 1980s." Bethlehem, Pa.: Center for Innovation Management Studies, Lehigh University.
●Benioff, Sarah C., and Richard Rosenbloom. 1990. "Du Pont Research and Innovation: 1945-1972." Case 391-009, Harvard Business School, Boston.
●Berg, Sanford V., and Philip Friedman. 1981. "Impacts of Domestic Joint Ventures on Industrial Rates of Return: A Pooled Cross-Section Analysis, 1964-1975." *Review of Economics and Statistics* 63 (2): 293-98.
●Bernstein, Jeffrey I., and M. Ishaq Nadiri. 1988. "Interindustry R&D Spillovers, Rates of Return and Production in High-Tech Industries." *American Economics Review* 78 (May): 429-34. (*Papers and Proceedings* 1987.)
●Birch, Herbert G., and Herbert S. Rabinowitz. 1951. "The Negative Effect of Previous Experience on Productive Thinking." *Journal of Experimental Psychology* 41:121-26.
●Blakeslee, Sandra. 1990. "Lost on Earth: Wealth of Data Found in Space." *New York Times*, 20 March, Sec. C:1.
●Boeker, Warren. 1989. "Strategic Change: The Effects of Founding and History." *Academy of Management Journal* 32 (3): 489-515.
●Bohle, Bruce. 1967. *The Home Book of American Quotations*. New York: Dodd, Mead.
●Bohn, Roger. 1988. "Learning by Experimentation in Manufacturing." Working paper 188-001, Harvard Business School, Boston.
●Bohn, Roger E. 1994. "Measuring and Managing Technological Knowledge." *Sloan Management Review* 36 (1): 61-73.
●Boland, Richard J. 1978. "The Process and Product of System Design." *Management Science* 24 (9): 887-98.

# 参考文献

●Abetti, Pier A., and R. W. Stuart. 1988. "Evaluating New Product Risk." *Research Technology Management* 31 (May-June): 40-43.

●Adamson, R. E. 1952. "Functional Fixedness as Related to Problem-Solving: A Repetition of Three Experiments." *Journal of Experimental Psychology* 44:288-91.

●Adler, Paul. 1986. "New Technologies, New Skills." *California Management Review* 29 (spring): 9-28.

●Aguilar, Frank, and Arvind Bhambri. 1983. "Johnson & Johnson (A)." Case 384-053, Harvard Business School, Boston.

●Allen, Thomas. 1977. *Managing the Flow of Technology : Technology Transfer and the Dissemination of Technological Information within the R&D Organization.* Cambridge, Mass.: MIT Press.（「“技術の流れ” 管理法」開発社、1984年）

●Allen, Thomas, and Donald Marquis. 1965. "Positive and Negative Biasing Sets: The Effects of Prior Experience on Research Performance." *IEEE Transactions on Engineering Management,* EM-11 (4): 158-61.

●Anderson, William, with Charles Truax. 1991. *Corporate Crisis: NCR and the Computer Revolution.* Dayton, Ohio: Landfall Press.

●Argyris, Chris. 1982. "The Executive Mind and Double-Loop Learning." *Organizational Dynamics* 11 (autumn): 5-22.

●Argyris, Chris. 1990. *Overcoming Organizational Defenses.* Boston: Allyn & Bacon.

●Argyris, Chris. 1991. "Teaching Smart People How to Learn." *Harvard Business Review,* May-June, 99-109. (「失敗から学べない優秀社員の“弁解病” 防衛的思考を転換させる学習プロセス」DIAMONDハーバード・ビジネス・レビュー、1991年11月号)

●Argyris, Chris. 1993. *Knowledge for Action: A Guide to Overcoming Barriers to Organizational Change.* San Francisco: Jossey-Bass.

●Argyris, Chris, and Donald Schon. 1978. *Organizational Learning.* Reading, Mass.: Addison-Wesley.

●Armstrong, John A. 1994. "Is Basic Research a Luxury Our Society Can No Longer Afford?" *The Bridge* (summer): 9-16. Cambridge: Massachusetts Institute of Technology.

●Arnst, Catherine, with Amy Cortese. 1994. "PDA Premature Death Announcement." *Business Week,* 12 September, 88-89.

●Arrow, Kenneth J. 1962. "Economic Welfare and the Allocation of Resources for Invention." In *The Rate and Direction of Inventive Activity,* edited by Richard Nelson, 609-26. Princeton, N. J. : Princeton University Press.

●Ashley, Steven. 1992. "Engineous Explores the Design Space." *Mechanical Engineering* (February): 49-52.

## ■ま



## ■や



## ■ら



## ■わ

■さ

## ■か

# 索引

## 訳者紹介


### 阿部　孝太郎（あべ　こうたろう）

小樽商科大学商学部助教授（組織情報論担当）

1965年千葉県生まれ。東京大学大学院社会学研究科修士課程修了。シンクタンク勤務を経て1997年より現職。主な論文として「遠隔医療の組織論的研究」「電子商取引におけるコーディネーションの変化」等がある。

http://www.res.otaru-uc.ac.jp/~kotaro/

### 田畑　暁生（たばた　あけお）

神戸大学発達科学部専任講師（情報社会論担当）

1965年東京都生まれ。東京大学大学院社会学研究科博士課程単位取得退学。神戸大学助手を経て現職。著書として『夢野久作とメディア・シンドローム』（青弓社・近刊）、『「透明な社会」への課題』（春秋社・近刊）。共著書として『社会情報論の展開』（北樹出版）、『日本人の情報行動1995』（東京大学出版会）、『情報行動と地域情報システム』（東京大学出版会）。訳書として、ウィリアム・ボガード『監視ゲーム』（アスペクト）、マイケル・ハイム『仮想現実のメタフィジックス』（岩波書店）、フランク・ウェブスター『「情報社会」を読む』（青土社）がある。

http://www2.kobe-u.ac.jp/~akehyon/index.html

## 著者紹介

### ドロシー・レオナルド（Dorothy Leonard）

ハーバード・ビジネススクール　W・J・アバナシー教授

スタンフォード大学でPh.Dを取得後、マサチューセッツ工科大学（MIT）を経て現職。Harvard Business Reviewなどでイノベーションや組織変革についての論文を勢力的に発表している。著書に*When Sparks Fry*（Harvard Business School Press, 1999,W. Swapとの共著）などがある。



知識の源泉

――イノベーションの構築と持続――

2001年7月5日 初版発行

著　者　ドロシー・レオナルド

訳　者　阿部孝太郎／田畑暁生





装幀／竹内雄二

発行所／ダイヤモンド社

http://www.dhb.net

郵便番号　150-8409

東京都渋谷区神宮前　6-12-17

編　集　03-5778-7228

受注センター　0120-700-168

編集担当／DIAMONDハーバード・ビジネス・レビュー編集部

製作・進行／ダイヤモンド・グラフィック社

印刷／八光印刷　製本／石毛製本





ISBN4-478-37356-6　Printed in Japan

## ハーバード・ビジネス・レビュー・ブックス

### 不確実性の経営戦略

ハーバード・ビジネス・レビュー［編］
DIAMOND ハーバード・ビジネス・レビュー編集部［訳］

情報化とグローバル化の進展によって、変化のスピードはますます速くなり、戦略の舵取りは以前にもまして難しくなっている。状況に応じた適切な判断を下すことこそ、組織やプロジェクトのリーダーに課せられた重要な仕事ではないか。

ここではゲーム理論やシナリオプランニングなど、不確実性のレベルを特定し、将来を見通すためのフレームワークや理論、思考法を紹介する。

四六判／上製／二七二頁　二二〇〇円

4-478-37319-1

### ITマネジメント

ハーバード・ビジネス・レビュー［編］
DIAMOND ハーバード・ビジネス・レビュー編集部［訳］

急速に進化したIT（情報技術）は、もはやビジネスにかかせないものとなっている。IT活用により、情報の真価が引き出され、さらにはそれと戦略を融合したビジネスモデルを創造することができるのだ。

ITを活かした経営についての理論とコンセプト、またアウトソーシング、ERPなどの活用法まで、いろいろな角度からITと競争優位戦略の関連について論じている。

四六判／上製／二八〇頁　二二〇〇円

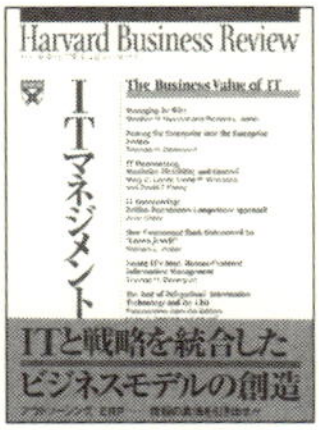


4-478-37318-3

### 顧客サービス戦略

DIAMOND ハーバード・ビジネス・レビュー編集部［編訳］

サービスはややもすると「無料」という印象を払拭しきれない。しかしサービスこそ、顧客満足度を高め、顧客ロイヤルティを向上させ、その結果、営業利益率を改善し、利益に貢献する。また従業員満足度や従業員ロイヤルティを高める活動なのである。

本書には、顧客満足と従業員満足を結びつけたマネジメント・システムを構築し質の高いサービスを提供しているアメリカの先進事例が多く登場する。そこから学ぶところは多いだろう。

四六判／上製／二八八頁　二二〇〇円

4-478-50185-8

### ナレッジ・マネジメント

ハーバード・ビジネス・レビュー［編］
DIAMOND ハーバード・ビジネス・レビュー編集部［訳］

企業の知的財産の創造と共有は、重要な競争優位の源泉である。この見えざる資産を適切に管理するための手法が「ナレッジ・マネジメント」だ。その取り組みには、各企業の情報インフラの整備は不可欠だが、それだけでは十分ではない。ナレッジの共有と創造を推し進めるためには、組織の風土改革も必要になってくるからだ。

本書では、「情報化組織」「知識創造企業」「学習する組織」等々のナレッジ・マネジメントのコンセプトや手法を示し、その本質を考える。

四六判／上製／二八〇頁　二二〇〇円

4-478-37327-2